RDS

Reinhard Schulz
Waltraud Roth-Schulz

MIT DEM WOHNMOBIL NACH SÜD-NORWEGEN

Die Anleitung für einen Erlebnisurlaub

WOMO®
DER WOHNMOBIL-VERLAG
D-98634 Mittelsdorf/Rhön

Bibliografische Information Der Deutschen Bibliothek

Die Deutsche Bibliothek verzeichnet diese Publikation in der Deutschen Nationalbibliografie.
Detaillierte bibliografische Daten sind im Internet über <http://dnb.ddb.de> abrufbar.

Titelbild: Kaupanger, Blick in den Sognefjord

Neu bearbeitete 6. Auflage 2009

Druck:
Fuldaer Verlagsanstalt, 36037 Fulda

Vertrieb:
GeoCenter ILH, 70565 Stuttgart

Herausgeber:
WOMO-Verlag, 98634 Mittelsdorf/Rhön
Position: N 50° 36.696'; E 10° 08.010' (WGS 84)

Fon: 0049 (0) 36946-20691
Fax: 0049 (0) 36946-20692
eMail: verlag@womo.de
Internet: www.womo.de

Autoren-eMail: Schulz@womo.de

ISBN 978-3-86903-156-9

EINLADUNG

„Ultima Thule“ – das Land am nördlichen Ende der Welt, so nannten die alten Römer respektvoll das Land am Weg in den hohen Norden – Norwegen. Es endet erst, wenn auch Europa endet, am Knivskjellodden nordwestlich des Nordkaps auf der Insel Magerøya.

Fröstelnd denkt man an Kälte, Schnee, ja Eisberge....

Aber dieses Land hat eine sanfte, warme Hand, die es das ganze Jahr streichelt – den Golfstrom. Staunend fährt man an Erdbeerfeldern und Kirschbaumplantagen vorbei, und wenn man nicht aufpasst, schmerzt ein Sonnenbrand im Norden genauso lange wie an der Riviera!

Zum Sonnenbaden kommen jedoch die wenigsten ins Land der Superlative: Die größten Gletscher, die höchsten Wasserfälle, die tiefsten Fjorde, die unwegsamsten Gebirge, die längsten Wandertouren, die ältesten Felszeichnungen, die fotogensten Holzkirchen Europas bietet bereits der Süden des Landes – reicht das?

Wir haben für Sie den schönsten Teil eines Traumurlaubslandes durchfahren und durchwandert, die besten Fleckchen für geruhsame Aufenthalte, kleine Spaziergänge und große Wanderungen ausfindig gemacht. Wir zeigen Ihnen auch ruhige Campingplätze – aber vor allem so viele idyllische Übernachtungsmöglichkeiten in freier Natur, dass Sie mehrmals wiederkommen müssen, um alle zu benutzen – aber Sie werden gerne wiederkommen!

Ihre

Waltraud Roth-Schulz

N.B.

In den letzten Jahren hat die Zahl der WOMO-Urlauber in Skandinavien stark zugenommen. Es reicht nicht mehr, wenn wir uns auf das "Allemansrätten" als ein Jedermannsrecht an der Natur berufen – es nimmt uns immer stärker in die Pflicht, diese herrliche Natur aktiv bewahren zu helfen.

Für uns Wohnmobilurlauber bedeutet dies in erster Linie, dass wir uns um absolute Sauberkeit bemühen, keinesfalls mit dem WOMO die zugelassenen Straßen verlassen und Wohnmobilansammlungen von mehr als drei Fahrzeugen meiden. Zumal für einen längeren Aufenthalt bietet Norwegen herrliche, naturbelassene Campingplätze.

Sehr geehrter Leser, lieber WOMO-Freund!

Reiseführer sind für einen gelungenen Urlaub unverzichtbar – das beweisen Sie mit dem Kauf dieses Buches. Aber aktuelle Informationen altern schnell, und ein veralteter Reiseführer macht wenig Freude.
Sie können helfen, Aktualität und Qualität dieses Buches zu verbessern, indem Sie uns nach Ihrer Reise mitteilen, welchen unserer Empfehlungen Sie gefolgt sind (freie Stellplätze, Campingplätze, Wanderungen, Gaststätten usw.) und uns darüber berichten (auch wenn sich gegenüber unseren Beschreibungen nichts geändert hat).
Bitte füllen Sie schon während Ihrer Reise das Info-Blatt am Buchende aus und schreiben Sie evtl. Korrekturen auch in unser Forum unter: www.forum.womoverlag.de
Dafür gewähren wir Ihnen bei Buchbestellungen direkt beim Verlag (mit beigefügtem, vollständig ausgefülltem Info-Blatt oder entsprechender eMail) ein Info-Honorar von 10%.
Aktuelle Korrekturen finden Sie unter: www.forum.womoverlag.de

Um die freien Übernachtungs- und Campingplätze auf einen Blick erfassen zu können, haben wir diese im Text in einem Kasten nochmals farbig hervorgehoben und, wie auf den Karten, fortlaufend durchnummeriert. Wir nennen dabei wichtige Ausstattungsmerkmale und geben Ihnen eine kurze Zufahrtsbeschreibung. "Max. WOMOs" soll dabei andeuten, wie viele WOMOs dieser Platz maximal verträgt und nicht, wie viele auf ihn passen würden (schließlich gibt es auch Einwohner und andere Urlauber)!
Übernachtungsplätze mit **B**ademöglichkeit sind mit hellblauer Farbe unterlegt. **W**anderparkplätze sind grün gekennzeichnet. **P**icknickplätze erkennen sie an der violetten Farbe. Auf Schlafplätze, denen die gerade genannten Merkmale fehlen – also auf einfache **S**tellplätze – weist die Farbe Gelb hin. Empfehlenswerte **C**ampingplätze haben olivgrüne Kästchen. Wanderungen, die wir Ihnen besonders ans Herz legen möchten, haben wir ebenfalls grün unterlegt.

Und hier kommt das Kleingedruckte:
Jede Tour und jeder Stellplatz sind von uns meist mehrfach überprüft worden, wir können jedoch inhaltliche Fehler nie ganz ausschließen. Bitte achten Sie selbst auf Hochwasser, Brandgefahr, Steinschlag und Erdrutsch!
Verlag und Autoren übernehmen keine Verantwortung für die Legalität der veröffentlichten Stellplätze und aller anderen Angaben. Unsere Haftung ist, soweit ein Schaden nicht an Leben, Körper oder Gesundheit eingetreten ist, ausgeschlossen, es sei denn, unsere Verantwortung beruht auf Vorsatz oder grober Fahrlässigkeit.

INHALT

Anreisewege

18 Touren durch Süd-Norwegen

Tipps und Tricks

Zeichenerklärungen für die Tourenkarten

Touren / abseits der Touren

Autobahn	? Problemstrecke (s. Text)
4-spurige Straße	Kirche, Kloster, Schloss
Hauptstraße	13.5.-31.7. Mitternachtssonnenblick
Nebenstraße	Ausgrabung/Felsritzung
Schotterstraße	Sehenswürdigkeiten
Wanderweg	Trinkwasser/Dusche
11 Badeplatz (ohne/mit freier Übernachtung)	Straße mit Mautstelle
S 11 Stellplatz (ohne/mit freier Übernachtung)	@ Campingplatz/Internet
W P B Wander-, Picknick-, Badeplatz	E Entsorgung/Toilette
12 13 14 geeignet für freie Übernachtungen	N 50° 36' 38.2" E 10° 07' 56.0" GPS-Daten

Alle freien Übernachtungsplätze sind im Text und auf den Tourenkarten fortlaufend durchnummeriert.

Wir starten Richtung Norwegen!

Ein Blick auf den Atlas belehrt uns, dass ein Vogel, der in München startet, runde 2500 km fliegen müsste, bis er sich auf dem Nordkapfelsen, dem nördlichsten Punkt Norwegens (und ganz Europas) ausruhen könnte.
Falls Sie mit dem WOMO starten, zeigt das Hinweisschild am südlichsten Punkt Norwegens, am Leuchtturm von Lindesnes, immer noch über 2500 Straßenkilometer bis zum nördlichen Ende des Landes an!
Wer kann schon solche Entfernungen im Urlaub bewältigen!?
Sollen Sie gar nicht!
Wir werden Ihnen zeigen, dass Norwegen näher ist, als Sie glauben – und um seine überwältigenden Schönheiten zu bestaunen, brauchen Sie auch nicht zum Kilometerfresser zu werden!

Wie weit ist's nach Norwegen?

0 (Null) Kilometer – falls Sie zufällig einer der über 300.000 Einwohner von Kiel sind, denn vom größten deutschen Ostseehafen haben Sie mit der COLOR LINE Direktverbindung nach OSLO. Sonstige Deutsche, Österreicher und Schweizer müssen nur die "paar" Kilometer bis zu den "Kieler Sprotten" auf bequemen deutschen Autobahnen zurücklegen. Staus werden Sie dabei nicht kennenlernen, denn die Urlaubsströme wälzen sich gen Süden. Folglich können Sie für die Anfahrtsstrecke mit einen Schnitt von 70-80 km/h (incl. Pausen) rechnen.
Das schaffen Sie nicht an einem Tag?
In Deutschland gilt noch immer: Das Übernachten zum Zwecke der Fahrtunterbrechung (insbesondere bei Übermüdung) ist an Straßen und auf allen Parkplätzen gestattet.
Aber nehmen Sie bitte nicht den ersten besten, lärmenden Autobahnparkplatz. Auch außerhalb von Campingplätzen finden Sie lauschige Plätzchen in malerischer Umgebung. Ich denke da z. B. an einen gemütlichen Heidegasthof, wo Sie bei einem genüsslichen Vesper den ersten Tag ausklingen lassen können – und wir haben noch keinen Wirt getroffen, der nicht einen besonders ruhigen Übernachtungsplatz für uns gewusst hätte.
Natürlich könnte ich Ihnen an dieser Stelle auch unser **Allgemeines Wohnmobil Handbuch** empfehlen, schließlich haben wir dort über 3200 freie Übernachtungsplätze beschrieben. Aber wer wird denn Eigenwerbung machen!?
Fast 20 Stunden Fähre sind Ihnen zu lang – dann lesen Sie im nächsten Kapitel weiter!

Fähr- und sonstige (!) Verbindungen nach Norge

Fähre fahren nach Norwegen ist nicht teuer (verglichen mit den Mittelmeerfähren)! Schon für knapp 150 Euro kann man sich (in der **Hoch**saison, Wohnmobil bis 6 m Länge incl. 5 Personen) direkt vors Rathaus von Oslo schippern lassen!

Aber Norwegen ist bekanntlich nicht das südlichste Land in Skandinavien. Wer seinen Norwegenurlaub mit ein paar sonnigen Tagen in Dänemark oder Schweden würzen möchte, für den gibt's eine ganze Reihe noch viel preiswerterer Kurzfährstrecken und reizvoller Fährkombinationen. Insgesamt kommen wir – falls wir uns nicht verzählt haben – auf 10 Abfahrtshäfen mit 18 verschiedenen Fährstrecken:

Saßnitz und Rostock kamen wegen der Straßenverbindungen in erster Linie für Ostdeutsche in Frage. Nachdem aber die Ostseeautobahn Lübeck – Rostock fertiggestellt ist, sausen auch Westdeutsche schnell zu den kürzesten deutschen Fährverbindungen.

Travemünde, Puttgarden und Kiel sind die traditionellen Fährhäfen der Westdeutschen. **Aufpassen:** Die Vogelfluglinie ab Puttgarden besteht nur aus zwei kurzen Fährabschnitten, das lange "Mittelstück" durch Dänemark muss man selber fahren.

Preiswert und kurz sind auch die Verbindungen von Grenå oder Frederikshavn nach Schweden. Von der Nordspitze Dänemarks (Frederikshavn, Hirtshals oder Hanstholm) aus wird man bereits in 4-9 Std. direkt nach Norwegen übergesetzt.

Folgende Fährlinien buhlen um Ihre Gunst (und Ihren Geldbeutel):

>> **Color Line,** Kiel - Oslo, 20 Stunden.
>> **Color Line,** Hirtshals - Kristiansand, 3 1/4 Stunden.
>> **Color Line,** Hirtshals - Larvik, 3 3/4 Stunden.
>> **DFDS-Seaways,** Kopenhagen - Oslo, 16 Stunden.
Ü2: Kopenhagen/Mitchellsgade [N55° 40' 11.0" E12° 34' 18.0"]
>> **Finnlines,** Travemünde - Malmö, 8-9 Stunden.
>> **Fjord Line,** Hirtshals - Stavanger - Bergen 16 Stunden.
>> **Fjord Line,** Hirtshals - Kristiansand, 2 1/4 Stunden.
Ü1: Hirtshals Leuchtturm/Bunkermuseum [N57° 35' 3.2" E9° 56' 30.0"]
>> **Scandlines,** Puttgarden - Rødby + Helsingør - Helsingborg, 45 Minuten + 20 Minuten.
>> **Scandlines,** Rostock - Gedser + Helsingør - Helsingborg, 1 Stunde 45 Minuten + 20 Minuten.
>> **Scandlines,** Rostock - Trelleborg, tags: 5 Stunden 45 Minuten, nachts: 7 1/2 Stunden (LKW-Ruhezeit).
>> **Scandlines,** Sassnitz/Mukran - Trelleborg, 3 3/4 Stunden.
>> **Stena-Line**, Grenå - Varberg, 4 1/2 Stunden.

Anreisewege nach Norwegen

>> **Stena-Line**, Kiel - Göteborg, 14 Stunden.
>> **Stena-Line,** Frederikshavn - Göteborg, 3 1/2 Stunden.
>> **Stena-Line,** Frederikshavn - Oslo, 8 1/2 bzw. 13 Stunden.
Ü3: Hanstholm vor dem Leuchtturm [N57° 06' 37.4" E8° 36' 26.6"]
>> **TT-Line,** Rostock - Trelleborg, 5 Stunden.
>> **TT-Line,** Travemünde - Trelleborg, 7 Stunden.
>> **Polferries**, Swinemünde - Ystad, 7 Stunden.

Sie sehen, da kommen doch einige Zeitunterschiede zusammen. Beachten Sie aber bei Ihrer Wahl, dass man auf der Vogelfluglinie (Scandlines) fast die ganze Strecke (durch Dänemark und Schweden) selber fahren muss, während Sie z. B. bei der Oslo-Fähre der Color Line 20 Std. lang faulenzen und sich bedienen lassen können.

Unser Tipp:

Neueste Fährprospekte anfordern (geht auch telefonisch, per Fax oder eMail), vergleichen, buchen. Hier die Adressen, wo Sie (außer bei Ihrem Reisebüro) die Fährprospekte erhalten und buchen können:

Color Line:	Norwegenkai, 24103 Kiel, www.colorline.com Tel. 0431-7300-0, Fax 0431-7300-400
DFDS:	Högerdamm 41, 20097 Hamburg post@dfdsseaways.de www.dfdsseaways.de, Tel. 01805-304350
Finnlines:	Einsiedelstr. 43-45, 23554 Lübeck www.finnlines.com, Tel. 0451-1507-443
Fjord Line:	Nizzestr. 28, 18311 Ribnitz-Damgarten Tel. 03821-7097210, Buchung@Fjordline.de

Scandlines:	z.B. Puttgarden Fährhafen, 23769 Fehmarn Tel. 01805-116688, Fax: 04371-505179 buchung@scandlines.de Internet: www.scandlines.de
Stena-Line:	Schwedenkai 1, 24103 Kiel Tel. 0431-9099, Fax: 0431-909200 eMail: info.de@stenaline.com Internet: www.stenaline.de
TT-Line:	Mattentwiete 8, 20457 Hamburg Tel. 040-3601-442, Fax 040-3601-407 Internet: www.ttline.de, eMail: info@ttline.com
Polferries:	www.polferries.de, online@polferries.pl

Brücken- und Tunnel-Infos:

Großer Belt: Storebælt, Storebæltsvej 70, DK-4220 Korsor
Tel.: 0045-7015-1015, Fax: 0045-5830-3080
www.storebaelt.dk,eMail: kundeservice@sbf.dk

Öresund: Öresundskonsortiet,
Box 4132, S-20312 Malmö
Tel.: 0045-70239040, Fax: 0045-33416580
www.oeresundsbron.com
eMail: kundeservice@oeresundsbron.com

Ein eifriges Studium der Fährprospekte bleibt Ihnen auch aus einem zweiten Grund nicht erspart, denn die meisten Fährlinien haben "billige" und "teure" Tage oder Abfahrtstermine:
Bei der TT-Line sind die Sparer Mo-Do unterwegs, bei der Scandlines von So-Do. Die Stena-Line fährt mit "Camper-Mini-Paket" bzw. "Camper-Spezial" nur von Sonntag bis Mittwoch am billigsten (es sei denn, man nimmt die Nachtfähre) und bei der Color Line muss man die Sonderangebote im "Wohnmobilpaket" (bis 5 m Länge) bzw. im "Wohnwagenpaket" (bis 10 m Länge) finden (nicht am Wochenende!).
Bei der Fjordline last not least muss man nach dem "Sparangebot" bzw. dem "Sparangebot spezial" suchen, das meist Di/Do/Sa angeboten wird.
Einem WOMO-Fahrer dürfte es nicht schwer werden, sich die Niedrigpreis-Rosine herauszupicken, denn das eigene Hotel braucht nicht wochenweise gebucht zu werden!

Sie mögen keine Fähren?

Da kann Ihnen auch geholfen werden! Sowohl der Große Belt als auch der Öresund sind mit gewaltigen Brückenbauwerken überspannt worden. Aber auch die Anreise über Polen, das Baltikum und Finnland wäre eine reizvolle Variante!?

Tourenplanung

„Wir haben nur zwei Wochen Urlaub, reicht das für Norwegen?“
Oder: „Wie lange braucht ‚man‘ bis zum Nordkap?“
Eine gewagte Sache, solche Fragen zu beantworten, denn jeder Mensch hat andere Urlaubsbedürfnisse und -wünsche.
Probieren wir’s trotzdem!
Von Oslo zum Nordkap und zurück sind es auf der »E 6« genau 4240 km – und zwar ohne den kleinsten Abstecher! Dem 14-Tage-Urlauber müssen wir folglich unbedingt raten, sich "nur" den Süden Norwegens vorzunehmen (WOMO-Band 15).
Bereits hier sind viele der herrlichsten Gegenden Norwegens auf relativ engem Raum versammelt. Außer dem Nordkap vermisst der Urlauber sicher nichts!

Der 3-Wochen-Urlauber kann uns bis Mo i Rana folgen, dann muss er Richtung Schweden abspringen und die Rückreise antreten (Oslo - Mo i Rana - Umeå - Stockholm - Helsingborg); mit 2800 km eine erlebnisreiche Rundreise.
Auch die herrlichen Lofoten sind bei 3 Wochen "drin"; dann sollte man aber den gleichen Rückweg nehmen. Die Strecke Oslo - Å - Oslo ist knapp 3000 km lang.
Ab 4 Wochen können Sie das Nordkap einplanen. Mit einem kleinen Umweg über die Lofoten kommen Sie (Olso - Å - Nordkap - Oslo) auf rund 4700 km.
Auch der Nordosten Norwegens steht dem 4-Wochen-Urlauber offen, die reine Fahrtstrecke (Oslo - Kirkenes - Oslo) liegt noch knapp unter 5000 km, beim Rückweg über Finnland und Schweden (Olso - Kirkenes - Stockholm - Helsingborg) sind es sogar nur 4700 km.
Bei all diesen Kilometerangaben sollten Sie aber folgendes bedenken:
Norwegen ist ein herrliches Land voller unglaublicher Naturwunder. Sie werden während unserer Touren unentwegt zu Stopps und Abstechern verführt; Besichtigungen, Spaziergänge und Wanderungen brauchen einfach Zeit. Zwar sind die Straßen durchwegs in ausgezeichnetem Zustand und die Verkehrsdichte ist gering, trotzdem kann man selten schneller als 60-70 km/Stunde fahren. Für die tägliche Fahrstrecke sollten Sie folglich im Schnitt höchstens 300 km ansetzen (wir notierten von Olso bis Kirkenes und zurück nach Trelleborg rund 12.000 km Fahrstrekke und brauchten dafür zwei Monate; gibt einen Schnitt von 200 km/Tag!).

Resümee?
Ihre Zeit reicht nicht – soll sie auch gar nicht! Nehmen Sie sich nicht zu viel vor, genießen Sie – denn nach Norwegen kommen Sie ohnehin wieder! Versprochen!!

MS Bergen (Fjordline) auf dem Weg nach Stavanger

TOUR 1 (160 km / 1-3 Tage)

Halden – Grimsøy – Fredrikstad – Rygge – Oslo

Freie Übernachtung:	Halden: Femsjø, Grimsøy: Friområde, Fredrikstad: Kongsten, Oslo: Tryvannstårnet oberhalb Holmenkollenschanze.
Campingplätze:	u. a. Fredrikstad, Oslo (3x).
Ver-/Entsorgung:	u. a. Fredrikstad, Karlshus, >E6< bei Ås.
Besichtigungen:	Halden: Festung, Fredrikstad: Altstadt, Kongsten, Rygge: Kirche, Oslo: Zentrum, Museen, Holmenkollen, usw.
Baden:	Grimsøy: Schärenküste, Oslo: Tryvannstårnet.

KARTE TOUR 1

Sind Sie schon einmal in Ihr Urlaubsland "hineingeschwebt"? Nein? Dann kommen Sie mit uns nach Norwegen!

Wir stehen an dem gewaltigen Wall der Festung **Frederiksten** oberhalb von HALDEN. Unser Blick gleitet über die Stadt im Tal hinweg, folgt dem Verlauf des glitzernden **Iddefjord**, wird

geblendet durch die tiefstehende Sonne im Westen. Dort hinten muss sich das Wasser des Fjordes mit dem Wasser der Nordsee vermischen, dort waren wir vor einem halben Stündchen auf der 65 m hohen **Svinesundbrücke**, ohne Zollkontrolle – aber mit Brückenmaut – von Schweden kommend, in unser Urlaubsland hinübergeschwebt. Noch 3 km auf der >E 6<, dann nach rechts, 6 km auf der Reichsstraße >21<, dann hatten wir HALDEN erreicht.
Unsere allerersten Norwegeneindrücke?

Gelbe Mittelstriche auf den Straßen wie in Frankreich, falunrote Holzhäuser mit weißen Kanten wie in Schweden und wie in Schweden auch, allgegenwärtig, Nationalstolz präsentierend, die Landesfahne, hier in rot mit dem weißgesäumten, dunkelblauen Kreuz.
Ein riesiges Prachtexemplar flattert stolz knallend auf der **Frederiksten-Festung** über unseren Häuptern – hier hatten sich die angreifenden Schweden 1718 blutige Köpfe geholt, ihr König, Karl XII., ließ gar sein Leben dabei, getroffen am 11.12. von einer verhexten Kugel, die im Museum von VARBERG zu besichtigen ist.
Uns Touristen des 20. Jahrhunderts wird der "Angriff" auf die Festung leicht gemacht: Rechtzeitig vor HALDEN weisen uns braune Schilder mit weißer Schrift den Anfahrtsweg, auch ohne Hinweisschilder könnte man das gewaltige Festungswerk über der Stadt nicht übersehen. Schön ist das steinerne Monstrum mit den wuchtigen, kantigen Mauern wahrlich nicht, aber einen Schönheitswettbewerb sollte es auch nicht gewinnen – und erobert wurde es nie!
100 Geschütze fanden in Mauern und Türmen Platz, die von 1661 - 1701 errichtet wurden, im Kriegsfall konnten zusätzlich rund 1000 Mann zu ihrer und des Landes Verteidigung hineingepfercht werden.
Heute ist **Frederiksten** nur noch ein kriegshistorisches Denkmal. Trotzdem herrscht ein Kommandant, und zwar der 58. in direkter Folge, über die stolzen Mauern – oder ist er nur der Campingwart? Immerhin ist Frederiksten unseres Wissens die einzige Festung, in deren sicheren Mauern sich ein Camping-

platz niedergelassen hat. Eines ist zudem sicher: Eine schönere Aussicht auf Stadt und Fjord könnte man sich nicht wünschen!
In unserem WOMO-Führer **Mit dem Wohnmobil nach Schweden** konnten wir unseren Lesern für jeden Urlaubstag mindestens einen idyllischen Badeplatz bieten. Natürlich wollen wir, so lange die klimatischen Bedingungen ausreichend sind, diese Regel auch in Norwegen einhalten. Folglich versuchen wir, von **Frederiksten** aus den Badeplatz am **Femsjø** zu finden:
Wir fahren vom Festungsparkplatz zur Straße >22< zurück, biegen rechts Richtung HOLTET, passieren die Abzweigung zum "Festungs-Campingplatz" und kurven nach 1600 m, direkt bei einer Mobil-Tankstelle, wieder nach links, die >103< führt uns nun Richtung TISTEDAL. Einen Hügelrücken geht's hinauf, auf der anderen Seite hinab – und unten im Tal stoßen wir wieder auf die >21<, der wir rechts Richtung ØRJE folgen. Sofort sichten wir links den **Femsjø** und rollen an seinem Südufer entlang.
Gute 3 km später haben wir den Badeplatz links unterhalb der Straße entdeckt: Schön angelegt, Liegewiesen mit Baumbestand, Rettungsring, Toilette, schmaler Sandstrand – ein feines Plätzchen zum Ausspannen, Schwimmen, Kaffeetrinken und übernachten - aber direkt neben der Straße.

(01) WOMO-Badeplatz: Femsjø

GPS: N 59° 07' 49.9" E11° 29' 19.5"; Aremarkveien. **Max. WOMOs:** 2-3.
Ausstattung/Lage: Flacher Sandstrand, Toilette, Mülleimer, Liegewiese/außerorts.
Direkte Zufahrt: Von Halden auf der >21< ca. 6 km Richtung Ørje .

Ob Sie hier nächtigen wollen/sollen/können?
Viel ruhiger steht man an der Brekke-Schleuse (mit WC und Dusche); 2 km weiter östlich nach links von der >21< abbiegen [**01a:** N 59° 8' 50.1" E 11° 33' 7.0"].
Wir sausen am **Femsjø** entlang auf der >21< zurück nach HALDEN und weiter bis zur >E 6<, biegen dort rechts, auf

OSLO zu. Auf unserer Karte ist unweit der Europastraße eine vielgestaltige Schärenküste eingezeichnet, die wir natürlich genauer unter die Lupe nehmen.

Aber die Enttäuschung ist groß! Überall, wo wir am Meer ankommen, geht es uns wie dem Hasen im Wettlauf mit dem Igel: Ferienhäuser aller Größenordnung halten die Ufer besetzt, die (wenigen) Parkplätze entlang der Wege sind überdeutlich als privat gekennzeichnet, und wir machen eine erste Erfahrung, die sich (leider) in ganz Norwegen als "Standard" erweist:

a) Wo es schön ist, sind schon viele andere und

b) die norwegische Natur ist entweder unwegsam (im Sinne von unbefahrbar) oder (außerhalb der Staatsstraßen) von Privatleuten nur für sich selbst (und niemanden sonst) mit Privatstraßen und Privatparkplätzen erschlossen worden.

Die (gar nicht so seltenen) Ausnahmen dieses Standards galt es nun, für unsere Leser zu finden und zu beschreiben:

Wir benutzen die erste Abfahrt von der >E 6< Richtung OSLO, rollen 3,8 km auf der >118< Richtung INGEDAL, zweigen dann nach links ab zur Halbinsel GRIMSØY. 5,8 km rollen und rumpeln wir auf immer schmaler werdendem Wegle, Hauptrichtung Westen. Die Wegweiser sagen uns nicht viel, die Abzweigungen sind reichlich, folglich haben wir uns für einen entschieden, der optisch was hergibt – es sind Wellenlinien mit einem großen **F** darüber (bedeutet: Friområde = Freizeitgebiet), außerdem zeigt der Wegweiser DUSA in die gleiche Richtung.

Wir haben Glück und landen an einem großen, einsamen Parkplatz direkt an der malerischen Schärenküste, wo wir zum (wohlverdienten) Abendessen einparken. Der Platz bietet außer einer Toilette und einem kleinen Kiosk eigentlich nichts – oder doch?

(02) WOMO-Badeplatz: Grimsøy/Dusa

GPS: N 59° 08' 01.5" E11° 10' 46.4" **Max. WOMOs:** 2-3.

Ausstattung/Lage: Bademöglichkeit, Toilette, Mülleimer, Liegewiesen, Kiosk, Spazierwege, Bolzplatz, Volleyballfeld, Camp. verboten/außerorts bei Ferienhäusern.

Vom Parkplatz aus führt ein Spazierweg direkt am Strand entlang: Ruhebänke laden ein, dunkelgrüne Binsenbüschel wachsen am Ufer, unzählige Bootchen dümpeln im Wasser, kleine Spaziergängerbrückchen führen zu rundgeschliffenen Schäreninselchen, die wie gestrandete Wale am Ufer liegen, aufgeregt piepsende, weiße Möwenmütter, die ihre (kaum sichtbaren) grauen Wollküken vor uns warnen, flattern zornig vor uns herum. Wir rollen zurück zur >E 6< – starten unser Besichtigungsprogramm!

Kaum haben wir das WOMO auf der Europastraße richtig am Rollen, benutzen wir schon wieder die Abfahrt FREDRIKSTAD/Oldtidsvegen.

Die >110< nach FREDRIKSTAD ist mit Sicherheit die älteste Straße Norwegens. Zwar nicht als Straße im modernen Sinne – aber sie verbindet eine ganze Reihe von Siedlungen, die zu den ältesten der Region gehören. Folglich haben die Touristikmanager ihr den Namen **Oldtidsveg** gegeben – und wir werden nicht enttäuscht: Alle paar hundert Meter locken Hinweisschilder mit Aufschriften wie **Helleristninger** oder **Fornminner** zu kulturellen Zeugnissen bronzezeitlicher Besiedelung, seien es nun Grabhügel, Richterringe oder Steinritzungen.

Erst kurz vor FREDRIKSTAD lassen auch wir uns "verführen", biegen rechts Richtung KJØLBERG. Der nur 500 Meter kurze Abstecher führt uns zum Parkplatz vor den umfangreichen Grabstätten und Felsritzungen von BEGBY. Seit 1800 v. Chr. datieren die Funde, also seit der Bronzezeit, die Besiedelung ist jedoch durchgehend bis ins Jahr 1000 n. Chr. belegt.

Wir sind bereits "Profis", haben kulturell verwandte Felszeichnungen im schwedischen Bohuslän und im südschwedischen Skåne bestaunt und studiert, aber immer wieder sind wir verblüfft und beeindruckt vom Einfallsreichtum der "Steinritzer" und ihrer Fähigkeit, Geschehnisse, ja Gedanken ihrer Zeit an uns weiterzugeben: Darstellungen einfacher Wagen, fertige und unfertige Schiffe deuten auf die Lebensweise, auf die technischen Fertigkeiten hin; zirkelförmige Figuren, Spiralen, die wir als Sonnensymbole deuten, Abbildungen alphornähnlicher Musikinstrumente, sog. Luren, deren Bronzeoriginale an anderer Stelle ausgegraben wurden und eine männliche Figur, die eindeutig das Tanzbein schwingt,

lassen uns einen Hauch der religiösen und kulturellen Geschehnisse jener Zeit ahnen.
Kleine, rotbraune Pfosten leiten uns durchs umfangreiche Gelände, ausführlich wird auf verschiedenen Tafeln – norwegisch, englisch und deutsch – Bedeutung und zeitliche Datierung der Felsritzungen erläutert. Während in anderen Teilen Norwegens auch Felszeichnungen aus der Steinzeit gefunden wurden, die etwa 7000 Jahre alt sind, gehören sämtliche Felsritzungen in Østfold zum Kulturmilieu der Bronzezeit.
Der Beweis?
Die Felsritzungen hier entdeckt man nie tiefer als 13 m über dem Meer! Vor knapp 4000 Jahren jedoch lag der Meeresspiegel ziemlich genau 12 m höher – und unter Wasser werden die Künstler wohl kaum gearbeitet haben. Der Grund für das Absinken des Meeres (oder besser Auftauchen der Landes) sind Nachwirkungen des eiszeitlichen, schweren Eispanzers, der das Festland tief in die plastische Erdkruste hineingedrückt hatte und aus der es sich seitdem, auch noch heute, wieder erhebt.

Wir kehren vom "Helleristninger-Parkplatz" wieder zurück zur >110<, dem **Oldtidsveg**, biegen rechts. Nach weiteren 2 km passieren wir das Ortsschild von FREDRIKSTAD und folgen den braunen Hinweisschildern mit der Aufschrift **Gamle Byen**, der alten Festungsstadt (kurz vor der Stadt WOMO-Entsorgung bei der Statoil-Tankstelle) .
Am ersten Fußgängerüberweg haut es uns fast aus den Sitzen, krachend protestiert die Hinterachse und das Geschirr in den Fächern schimpft scheppernd mit – man hat den Zebrastreifen einfach 20 cm höher gelegt!
Ortsansässige wissen das, wir haben unsere Lektion weg und gehen seitdem in norwegischen Ortskernen, die vor allem in 30-km-Zonen von solchen und ähnlichen (meist unangekündigten) Schikanen wimmeln, sehr vorsichtig mit dem Gaspedal um.
Über den Wallgraben entern wir die alte Festungsstadt, unmittelbar rechts des Fahrweges liegt die alte **Zugbrücke**, die man jeden Abend hochzog, um finstere Elemente fern zu halten – eine Arbeit für immerhin dreißig Soldaten.

Direkt dahinter biegen wir links, rumpeln bis zu den schönen Parkplätzen am Glåma-Fluss (beim den alten Kanonen vor dem Museum) und machen uns auf, Alt-Fredrikstad zu Fuß zu erobern.
Hinweis: Am bequemsten parkt man jedoch auf dem Großparkplatz 200 m **vor** der Zugbrücke rechts (gegenüber dem Friedhof)!

Über dem Walltor sichteten wir die Jahreszahl 1695 und den Wahlspruch Christians V.: "Pietate et Justitia", also "Frömmigkeit und Gerechtigkeit". Dieser Spruch geht uns beim Spaziergang durch die ruhigen, ja friedlichen Straßen und Gassen nicht aus dem Kopf – er scheint hier auch heute noch Gültigkeit zu haben. Beim Bummel landet man über kurz oder lang auf **Kongens torg**, dem **Markt des Königs** mit der Statue Frederiks II. Aber nicht nur auf dieses Bronzestandbild sollten Sie Ihr Augenmerk richten, sondern vor allem auf die dahinter gelegene Infanteriekaserne, die nach dem **kalendarischen System** erbaut wurde: 4 Tore symbolisierten die Jahreszeiten, 12 Schornsteine die Monate, 52 Zimmer die Wochen, 365 Fenster die Tage, 24 Glasscheiben in jedem Fenster die Stunden des Tages und 60 Türen die Minuten der Stunden – wäre das nicht ein System für Ihr neues Eigenheim?

Der König blickt mit strenger Miene geradeaus. Würde er seinen Blick halb nach links wenden, könnte er meine liebe Waltraud im hölzernen **Pranger** strafend anschauen.
Wir folgen nun des Königs Blick zum Zwischentor, das zum **Glåma-Fluss** hinausführt. Hinter dem Fluss geradeaus grüßt uns der gotische Kirchturm des modernen FREDRIKSTAD und halblinks das **Fort Isegran**, das seit dem 13. Jahrhundert die Flussmündung bewacht. Dazwischen, als Blickfang, ein altertümliches, rekonstruiertes Wasserrad.

Wir verlassen Gamle-Fredrikstad, wie wir es betreten hatten, biegen nach 200 m jedoch nicht links zum modernen Zentrum, sondern fahren rechts. **Kongsten** ist unser nächstes Ziel – der **Schwedenschreck**. Bereits nach weiteren 300 m schwenken wir links in die erste Querstraße ein und haben die alte Befestigungsanlage vor uns.

(03) WOMO-Stellplatz: Fredrikstad/Kongsten

GPS: N 59° 11' 51.9" E10° 57' 41.6"; W. Blakstads gate. **Max. WOMOs:** 2-3.
Ausstattung/Lage: Liegewiesen, Festungsspaziergang/Ortsrand. **Zufahrt:** siehe Text.

Die sternförmig konstruierte Verteidigungsstellung ist vor allem berühmt für ihre unterirdischen, bombensicheren Räume, aus denen man um so erfolgreicher mit Kanonen auf etwaige Angreifer ballern konnte. Auch hier herrscht heute eine geradezu paradiesische Ruhe, Mütter schieben ihre Kinderwagen die sauberen Parkwege entlang, ein Pärchen lässt die Beine von der Festungsmauer baumeln, der Parkplatz vor dem Festungseingang neben den gepflegten, grünen Liegewiesen gehört zu der Kategorie ruhig, sauber, **übernachtungsgeeignet**.

Wir kehren nun zur >110< zurück, überqueren auf einer geradezu ästhetisch schönen, neuen Brücke den Glåma-Fluss zum modernen FREDRIKSTAD, setzen unseren Weg auf der >110< nach OSLO/MOSS fort. Oft müssen wir die Fahrtrichtung wechseln, selten jedoch werden wir von einer hemmenden Ampelanlage belästigt; der Grund: Norwegen ist das Land des Kreisverkehrs! In ganz Europa gibt es nicht so viele Kreisverkehre wie allein in Norwegen, manchmal kommen drei oder vier wenige hundert Meter hintereinander, schnell hat man sich daran gewöhnt, selten muss man warten, wir finden's toll!

Hinter FREDRIKSTAD wird die Gegend sofort wieder ländlich. Flache Bereiche mit Feldern wechseln ab mit hügeliger Moränenlandschaft, die von Fichten- und Kiefernwald – dazwischen leuchten die weißen Birkenstämme – überwuchert ist. An den Waldrändern stehen, windgeschützt, meist einzeln, die Bauernhäuser, stets aus Holz gebaut, falunrot ist auch hier die Standardfarbe.

Von der >110< wechseln wir in KARLSHUS auf die >118< und verschmähen die >E 6<, die parallel zu uns nach Nordwesten zieht. KARLSHUS und RÅDE gehen ineinander über, dann folgt RYGGE. Erst am Ende des typisch skandinavisch verzettelten Ortes folgen wir nach links dem Wegweiser **Rygge-Kirchensymbol 2 km**.

Die Kirche von RYGGE wurde in der ersten Hälfte des 11. Jahrhunderts im romanischen Stil erbaut und ist eine der schönsten, stilreinsten und bedeutendsten Kirchen Norwegens und die am reichsten ausgestattete Kirche in Østfold. 1987 wurde ihr Äußeres mit dem Sandstrahlgebläse aufgefrischt, was ihrem besonderen Aufbau sehr zugute kommt:
Während die Norweger eigentlich unbestrittene Meister im Holzbau waren (und sind), ist die Kirche von RYGGE in steinerner Quaderbauweise errichtet: Rechteckige Bausteine aus Gneis, Granit und weinrotem Porphyr lockern die ansonsten gedrungene und schmucklose Außenfassade auf (der einzige Figurenschmuck ist ein menschenfressender Löwe an der Apsis).

(04) WOMO-Picknickplatz: Rygge-Kirche

GPS: N 59° 22' 46.4" E10° 43' 18.4"; Kirkeveien. **Max. WOMOs:** 1-2. **Ausstg./Lage:** Tisch & Bank, "No camping"/Ortsrand.

Wir kehren nach RYGGE zurück, überqueren die >118<, entern die >E 6< nach OSLO. Südlich der Hauptstadt mündet die >E 18< aus Stockholm in die >E 6<, ein Stück laufen die zwei Europastraßen gemeinsam, dann zieht die >E 6< nach Norden davon, wir biegen, nun auf der >E 18<, am Ostrand des Bunnefjords nach Nordwesten, halten auf OSLO-City zu.
Hier, kurz vor dem Zentrum, erleben wir zum ersten Mal eine gut gefüllte Straße, sonst ist von der Nähe der 1/2-Millionen-Stadt nichts zu spüren: Felder, Wälder, Seen. Nicht, dass wir danach Sehnsucht gehabt hätten, aber es fällt auf – und der Vollständigkeit halber bekommen wir zum Schluss noch einen Stau mitgeliefert, einen Stau vor unserer ersten **Bomstasjon**, einer norwegischen Variante des Straßenräubertums: Privatstraßen, Tunnelbauten, Brücken, neue Straßenabschnitte, alles, was Geld kostet, wird privat vorfinanziert und dann von den Benutzern abbezahlt. Eine Besonderheit sind die **Bomstasjoner** rings um die Städte OSLO, KRISTIANSAND, STAVANGER, BERGEN und TRONDHEIM, mit denen man den öffentlichen Nahverkehr fördern und die Verstänkerung der Städte vermindern möchte (Beleg gilt für 24 Std.).
Wohl oder übel müssen auch wir daran glauben, zahlen unseren Obolus, rollen weiter aufs Zentrum zu. Wir passieren die Abfahrt zur Halbinsel SJURSØYA. Dort würden Sie, falls Sie Bedarf haben, eine der ganz wenigen Flaschengasfüllstationen Norwegens finden. Kurz darauf, bei SJØMANNSKOLEN, müssten Sie abzweigen, falls es Ihnen nach **Ekeberg Camping**, einem der beiden Campingplätze OSLOs gelüstet.
Wir haben richtungsmäßig keine Probleme, bleiben immer auf der >E 18< Richtung DRAMMEN, lassen uns von ihr, unter dem Stadtzentrum hindurch (Festnings-Tunnel, 1800 m lang), weiter nach Westen tragen. 1800 m hinter dem Tunnelende haben Sie die Qual der Wahl, wie Sie Ihren OSLO-Aufenthalt gestalten (lassen) wollen. Wir haben für Sie vier Ideen ausgearbeitet, eine davon wird sicher Ihre Zustimmung finden:
Ekeberg Camping (1) hatten wir schon passiert; zum zweiten Campingplatz OSLOs, **Bogstad Camping** (2) finden Sie, wenn Sie weiter geradeaus auf der >E 18< bleiben, die Hinweisschilder sind unübersehbar. Von einem der beiden Campingplätze aus können Sie dann, das WOMO ist sicher aufgehoben, auf Tour gehen.
Wer nach rechts abbiegt, unterquert die >E 18< und gelangt (Hinweisschilder) auf die Museumsinsel BYGDØY. Dort findet man, wie in allen norwegischen Städten, nach 17 Uhr reichlich Parkraum. Wir folgen den Hinweisschildern **Kon-Tiki-Museet** und **Sjøfartsmuseet** und landen auf einem Parkplatz (3), der gleich mehrere Vorzüge bietet: Er liegt neben mehreren Muse-

en, die ein **Muss** sind für Ihren Osloaufenthalt, er bietet einen prima Parkplatz (Camping verboten!) mit Blick auf den nächtlich erleuchteten Hafen – und er liegt an der Ablegestelle der kleinen Hafenfähre, die Sie zur Besichtigung OSLOs direkt zum Zentrum vor dem Rathaus hinüberschippert.
Jetzt werden Sie sagen: „Museumsbesuche, Parkplatzgebühren, Bootchenfahren – das wird sicher recht teuer!" Klar, OSLO ist nicht umsonst, aber die Oslo-Karte (Oslo Kortet) macht es erträglich! Für etwa 220 NOK/Person/24 Std. (Kinder ein Drittel) ist dann fast alles kostenlos: Museumsbesuche, Fähre, Straßenbahn, Bus, U-Bahn – und sogar das Parken (aber nicht das Übernachten auf gebührenpflichtigen Parkplätzen)!
Wo Sie die Oslo-Karte bekommen?
Auf den beiden Campingplätzen, im Touristenbüro am Rathausplatz, im "Trafikanten" vor dem Hauptbahnhof, in Kiosks im Zentrum mit der Aufschrift "Narvesen" – und in vielen Reisebüros in ganz Norwegen.
Tipp: Bereits in HALDEN oder FREDRIKSTAD besorgen, der Gültigkeitsbeginn wird von Ihnen mit der ersten Benutzung festgesetzt.
Wenn Sie mitgezählt haben, fehlt noch ein OSLO-Tipp – unser Übernachtungs- und Bade-Geheimtipp:
Wir rollen weiter auf der >E 18<, biegen dann zum **Bogstad-Camping** ab, werfen dort einen Blick auf die **Tankstelle mit Autogas** kaufen uns unsere **Oslo-Kortet** und versorgen uns mit weiterem Info-Material, das reichlich ausliegt, u. a. mit einem Stadtplan. Auf diesem finden wir zwei Finger breit rechts des Campingplatzes die Skischanze **Holmenkollen**, die Zufahrt ist bestens ausgeschildert, führt in vielen Serpentinen steil hinauf. Oben besichtigen wir die **Schanze** (Heiko Hunger hält mit 110,5 m den Schanzenrekord), das (sehr empfehlenswerte) **Skimuseum** und genießen die unüberbietbare **Aussicht auf Oslo**.

Skischanze Holmenkollen

Wichtiger Hinweis:
Die Skischanze ist z. Zt. im Neubau. Alle Angaben ändern sich bis voraussichtlich 2011. Wir bitten um aktuelle Infos.

Ja, und dann kommt er, der Super-Übernachtungs-, Bade- und Picknicktipp: Wir rollen weiter empor Richtung TRYVANNS-TÅRNET, dem Fernsehturm von Oslo, in 590 m Höhe. Kurz vorher, bei ØVRESETEREN, sichten Sie links einen riesigen, geschotterten, völlig leeren Parkplatz (4) und rechts einen idyllischen Badesee mit herrlichen Liegewiesen. Hier ist Ihr Picknick- und Übernachtungsplatz mit Blick auf die nächtlich beleuchtete Großstadt, auf dem Sie niemand stören wird – und Ihre Parkplatzprobleme für die Stadtbesichtigung am nächsten Tag sind auch gelöst!!??

(05) WOMO-Stellplatz: Oslo/Tryvannstårn

GPS: N 59° 58' 52.5" E 10° 40' 08.0"; Øvreseterveien. **Max. WOMOs:** 25.
Ausstattung/Lage: Badesee, Liegewiesen, Mülleimer; max. 48 h. Tisch & Bank sowie Grillstelle am Badesee/außerorts.
Direkte Zufahrt: >E6<, Ring 3, Wegweiser: Holmenkollen.
Leserhinweise: An diesem Platz finden gehäuft WOMO-Aufbrüche statt!
Am Ende der Straße, hinter dem Fernsehturm, ein weiterer, großer Parkplatz.

Richtig, hier oben steht Ihr WOMO ruhig und sicher – und Sie rollen bequem mit der Straßenbahn, der **Holmenkollbanen** (Nr. 1), ohne ein einziges Mal umzusteigen, bis zum **Stortorvet** im Zentrum OSLOs, denn die Endstation FROGNERSETE-REN ist nur 3 Minuten entfernt (links der Straße bergab, beleuchteter Fußweg durch den Wald, Abfahrten täglich 7.00 - 1.00 Uhr alle 15 Minuten).
Natürlich haben wir am Bogstad-Camping auch nach den Preisen gefragt: WOMO + 4 Personen + Strom runde 300 NOK, ein durchschnittlicher Campingpreis in Norwegen.
Lesertipp: Über Frognerstranda und Sjølystveien (E 18) kommt man 5 km westlich des Hafens zum Stellplatz der "Sjølyst Marina" (150 NOK incl. Strom, Frischwasser und Entsorgung) [N59° 55' 11.0" E10° 40" 35.0"].

Wir haben auf der Museumsinsel ungestört übernachtet (und zwar auf dem großen Parkplatz des Badeplatzes **Huk**, ausgeschildert mit dem Schwimmersymbol [N 59° 53.873' E 10° 40.347']), nehmen am nächsten Morgen gegen 8.30 Uhr die Fähre zum Rathausplatz, beginnen unseren Stadtbummel am **Rathaus**, besichtigen den **Schwanenbrunnen** an dessen Rückseite; wenige Schritte, und wir sind auf OSLOs Prachtavenue, der **Carl-Johans-Gate**, mit ihren teuren Juweliergeschäften, den Restaurants und Cafés im Freien, von deren östlichem Ende mit dem **Dom** und dem Bahnhofsplatz (Jernbanetorget) man hinüberschauen kann bis zum anderen Ende mit dem **königlichen Schloss**.

Trolle auf der Carl-Johans-Gate

In der Mitte des Bahnhofsvorplatzes steht ein hoher, verglaster Uhrturm, darunter ist "Trafikanten", eine Auskunfts- und Verkaufsstelle, wo es ebenfalls reichlich Info-Material und die Oslo-Karte gibt. Vor dem Trafikanten steigen wir in die Straßenbahn Nr. 2 zum **Frognerpark/Majorstuen**. Wir rumpeln am **Nationaltheater** und am **Königlichen Schloss** vorbei, steigen an der drittletzten Station **Vigelandsparken** aus. Eine lange Allee führt uns durch den Skulpturenpark von Gustav Vigeland auf den Monolithen zu, den Höhepunkt seines gewaltigen Werkes. Vigelands Grundgedanke war, die "sieben Altersstufen des Lebens" als "Hymnus an das Leben" darzustellen – wir sind überwältigt von seinem Schaffen, das 150 Skulpturengruppen, die meisten in Granit gehauen, einige in Bronze gegossen, 800 plastische Entwürfe und etwa 12000 Zeichnungen umfasst.

Lassen Sie sich gefangen nehmen von der Gewalt und der Phantasie eines großen Künstlers – auch wenn Sie vielleicht – so wie wir – Liebhaber einer anderen Stilrichtung sind ....

Einen schönen, ruhigen – und fast leeren Parkplatz haben wir auch an der Nordostecke des **Frognerparkes** entdeckt, auf dem Fußwege nach **Majorstuen**, einem Verkehrsknotenpunkt, von dem aus die T-Bahn Nr. 15, die **Holmenkollbanen** zur Skischanze und weiter bis zur Endstation **Frognerseteren** fährt. In die andere Richtung rollt die T-Bahn unter der Erde bis zum **Stortorvet** neben dem **Dom**. Außerdem ist in **Majorstuen** auch die Endstation "unserer" Straßenbahnlinie Nr. 2, und zwar mitten auf dem Platz. Wir rumpeln zurück Richtung Zentrum, steigen jedoch bei **Slottsparken** aus, um der **Königlichen Wache** eine Weile bei ihren abgezirkelten Schritten zuzuschauen ....
Am **Nationaltheater** vorbei spazieren wir zurück zum **Rådhusplassen**, wundern uns über die unverschämten Preise, die man an der Anlegestelle unserer Bygdøy-Fähre, an der **Rådhusbrygge**, für frisches Obst verlangt – und tuckern zurück zur Museumsinsel, denn der Nachmittag ist reserviert für die Museen auf **Bygdøy**.
Haben wir schon von der **Gjøa** erzählt, dem Segelschiff, mit dem Roald Amundsen als erster die Nord-West-Passage bezwang? Es liegt, im Freien zu besichtigen, direkt neben der Anlegestelle **Bygdøynes**.

Aber das ist nur der Anfang! Dahinter links, im **Norsk Sjøfartsmuseum**, tappen wir durch das Polarschiff **Fram**, mit der Fridtjof Nansen sich 1893-96 durch das Packeis des Polarmeeres treiben ließ, um so den Nordpol zu erreichen. Das Schiff ist, wie die **Gjøa**, im Original erhalten, ausgestattet mit einer solchen Fülle von Ausrüstungsgegenständen, dass man darüber ein Buch schreiben könnte – man muss es gesehen haben!
Gegenüber, im **Kon-Tiki-Museum**, liegt das Floß aus Balsa-Holz, mit dem Thor Heyerdal 1947 von Südamerika in 97 Tagen über den Stillen Ozean bis ins polynesische Archipel segelte, außerdem die **Rah**, ein 14 m langes Papyrusboot, mit dem der gleiche Heyerdal 23 Jahre später den Atlantik von Afrika nach Südamerika bezwang – auch dies einmalige Schätze abenteuerlicher Reisen.
Aber dann stehen wir wortlos vor dem **Osebergschiff** im **Vikingskipene-Museum**, zu Fuß ein Viertelstündchen von der Anlegestelle entfernt. 1903 fand man nordöstlich von Tonsberg dieses "Luxus-Wikingerschiff", das offensichtlich als Grab für die Königin Åsa diente. Von auserlesener Pracht sind bereits die geschnitzten Grabbeigaben, aber die Eleganz und Leichtigkeit des Schiffes lässt uns verstummen. Das **Gokstadschiff** im Nachbar-

raum war ein hochseetaugliches, ein "richtiges", ein typisches Wikingerschiff: von der Seite gesehen lang und schlank, von vorn oder hinten betrachtet jedoch eher breit und behäbig, einer brütenden Glucke nicht unähnlich.

Mit solchen Booten, einfachsten Segeln – und im Notfall mit Ruderkraft, bezwangen die Wikinger, die "Buchtmänner", nicht nur die an Europa angrenzenden Meere, sie stießen auch als erste über Island und Grönland bis Nordamerika vor, fast 500 Jahre vor Kolumbus.

Unser letzter Museumsbesuch gilt dem **Norwegischen Volksmuseum**, dem größten kulturhistorischen Museum des Landes. Über 150 Häuser aus allen Teilen Norwegens wurden abgetragen, restauriert und hier wieder aufgebaut und mit über 160.000 typischen Haushaltsgegenständen eingerichtet. Es ist fast zu viel, was den Besucher erwartet – und so bleibt als Erinnerung meist nur die prächtige **Stabkirche** aus Gol, die für uns die erste auf einer immer länger werdenden Liste dieser für Norwegen so typischen Sakralbauten ist.

Norwegisches Volksmuseum: Speicherhäuser

TOUR 2 (200 km / 2-4 Tage)

Oslo – Drammen – Kongsberg – Heddal – Gaustatoppen – Rjukan

Freie Übernachtung:	Kongsberg: Skisenter, Silbergrube; nördl. Tuddal; Wanderparkplatz Gaustatoppen; Rjukan: Seilbahnparkplatz.
Campingplätze:	u. a. Drammen, Hokksund, Tuddal (3x).
Ver-/Entsorgung:	u. a. Drammen, Kongsberg, Notodden, Rjukan.
Besichtigungen:	Drammen: Spiralen, Kongsberg: Bergwerksmuseum, Silbergrube, Heddal: Stabkirche, Rjukan: Kraftwerk, Tinnmuseum.
Baden:	Drammen: Spiraltoppen (Fiskumvatn); Kongsberg: Silbergrubenbadeplatz; Tuddalsdal; Rjukan: Tveitopark.
Wandern:	Drammen: Spiraltoppen; Gaustatoppen (1881 m); Rjukan.

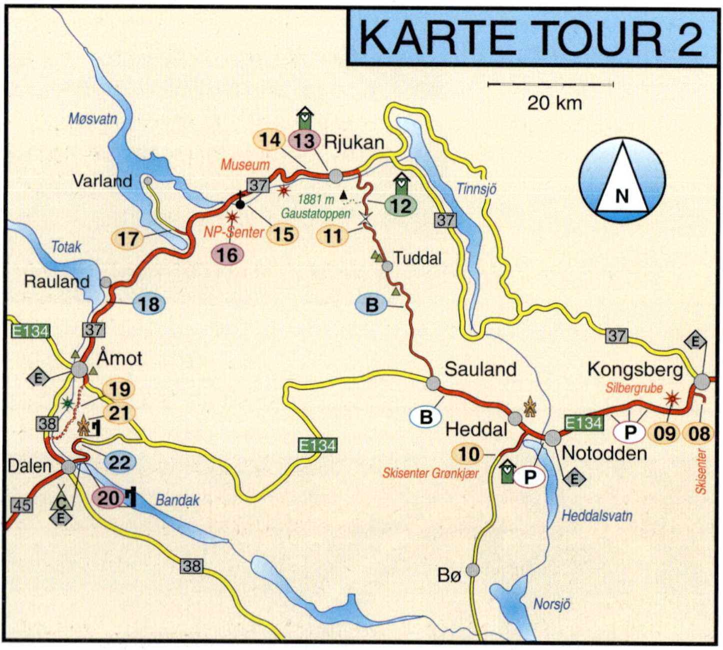

Bis zur Halskrause angefüllt mit noch völlig unverdauten Eindrücken verlassen wir BYGDØY und damit auch OSLO auf der E 18 nach Westen; schon nach Kurzem umfängt uns wieder die schöne norwegische Natur und das Einzige, was außer der Straße an die Anwesenheit des Menschen erinnert, ist die unglaubliche Zahl von Kähnen, Booten, Bootchen und Jachten, die an jedem Seeufer, vor allem aber an den Ufern der Fjorde vertäut liegen (4 km vor DRAMMEN Statoil-Tankstelle mit Entsorgung).

Am Ortsbeginn von DRAMMEN fahren wir Richtung DRAM-

MEN Nord, verlassen folglich auf die >E 134<. Wir durchqueren BRAGERNES, den Nordwesten DRAMMENs, dort ist auch unübersehbar mit dem Blumenkohlsymbol für touristische Besonderheiten **Spiralen** ausgewiesen.
Sie wissen nicht, was **Spiralen** ist?
Nun, dann ziehen Sie den Sicherheitsgurt fester – und lassen Sie sich überraschen: Sechs 360-Grad-Umdrehungen macht das WOMO in einer Dauerserpentine, immer links herum, steil bergauf in einem Berg. Man bekommt zwar über kurz oder lang einen Drehwurm, dafür braucht man aber nicht, wie bei einer "gewöhnlichen" Serpentinenstrecke, dauernd am Lenkrad zu drehen, sondern es nur festzuhalten.
Nein, nein, eine neue, norwegische Bergstraßentechnik ist Spiralen (noch) nicht, sondern lediglich die touristische Ausnutzung (geringe Gebühr!) eines außergewöhnlichen Steinbruches: Weil das Sprengen im Freien zu laut war, sprengte man im Inneren des Berges und erhielt als "Abfallprodukt" diese einmalige Dauerkurve, an deren oberem Ende man als Krönung einen wunderschönen **Aussichts-, Picknick- und Wanderparkplatz** (mit WC) steil oberhalb von DRAMMEN erreicht, mit weitem Blick über das Tal des **Drammenselva** und den **Drammensfjord** (Verbotsschild für WOMOs von 22-7 Uhr war bei unserem letzten Besuch verschwunden).

(06) WOMO-Stellplatz: Drammen/Spiraltoppen
GPS: N 59° 45' 10.3" E 10° 12' 07.8"; Eivind Olsens vei. **Max. WOMOs:** >5.
Ausstattung: Toilette, Info-Bude, Café, Wanderweg zum Badesee. **Zufahrt:** s.Text.

Hat man von der Aussicht genug, wendet man seinen Blick nach hinten und entdeckt einen gepflegten **Waldlehrpfad-Wanderweg**, wo man seine Kenntnisse der norwegischen Flora erweitern kann. Ein Stück weiter wartet der obere Parkplatz mit dem Spiraltoppen-Café und rechterhand einem Trimm-Dich-Pfad. Außerdem kann man von hier aus in etwa 45 Minuten zum **Landfalltjern**, einem lauschigen Waldsee mit **Bademöglichkeit** wandern.
Lesertipp: Zum **Landfalltjern** kann man auch per WOMO gelangen! Einfach vor der Auffahrt Spiralen nach links dem Wegweiser "Landfalltjernhytta" folgen (dort Badeparadies mit WC, und Liegewiese [N 59° 46' 5.6" E 10° 9' 37.1"]).
Wir meinen: Die Spirale von Drammen sollte man mit einem Besuch beehren!
Wir kehren, diesmal (logischerweise) rechtsrum und steil bergab, zur Stadt zurück, biegen nach rechts Richtung KONGSBERG auf die >283<. Wie gesagt, der nächste Badeplatz war angesagt – aber wir haben gleich zwei entdeckt!
Zunächst begleitet uns eine Weile der breite **Drammenselva**

links (nach 7 km ein schöner Picknickplatz rechts mit WC). Wir überqueren den Fluss, münden wieder in die >E 134< ein, die DRAMMEN in einem langen Tunnel westlich umging).
Bald verlassen wir sie wieder, biegen nach links auf die >35< Richtung TØNSBERG, durchqueren VESTFOSSEN (Bahnunterführung, Höhe: 2,90 m, kann rechts umfahren werden).
Am südlichen Ortsrand liegt **Fossesholm**, früher ein adliges Gut mit Norwegens größtem Waldbesitz. Das heute noch erhaltene Gebäude wurde 1760 errichtet, reich im Rokokostil ausgestattet und steht heute unter Denkmalschutz (offen: 12-18 Uhr). Eine besondere Attraktion ist die für Norwegen einmalige Sammlung deutscher, handgemalter Leinwandtapeten aus dem 18. Jahrhundert, mitten im Hofraum fällt in einem kleinen Häuschen mit Uhrturm ein Ziehbrunnen aus dem Jahre 1773 auf.
Rechts der Straße erweitert sich der **Fiskumelva** zum **Fiskumvatn**, einem kleineren See, der in den größeren **Eikeren-See** übergeht. Diese Berührungsstelle der beiden Seen, etwa 3 km südlich VESTFOSSEN, kann man überqueren (Wegweiser: FISKUM), und genau 400 m hinter der Brücke findet man rechts einen schönen Badeplatz, auf den ersten Blick nur ein kleines Wiesenstück mit Sandstrand neben der Straße. Erst bei der Suche nach der (obligatorischen) Toilette entdecken wir den zweiten, viel größeren Teil der Anlage hinter einem Felsvorsprung mit riesiger Liegewiese, Sprungturm und komfortablen Toiletten (Übernachten verboten).

(07) WOMO-Badeplatz: Fiskumvatn
GPS: N59° 41' 49.5" E9° 50' 30.2" **Max. WOMOs:** 3-4.
Ausstg./Lage: Sandstrand, Liegewiese,Tisch & Bank, Toiletten/außerorts. **Zufahrt:** s. Text.

Wir rollen nach ausgiebigem Bad über FISKUM zur >E 134< zurück, biegen dort nach links Richtung KONGSBERG ein (Ortsbeginn Shell-Tankstelle mit Entsorgung), durchqueren es auf der E 134 Richtung NOTODDEN, überqueren den **Lågen** und haben Mühe, hinter der Brücke einen Parkplatz zu finden, um seine fotogenen **Katarakte** mitten in der Stadt in Ruhe fotografieren zu können.
Sehen Sie links vom ersten Kreisverkehr hinter der Brücke die Leitungen der Umspannstation? Dort ist die Abzweigung zum **Norwegischen Bergwerksmuseum** (mit besonders praktischem Parkplatz am Fluss neben der silbernen Miniaturkirche), zum **Skimuseum** und zum **Münzmuseum**. Beim Bummel entlang des schäumenden Flusses zurück entdecken Sie natürlich auch die alte **Backsteinkirche** von KONGSBERG, einem der größten Barockbauten von Norwegen (als Vorbild diente vermutlich die alte Garnisonskirche von Potsdam).

Nach dem Besuch im **Bergwerksmuseum** von KONGSBERG, wo Silber und Gold, Rubine und Smaragde auf die Ahs und Ohs der Besucher warten, ist **Kongens gruve**, das **Silberbergwerk** bei SAGGRENDA dran (8 km auf der >E 134< Richtung NOTODDEN). Vorher machen wir, nur 300 m westlich von KONGSBERG, einen 2-km-Abstecher zum Skisenter. Dort steht man völlig ruhig, ja einsam (zumindest im Sommer):

(08) WOMO-Stellplatz: Kongsberg/Skisenter
GPS: N59° 39' 47.1" E9° 37' 20.1"; Kruttmølleveien. **Max. WOMOs:** >5.
Ausstattung/Lage: riesiger Schotterplatz/außerorts. **Zufahrt:** s.Text.

Die Abzweigung zur Silbergrube ist bestens ausgeschildert, und auf den 1100 m Stichstraße bis zum Bergwerkseingang erlebt man die schon angekündigte, freudige Überraschung: Bereits 500 m seit der >E 134< wartet links des Weges ein aufgestauter, recht warmer **Badesee** mit großem Parkplatz auf Sie (Foto; Übernachten verboten, aber geduldet).

Als absolut ruhigen **Übernachtungsplatz**, den wir all denen empfehlen, die zu früh – oder (wie wir) zu spät zu der Silbergrube kommen, empfehlen wir den Parkplatz direkt vor der Silbergrube: Zu früh ist vor 11.00 Uhr, zu spät ist nach 16.00 Uhr, dazwischen fährt der Grubenzug allerdings jede Stunde; in der Saison rollen auch Extrazüge.

(09) WOMO-Stellplatz: Saggrenda/Silberbergwerk
GPS: N59° 37' 49.8" E9° 36' 02.7"; Malmveien. **Max. WOMOs:** 3-4.
Ausstg./Lage: Grubenbesuch; tags nur für Behinderte/außerorts. **Zufahrt:** s.Text.

Ein Besuch in der Grube dauert 1 1/4 Stunden: Ein Bähnle mit vielen kleinen Wägelchen, die peinlich an grüne Hasenkästen erinnern, bringt die Besucher mit dröhnendem Getöse durch den 2300 m langen Christian-VII.-

Stollen in 342 m Tiefe, wo man bei 6°C. eine schöne Gänsehaut bekommt, wenn man Pullover oder Anorak vergisst. Eine ganze Reihe von waagerechten Stollen wurde in den Berg geschlagen, von denen aus senkrechte Schächte weiter in die Tiefe führen. Ihre Namen wie Gnade-Gottes-Grube, Willen-Gottes-Grube, Gott-beschert-Erz-Grube, Gottes-Hilfe-in-der-Not-Grube oder Erzengel-Michael-Grube zeigen überdeutlich – die Bergleute waren bei ihrer gefährlichen Arbeit stets dem Jenseits nahe – und sie wussten es auch!

Aber warum trugen die Gruben deutsche Namen, sogar die Straßen in KONGSBERG?

Die Bergleute holte man sich aus Sachsen, und seit 1640 entrissen diese Spezialisten dem Berg immerhin 1350 Tonnen Silber, der größte Klumpen wog über 1000 kg. Die Arbeit war mörderisch und doch schlecht entlohnt. Ein kleiner, geklauter Silberklumpen brachte bei den Silberschmieden im **Setesdal** mehr ein als ein ganzes Jahr Maloche – kein Wunder, dass bereits damals eine Grubenpolizei auf des Königs Silber ein waches Auge hatte. Wurde man von ihr erwischt , landete man in Ostindien in einer dänischen Strafkolonie – und trotzdem verarbeiteten die Setesdaler Silberschmiede mehr "Diebssilber" als "Königssilber"....

Wie sah die Arbeit aus?

Mit den Handschlegeln kam man anfangs nur 1,5 cm pro Tag vorwärts. Später, mit Pressluftbohrern, war alles leichter, aber beim trockenen Bohren drang Staub in die Lungen, Silikose nannte man das frühe Leiden; beim nassen Bohren erkrankte jeder Zweite in der Kälte an Lungenentzündung....

"Kongens gruve"; moderne "Fahrkunst"

Zum Schluss, mit Dynamit, schaffte man 1,5 Meter pro Tag, aber der Berg war erschöpft, die Ausbeute ging zur Neige, nur noch Touristen kann man jetzt schröpfen – mit 180 NKr für die Familienkarten; ich hoffe, Sie haben mindestens fünf Kinder dabei!? Die Erläuterungen der Grubenführer sind umfangreich und sachkundig, der Rundgang im Berg jedoch ist zu kurz, schade! So bleiben in der Erinnerung, während wir mit Donnergetöse wieder dem Tageslicht entgegenpoltern, nur die Bilder der technischen Ausstattung der letzten Jahrzehnte, an erster Stelle wohl die moderne **Fahrkunst**, zwei sich gegenläufig bewegende, lange Balken mit Trittstufen, auf denen man viel bequemer in die Tiefe hinab und wieder hinauf gelangte. Ein Trost für kleine und große Kinder ist der malerisch gelegene **Badeplatz** "vor der Haustür". Seine ideale Lage, gepaart mit der guten Ausstattung wie Sandstrand, Liegewiesen und Liegefelsen, Rutschbahn und reichlichem Parkraum macht ihn zur praktischen "Warteschleife" bis zur nächsten Grubenführung.

Wir kehren zurück zur >E 134< und biegen rechts nach NOTODDEN ein, sichten 3,3 km später an der linken Straßenseite einen schön gelegenen **Picknickplatz**, ein weiterer folgt am **Buvatn**, kurz darauf überqueren wir die Grenze zur **Fylke** (Region, Regierungsbezirk) **Telemark**. 1 km später rechts ein norwegentypischer Gatekjøkken, der nicht nur Kebab und Hamburger, sondern auch Parkplätze und Toiletten anbietet.
Der Wald wird dichter, das Gelände hügelig, die Straße schraubt sich hinauf und hinab und am Horizont tauchen die ersten schneebedeckten Berggipfel auf. Das **Elgsjø kafe** am gleichnamigen See bietet seinen Gästen bei gemütlicher Rast einen Ausblick bei Kaffee und Kuchen oder Eis.
Beim Ortsschild NOTODDEN werden wir aufgefordert, das Autoradio auf UKW 104,5 MHz einzuschalten – und prompt werden wir mit deutschen Tönen begrüßt und über die touristischen Glanzpunkte der Stadt sowie (natürlich) deren Einkaufs- und Ausgehmöglichkeiten informiert. Wir rollen hinab zum riesigen **Heddalsvatn**, überqueren seinen Zufluss, den **Tinnelva**, neben der alten, schmalen Metallgitterbrücke.
600 m nach der Brücke links **Picknickplatz** mit Info-Tafel, Toilette und Blick auf den See. Fußballfeldergroße Flächen sind mit herbeigeflößten Baumstämmen bedeckt, warten im sicheren Wasser, unbehelligt von Borkenkäfern, auf ihre Weiterverarbeitung.
Am Ortsende, dort, wo bei einem großen Supermarkt links die Straße nach BØ abzweigt, liegt am sandigen Ende des Sees der **Campingplatz** von NOTODDEN. Rollt man an ihm vorbei, überquert den kleinen Flugplatz und kurvt steil hinauf ins Gebirge, so kommt man nach 6,5 km zum Ski-Langlaufcenter von Grønkjær; einsam im Wald gelegen.

(10) WOMO-Stellplatz: Notodden/Grønkjær

GPS: N59° 33' 06.4" E9° 07' 04.7"; Reshjemvegen. **Max. WOMOs:** >5.
Ausstattung/Lage: Wanderwege/außerorts. **Zufahrt:** siehe Text.

Wir bleiben auf der >E 134<, Norwegens größte Stabkirche wartet auf uns, die Kirche von HEDDAL!

Kurz vor der Abzweigung zur Kirche liegt die zweite Touristenattraktion dieses kleinen Ortes, das **Heddal Bygdetun**, ein typisches **Freilichtmuseum** mit alten, jedoch wohlrestaurierten und typisch ausgestatteten Holzhäusern, wie wir noch hunderte in Norwegen sehen werden. Aber nicht nur in den Freilichtmuseen wird Altes erhalten und gepflegt. Unser erster Eindruck in der Telemark ist neben der romantischen Naturkulisse die Vielfalt der gut erhaltenen, ja liebevoll herausgeputzten, alten Bauernhäu-

ser, Scheunen sowie oft kunstvoll mit komplizierten Schnitzereien verzierten, meist zweistöckigen Speicher, von denen stets das obere Stockwerk breiter ist als das Erdgeschoss – wohl um zwei- und vierbeinigem Ungeziefer das Eindringen zu erschweren. Höhepunkte alter Holzbaukunst und Fassadenverzierung sind natürlich die Stabkirchen – so auch die von HEDDAL. Der älteste Teil der Kirche, der Chor, geht auf das Jahr 1147 zurück, die restlichen Teile wurden 1242 auf zwölf großen und sechs kleineren, tragenden Säulen errichtet. Vier reich mit Schnitzereien verzierte Portale führen ins Innere, das ebenfalls herrlich ausgestattet ist, unter anderen mit Rosenmalereien aus dem 17. Jahrhundert.

12 km westlich der Stabkirche überqueren wir den **Åmnesfoss**. Im **Fossen-Kro** kann man fein speisen und unterhalb der schäumenden Stromschnellen locken Badefreuden. Falls Ihnen das Wasser zu kalt ist: In der kleinen **Glasbläserei** nebenan wird Ihnen allein beim Zuschauen schon warm ...

Noch 4 km, bis SAULAND, beehren wir die >E 134<. Wie auch bei uns üblich, steht das Ortsschild bei den ersten Häusern, aber dann wartet man auf einen richtigen Ortskern meist vergeblich. Es scheint, als würde sich ein rechter Norweger sträuben, sein Haus näher als 50 - 100 m an das nächste zu bauen.

Jetzt halten wir nach Nordwesten, durchs **Tuddalsdal**, auf RJUKAN zu. Unsere Straße, der das **Staatliche Norwegische Wegwesen** noch nicht einmal eine Straßennummer gönnt, ist breiter als erwartet, windet sich jedoch sofort den Hang empor, lässt den fast ausgetrockneten Fluss weit unter sich; erst nach 13 km steigt sie wieder zu ihm hinab, überquert ihn. Direkt vor der einbogigen Eisengitterbrücke kann man links in einen

Schotterweg einschwenken und zum **Bade** hinabsteigen.
Hinter der Brücke erweitert sich der Fluss zu einem kleinen See und kurz darauf begrüßt uns das Ortsschild von TUDDAL. Hier wartet der **Campingplatz Øystul** am See auf erholungsuchende Camper, dann verengt sich der See wieder, begleitet uns weiter links der Straße.
8 km später, am **Bjårvatn**, liegt rechterhand **Tuddal-Bygdetun**, eine Ausstellung alter Bauernhäuser, schräg gegenüber der **Campingplatz Bøen**, keine 100 m später **Tuddal-Camping**, beide direkt am See unterhalb der weißen Holzkirche.
Jetzt sind es noch 25 km bis RJUKAN und der eigentliche Gebirgsteil der Strecke beginnt! Die Straße ist gut, die Serpentinen sind harmlos – und wir halten eine Geschwindigkeit von 45 km/h. Eine erste Hochebene wird erreicht, ein See blinkt links auf, hier (ab »km 25«) findet sich endlich eine ganze Reihe von **Picknickplätzen** rechts und links der Straße und einige liegen auch, besonders bequem, direkt am Wasser. Vor, besser über uns stehen die ersten, völlig kahlen Bergkuppen. Wieder schwingt sich die Straße empor, die letzten, windzerzausten Föhren werden von Birkenwald abgelöst, dann durchstoßen wir, wie ein Taucher die Wasseroberfläche, die Waldgrenze, um uns herum nur noch niedrige Weidensträucher, Heidekraut und vor uns mit grünlichen Flechten bedeckte Gipfel mit weiß glitzernden Schneeflächen. Bei »km 30,8« liegt links der Straße ein einzelnes Gebäude mit Antenne und schönem Parkplatz.

(11) WOMO-Stellplatz: Tuddalsdal »km 30,8«
GPS: N59° 48' 30.1" E8° 44' 52.5"; 1090 m. **Max. WOMOs:** 2-3.
Ausstg./Lage: keine, schöner Blick ins Tuddalsdal/außerorts. **Zufahrt:** siehe Text.

2,2 km später, also 33 km seit der Abzweigung von der >E 134< bei SAULAND, haben wir am **Flinstjønnskaret** in 1260 m Höhe den Pass erreicht.
Hier steigt man gewöhnlich aus, schaut in die Runde, vertritt sich die Beine. Sie sollten sich auf der Passhöhe etwas erholen, denn 2 km weiter bergab haben wir einen Anschlag auf Sie vor! Dort, wo beim nächsten **Picknickplatz** die Tafeln der Touristeninformation Auskunft geben über die möglichen Aktivitäten im Gebiet um RJUKAN, beginnt der kürzeste **Wanderweg** (600 m Höhenunterschied) auf den höchsten Berg Telemarks, den 1881 m hohen, aussichtsreichen **Gaustatoppen**.

(12) WOMO-Wanderparkplatz: Gaustatoppen
GPS: N59° 50' 05.0" E8° 42' 51.5"; 1170 m. **Max. WOMOs:** >5.
Ausstattung/Lage: Klo, Kiosk, Wanderweg, Info-Tafel/außerorts. **Zufahrt:** siehe Text.

Es ist bereits kurz vor 17 Uhr, als wir, gestiefelt und gespornt, will heißen mit Bergstiefeln, Jeans, Windjacke und Rucksack mit "kleinem Verpflegungs-

paket" in die Fußstapfen vieler Bergfreunde treten, die uns zum größten Teil bereits beim Aufstieg begegnen. Aber der späte Abmarschtermin hat nur Vorteile, denn es herrscht herrliches Wetter, die Sonne brennt vom stahlblauen Himmel, nach wenigen Schritten verpacken wir die Jacke schon wieder im Rucksack.

Eine Stunde Marsch, dann rasten wir auf dem Sattel vor dem Gipfel, und eine weitere 3/4 Stunde später haben wir die "Küchenrolle" erreicht, den Fernsehturm auf der Kuppe, der verblüffend der abgewickelten Papphülse einer überdimensionalen Küchenrolle gleicht (Einkehrmöglichkeit).

Der Ausblick ist der Strapaze unserer ersten Bergtour angemessen, weit reicht die Sicht über die stumpfen, flechtengrünen Kuppen, Hügel und Wellen der Berge. Blauschwarz, tiefgründig scheinen die Seen in den Senken im Osten, nach Westen zu glitzern sie in der tiefstehenden Sonne wie geschmolzenes Blei – man glaubt, ganz **Telemark** überschauen zu können. Direkt im Norden unter uns schlängelt sich der **Måna** durchs schattige Tal nach Osten in den **Tinnsjø**, fließt durch RJUKAN, unser nächstes Ziel.

Bergab geht's auch nicht schneller, stellen wir beim Rückmarsch fest, denn der Pfad ist steinig, geröllig, für Kinder wohl erst ab 6 Jahren zu empfehlen.

Viel bequemer hat's das WOMO, das sich auf dem Teerband zu Tale schwingt, während wir auf 105 MHz vom **Touristensender Rjukan** begrüßt werden. Es ist unglaublich, wie tief das **Vestfjorddal** in den Gebirgsstock eingeschnitten ist – so tief, dass die Häuser RJUKANS den ganzen Winter über nicht von der Sonne beschienen werden.

Im Talgrund angekommen, überqueren wir den Måna-Fluss (vorher Entsorgungsstation links), eine Bahnlinie, biegen nach links in die >37< ein, sichten die ersten Häuser von RJUKAN.

Bevor wir aber nach RJUKAN hineinrollen, noch ein Hinweis: 300 m östlich der Måna-Brücke liegt das **Mår-Wasserkraftwerk** mit einer Leistung von 180 MW. Es kann Mo-Fr um 10 Uhr und 14 Uhr besichtigt werden. Vielleicht zeigt man Ihnen auch die gewaltigen Druckrohre, die in einem 1250 m langen Schacht vom Gebirge herabführen. Neben ihnen läuft eine Holztreppe, mit 3875 Stufen sicher eine der längsten der Welt.

In RJUKAN ist viel geboten: Als erstes entdecken wir nach 1500 m rechterhand das **Tinnmuseum** rechts der Hauptstraße, ein **Freilichtmuseum** mit etwa 25 historischen Gebäuden.

1000 m später verlassen wir die Hauptstraße nach links zum **Tveitopark**. Dies ist ein großes Wiesengelände mit einem Bade- und Plätscherteich in der Mitte und daneben vielfältigem Spielgerät für Kinder aller Altersstufen, WC und ringsum vielen Parkplätzen. Hiermit haben wir Ihnen unseren ersten **Übernachtungsvorschlag** in RJUKAN gezeigt und beschrieben.

(13) WOMO-Picknickplatz: Rjukan Tveitopark

GPS: N59° 52' 44.3" E8° 37' 47.7"; Tinngata. **Max. WOMOs:** 2-3.
Ausstg./Lage: Badeteich, Toilette, Tisch & Bank, Liegewiese/Ortsmitte. **Zufahrt:** s. Text.

Aber Sie sollen in RJUKAN nicht nur spielen und schlafen – in RJUKAN wurde Geschichte geschrieben, und die sollen Sie nacherleben! Die Deutschen haben dabei zwar keine Glanzrolle gespielt – aber Geschichte ist Geschichte!

Als im Jahre 1911 das **Wasserkraftwerk Vemork** westlich RJUKAN in Betrieb genommen wurde, war es mit 10 Turbinen und einer Leistung von 108 MW das größte der Welt. Gezähmt wurde die gewaltige Kraft vom **Rjukanfoss**, von dem jetzt nur noch eine kahle Wand am Ende der **Maristigen-Schlucht** zu sehen ist. Die Gegend nahm einen gewaltigen Aufschwung: 1907 lebten hier 50 Familien mehr schlecht als recht von der Landwirtschaft, bereits 1917 bevölkerten 10.000 Einwohner eine moderne Industriestadt – RJUKAN!

Der Strom, der aus der Wasserkraft gewonnen wurde, diente in erster Linie zur Düngemittelherstellung nach dem Lichtbogenverfahren. Nebenbei wurde schweres Wasser, Deuteriumoxid, durch mehrfache Elektrolyse angereichert. Dieses schwere Wasser dient als Bremsflüssigkeit in Kernkraftwerken und schien im II. Weltkrieg für die Entwicklung der Atombombe unverzichtbar zu sein. Folglich wurde im Kraftwerk Vemork, nach der Besetzung durch die Deutschen, beschleunigt weitergearbeitet – und die Alliierten versuchten ebenso eifrig, die Deutschen daran zu hindern: „Der Kampf um das schwere Wasser“ ist eines der Themen, die im alten Kraftwerk Vemork, das heute ein modernes **Industriearbeitermuseum** ist, behandelt und mit Originalmaterial anschaulich belegt werden.

Die Industrie brachte Geld ins Tal, aber sonniger wurde es dadurch nicht. So spendierte die Kraftwerksgesellschaft den Rjukanern bereits 1928 einen Lift, die **Krossobanen**, mit dem man auch im finsteren Winter in fünf Minuten runde 1000 Meter höher – und in den Sonnenschein schweben konnte. Auch heute noch funktioniert die Seilbahn in alter Frische, die Talstation liegt 4 km westlich vom Tveitopark, ist gut ausgeschildert und besitzt große, ruhige Parkplätze (viel ruhiger als am Tveitopark), denn die Bahn fährt nur von 10 - 19 Uhr.

(14) WOMO-Stellplatz: Rjukan Krossobanen

GPS: N59° 52' 45.2" E8° 33' 13.0"; Kraftledningsveien. **Max. WOMOs:** >5.
Ausstattung/Lage: Toilette, Seilbahn/außerorts. **Zufahrt:** s.Text.

Oben, bei der **Bergstation Gvepseborg** sollen Sie nicht nur Erfrischungen zu sich nehmen, sondern sich wie die sonnenhungrigen Rjukaner auf einem der vielen Wanderwege ergehen – an der Talstation wartet dann Ihr rollendes Schlafzimmer auf Sie!

KARTE TOUR 3+4

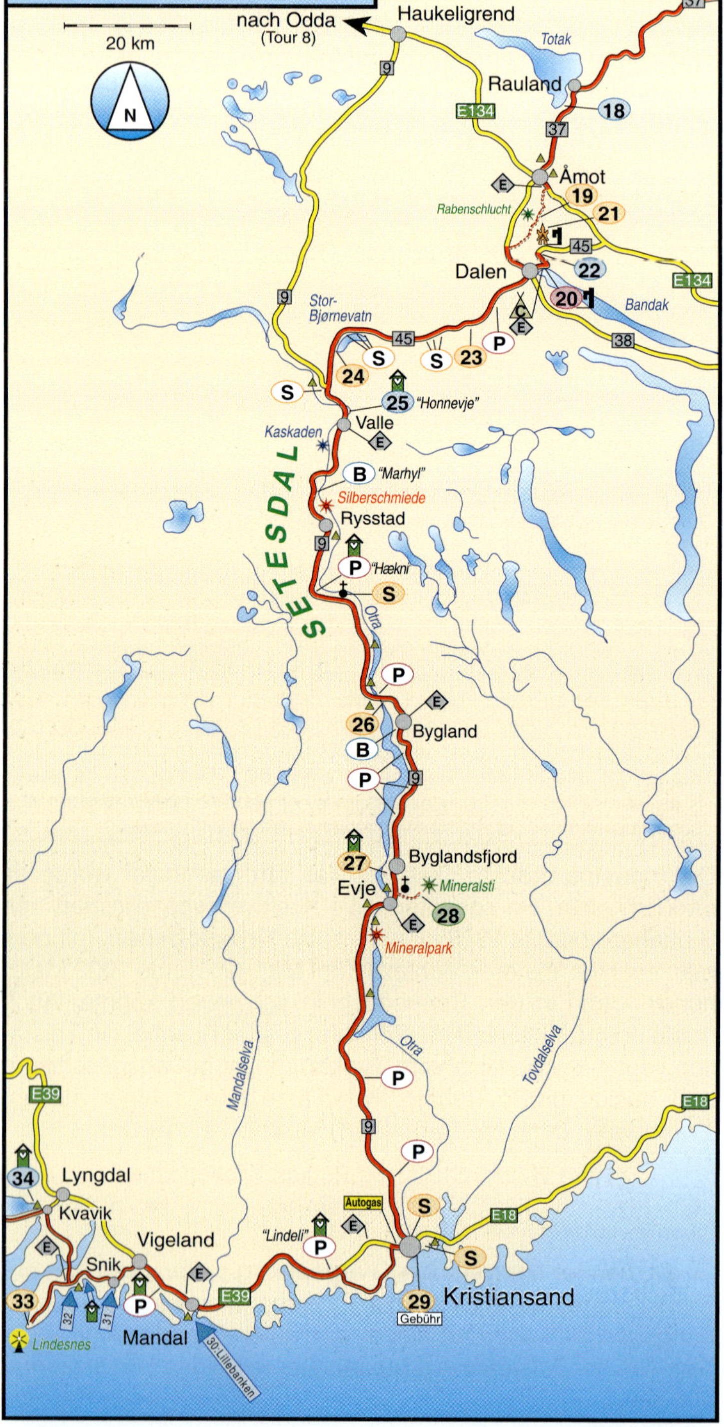

TOUR 3 (260 km / 2-3 Tage)

Åmot – Dalen – Valle – Rysstad – Bygland – Evje

Freie Übernachtung:	NP-Senter; B-Platz Møsvatn; B-Platz Totak; Rabenschlucht; Dalen: Yachthafen; Evje: Mineralsti.
Campingplätze:	u. a. Åmot, Dalen, Rysstad, nördl. Bygland, bei Evje.
Ver-/Entsorgung:	u. a. Åmot, Dalen, Valle, Bygland, Evje.
Besichtigungen:	Rjukan: Industriearbeitermuseum; Møsvatn: NP-Senter; Rabenschlucht; Eidsborg: Stabkirche; Setesdal: Kaskaden, Silberschmiede; Evje: Mineralsti.
Baden:	u. a. Møsvatn; Totak; Bandak; Eidsborg bei der Stabkirche; "Honnevje", "Marhyl" im Setesdal.
Wandern:	Evje: Mineralsti.

Am nächsten Morgen können wir lange ausschlafen (schließlich hat die erste Bergtour auf den **Gaustatoppen** Nachwirkungen) und in Ruhe Kaffee trinken. Dann tuckern wir zum Industriearbeitermuseum 5 km westlich RJUKAN. Der riesige Parkplatz ist noch völlig leer (kein Wunder - Camping verboten!) Um 10 Uhr, als das Museum seine Tore öffnet, holt uns ein Bus vom Parkplatz ab (toller Service, denken wir), fährt uns die paar Schritte – und wir sind so leichtgläubig, den Fahrpreis für den Museumseintrittspreis zu halten. Dort zieht man uns jedoch nochmals Geld aus der Tasche, so dass wir Ihnen raten, die zehnminütige Strecke zu Fuß zu gehen.

Behälter für schweres Wasser

Im Museum scheiden sich die Geister: Kinder bestaunen wohl eher die riesige Turbinenhalle mit den gewaltigen Dynamos, geschichtsbeflissene Erwachsene werden schnell darüber belehrt, wie mühsam der Weg der Industriearbeiter zum sozial abgesicherten Leben war. Beide Gruppen treffen sich dann sicher bei den Behältern für das schwere Wasser, die beim Bombardement durch die Engländer beschädigt wurden.

Unsere Weiterfahrt auf der >37< nach Westen

unterbrechen wir bereits nach 2,5 km, unmittelbar vor dem **Maristigen-Tunnel**. Hier kann man einen letzten Blick auf die alten Druckrohre des ehemaligen Vemork-Kraftwerkes werfen und 200 m zum Aussichtspunkt oberhalb des **Rjukanfoss** spazieren. Als man dem Ingenieur Sam Eyde vorwarf, er habe den Wasserfall "getötet", entgegnete er selbstbewusst: „Ich habe ihm eine sinnvolle Arbeit gegeben!" Heute wäre mancher Staat froh, wenn er, statt ein Kohle- oder Kernkraftwerk bauen zu müssen, einen Wasserfall "töten" könnte ....
Man muss nicht Sprachwissenschaftler sein, um **Maristigen** mit "Marias Weg" übersetzen zu können. Wirklich rankt sich eine gar traurige Mär um den schmalen Gebirgspfad am steilen Hang: Die verliebte Marie eilte dort täglich dem Geliebten entgegen, bis bei einem schaurigen Gewitter beide ihr Leben lassen mussten.

Nach weiteren 5 km durch frischen Birkenwald begleiten uns links der Straße die ersten kleinen Seen. Die Parkgelegenheiten neben der Straße sind seltsamerweise durch Schranken versperrt. Erst nach und nach begreifen wir diese norwegische "Macke": Selbst in der einsamsten Ecke des Landes wird ein privates Stück Land so gut es eben geht versperrt – auch wenn es gar nicht selbst genutzt wird. Und so tuckern wir Kilometer auf Kilometer an zig Parkplätzen vorbei, auf denen kein einziges Fahrzeug steht – privat! Natürlich stehen im "Hinterland", oft verborgen durch Busch und Baum, Unmengen von Ferienhäusern – bewohnt meist nur am Wochenende.
Ein kleines Kirchlein rettet uns aus der (Parkplatz-)Not!
500 m vor der **Frøystulbru** liegt links die **Frøystulfjellkirke** – und neben ihr ein hübscher Parkplatz:

(15) WOMO-Stellplatz: Frøystulfjellkirke
GPS: N59° 49' 41.8" E8° 21' 05.8"; 874 m. **Max. WOMOs:** 1-2.
Ausstattung/Lage: keine/außerorts. **Zufahrt:** siehe Text.

Auf der **Frøystulbru** überqueren wir den ersten Auslauf des **Møsvatn**, turnen hinauf zur Staumauer. 800 m später geht es links ab zum **Hardangervidda-Nasjonalparksenter** (offen: 10-18 Uhr). Dort erhalten Sie erste Informationen über das größte Gebirgsplateau Europas (eine weitere Ausstellung dazu präsentieren wir Ihnen in ØVRE EIDFJORD inTour 8).
Die Ausstellung war modern konzipiert, mehrsprachig beschriftet; war aber bei unserem letzten Besuch verwaist.
Das schönste ist jedoch der große Parkplatz davor beim kleinen See mit den vielen Wanderwegen:

(16) WOMO-Picknickplatz: Hardangervidda-Nasjonalparksenter
GPS: N59° 48' 51.5" E8° 18' 34.0"; 969 m. **Max. WOMOs:** 2-3.
Ausstattung/Lage: Tisch & Bank, Wanderwege/außerorts. **Zufahrt:** siehe Text.

Der **Møsvatn** erweitert sich zu einer endlosen Wasserfläche, die sich am Horizont verliert. Wir entschweben wieder ins Gebirge, ohne einen öffentlichen Parkplatz am Ufer entdeckt zu haben. Den einzigen, kurz bevor wir den See verlassen, zählen wir nicht, denn er liegt viel zu weit vom Wasser entfernt – und er wurde auch gar nicht für uns angelegt: Das plötzliche, riesige Parkangebot dient zahlenden Gästen im Winter – am Hang zieht ein Skilift zum Gipfel hinauf.
Wir rollen einige Gebirgswellen hinauf und hinab, dann taucht ein zweiter Arm des **Møsvatn** rechts neben der Straße auf. Die Halbinsel, die wir auf unserem Gebirgsstück abgeschnitten hatten, heißt **Vardan**, an ihrem Ende, sozusagen mitten im See, liegt VARLAND, 12,2 km von der Hauptstraße entfernt. Wir halten darauf zu und sichten bereits 900 m nach der Abzweigung links am See eine **Stellmöglichkeit**: ruhig, malerisch mit sandig-schotterigem Ufer. Das Wasser wird bei 15°C sicher nie überfüllt sein!

(17) WOMO-Stellplatz: Vardan

GPS: N59° 46' 18.8" E8° 12' 53.6"; 925 m. **Max. WOMOs:** 2-3.
Ausstattung/Lage: Bademöglichkeit/außerorts. **Zufahrt:** siehe Text.

An der Hauptstraße >37< haben wir, kurz bevor wir den **Møsvatn** zum zweiten und letzten Mal verlassen, auch einen (einzigen) Platz entdeckt: Eine kleine Parkbucht, von der aus man zum Sand- und Felsstrand ein Stück laufen muss.
Aber Sie müssen dem **Møsvatn** nicht nachtrauern, denn hinter der nächsten Straßenkurve kommt schon der nächste See. Andererseits erinnert uns der Blick auf die immer näher rückenden Felsriesen mit ihren grellweißen Gletscherflächen, dass wir keineswegs nur zum Baden nach Norwegen gekommen sind.
Wir haben etwa 1000 m Höhe erreicht, wieder ziehen sich Parkstreifen an der Straße hin, Skipisten bepflastern die Hänge – wir sind im **Rauland Skicenter**. Dann geht es hinab nach RAULAND am **Totak-See**, beiderseits der Straße begleiten uns vereinzelte Busch- und Baumgruppen, die aus den rötlichen Moorflächen herauswachsen, die RAULAND seinen Namen verliehen haben. Vom Ort bekommen wir nicht viel zu sehen, denn wir schwenken mit der >37< bereits bei den ersten Häusern nach Süden ab. Falls Sie Bedenken haben sollten, dass Ihnen am Nordufer des **Totak** idyllische Plätzchen entgehen – wir haben das Ufer abgefahren, nichts für WOMO-Urlauber!
Ein Stück **Totak** bekommen wir auch von der >37< Richtung ÅMOT aus zu sehen – und kaum hat unsere Straße Seekontakt, entdecken wir (3,5 km hinter RAULAND) einen großen

Parkplatz mit Bademöglichkeit links der Straße (ein weiterer folgt 100 m später rechts der Straße mit Tisch und Bank).

(18) WOMO-Badeplätze: Totak
GPS: N59° 39' 57.6" E8° 03' 35.7"; Raulandsvegen. **Max. WOMOs:** 2-3.
Ausstattung/Lage: Tisch & Bank, Bademöglichkeit/außerorts. **Zufahrt:** siehe Text.

Diese Plätzchen müssen Sie nutzen, falls Ihnen nach Plätschern oder gar Baden ist, weitere gibt es nicht, denn kurz darauf macht sich die Straße im Tal des **Tokke-Flusses** nach Süden davon, endet in ÅMOT.
Die Fortsetzung der >37< nach Süden ist, damit man sich's leichter merken kann, die >38<. Wir möchten Sie jedoch zu einem kleinen Umweg verleiten, wollen Sie an einen schaurigen Abgrund führen, von dessen Kante aus nachts die Hexen zu ihren Kunstflügen starten – zur **Rabenschlucht**, norwegisch **Ravnejuvet**. Während die >38< rechts des **Tokke** nach Süden zieht, führt ein schmales Schottersträßchen, weiter oben an der anderen Talseite, zu unserer Attraktion.
Hier die Zufahrtsbeschreibung: In ÅMOT verlassen wir die >37<, biegen nach links auf die >E 134< Richtung OSLO (Entsorgung und großer Parkplatz bei "Åmot Bilservice").
Genau 4 km bedienen wir uns der breiten Teerstraße, dann biegen wir rechts (Wegweiser: LIOSVINGEN/Ravnejuv). Das Schottersträßchen hat reichlich Platz für ein einzelnes WOMO; falls jedoch einer der in dieser Gegend besonders häufigen Elche auftauchen sollte, würde es bereits eng!

Ravnejuvet (die Rabenschlucht)

7300 m kurven wir auf dem Sträßchen dahin, haben eigentlich die Hoffnung auf Hexen, Raben und schauerliche Tiefe bereits aufgegeben, da sichten wir das ersehnte Hinweisschild. Der schräge Parkplatz am Wegrand reicht für ca. vier WOMOs.
So klein das Hinweisschild am Wegrand ist, so groß ist das Warnschild, das uns nach kurzem Fußmarsch auffordert, nach weiteren 100 m möglichst abrupt stehen zu bleiben, denn

dort geht es nicht nur 350 m senkrecht hinab, die Wand hat sogar noch ein paar Grad Überhang. Überzeugen Sie sich, aber bitte in sicherer Bauchlage.

Liebe Mütter und Ehefrauen, das Schild übertreibt nicht! Nehmt Kinder und Ehemann an die Hand; die einen sind unvernünftig, die anderen wagemutig – und die Kante ist völlig ungesichert. Beim Blick hinab wird einem so gruselig, dass das Herz im Halse schlägt und einem die Nackenhaare zu Berge stehen.

Nicht nur Hexen würden hier leicht fliegen lernen, Sie können es ausprobieren! Nein, nein, nicht Sie selbst! Nehmen Sie Ihr Papiertaschentuch und lassen Sie es in die Tiefe fallen. Sie werden sehen, es taumelt nicht nach unten, sondern schwebt wie eine Taube davon.
Wir kehren mit zitternden Knien zum WOMO zurück, rollen weiter auf dem Sträßchen und finden 500 m später einen bequemeren, waagerechten **Stellplatz**, auf dem wir uns einen alkoholfreien Beruhigungsdrink mixen. Hier fänden ebenfalls vier WOMOs Platz und ein geruhsamer Nachschlaf ist wohl auch garantiert – es sei denn, Sie hätten wegen der Hexen Bedenken ....

(19) WOMO-Stellplatz: Ravnejuvet
GPS: N59° 29' 40.3" E7° 59' 34.7"; 564 m. **Max. WOMOs:** 3-4.
Ausstattung/Lage: keine/außerorts. **Zufahrt:** siehe Text.

Unser Sträßchen bemüht sich nun, mittels einiger Serpentinen in den Talgrund hinabzustürzen, steigt dann ein Stück zur 38 empor. Dort biegen wir links Richtung DALEN in die Teerstraße ein, nach insgesamt 13,4 km Schotterstraße.
Der **Tokke** fließt wieder in unserer Nähe, aber was heißt das schon. Die vielen malerischen Gumpen, die wir von der Straße aus sichten, sind trotzdem unerreichbar, denn das Ufer ist steil und felsig.
Aber der nächste See, der **Bandak**, ist nahe! 600 m nach dem Ortsschild DALEN (Entsorgung vor dem Dalen-Campingplatz) verlassen wir die >38< nach links, rollen auf der >45< Richtung HØYDALSMO zur Nordwestkante des Sees. 200 m hinter dem Ortsendeschild, biegen wir rechts zum **Yachthafen**. Kaum sind wir abgebogen, erblicken wir eine überdachte Grillstelle, an einem der Dachpfosten hängt ein mindestens 30 m langer Wasserschlauch – wir bedienen uns!
Toiletten, Dusch- und Waschräume findet man am linken Ende des Hafengeländes und natürlich Tische und Bänke direkt am Wasser. Leider ist dieser Service nicht für WOMO-Touristen, sondern für die vielen, vielen Freizeitkapitäne eingerichtet worden, die man nicht auf einen Campingplatz locken kann. "Camping" ist natürlich verboten!

(20) WOMO-Picknickplatz: Dalen/Yachthafen

GPS: N59° 26' 42.8" E8° 01' 17.0"; Storvegen.
Max. WOMOs: 3-4.
Ausstg./Lage: Toiletten, Duschen, Tisch & Bank, Liegewiese; Camp. verboten/Ortsrand.
Zufahrt: siehe Text.

DALEN ist die Endstation des 130 km langen, berühmten **Telemark-Kanals**, der, in LANGESUND an der Nordsee beginnend, seit 1892 über 18 Schleusen die vier Binnenseen **Norsjø**, **Flåvatn**, **Kvideseitvatn** und **Bandak** verbindet und einen Höhenunterschied von 72 m überwindet.
Am rechten Ende des Yachthafens sichten wir Parkanlagen, Liegewiesen und den **Badestrand**, wie wär's?
Wir machen derweil einen kleinen Abstecher zur **Stabkirche** von EIDSBORG, das am weiteren Verlauf der >45< liegt – leider jedoch nicht auf gleicher Höhe wie der **Bandak-See**, ganz im Gegenteil! Die sieben Serpentinen, mit denen die Straße den fast senkrechten Hang erklimmt, sind nicht ohne! Dafür bekommt, zumindest der Beifahrer, einen herrlichen Blick über den See und den **Telemark-Kanal** geboten. Der Diesel schnauft bei 12 % Steigung ganz schön, und ich schalte Heizung und Gebläse an, um ihm die Arbeit zu erleichtern.
1 km nachdem wir die Höhe gewonnen haben, weist uns ein braunes Hinweisschild nach links zur **Stabkirche** und zum **Vest-Telemarkmuseum** in der Nachbarschaft. Wir halten an der Mauer, die den **Parkplatz** (Camping verboten) vom Friedhof trennt, neben zwei **Wasserhähnen**.

(21) WOMO-Stellplatz: Eidsborg/Stabkirche

GPS: N59° 27' 53.5" E8° 01' 17.3"; Museumsvegen.
Max. WOMOs: 2-3.
Ausstattung/Lage: Toilette/außerorts.

Eidsborg; Stabkirche

Die bereits um 1300 erbaute **Stabkirche** ist über und über mit sog. Spanschindeln bedeckt, die ihr das Aussehen eines urtümlichen Schuppentieres verleihen. Der Innenraum ist fast quadratisch und etwa 30 qm groß. Das unterste Pultdach überdeckt den Umgang, so dass auch im schneereichen Winter die Außenwände frei bleiben. Wir lassen bei unserem Rundgang den Blick über das Tal schweifen und entdecken einen kleinen **See** mit Badesteg. Wie kommt man dort hin?
Wir finden die Abzweigung schließlich 300 m vor der Stabkirche in einer scharfen Kurve bei »km 13,2«. Der **Badesee** bietet eine bunte Blumenfülle von Weidenröschen, Seerosen, Mädesüß und Fieberklee, einen kleinen Kinderspielplatz, einen Holzsteg und solch überraschend warmes Wasser, dass wir uns kaum trennen können (Camping verboten):

(22) WOMO-Badeplatz: Eidsborg/Badeplatz
GPS: N59° 27' 44.8" E8° 01' 30.9"; Brynesteinvegen.
Max. WOMOs: 1-2.
Ausstattung/Lage: Bademöglichkeit, Tisch & Bank, Kinderspielplatz/Ortsrand.

Wir turnen wieder nach DALEN hinab, bleiben auf der >45< Richtung VALLE, die Hauptrichtung heißt Südwesten, schnaufen am gegenüberliegenden Berghang hinauf – DALEN hat seinen Namen wirklich zu Recht.
Diesmal sind es "nur" sechs "richtige" Serpentinen und auch höchstens 10 % Steigung, aber der Blick auf den immer weiter nach unten versinkenden See ist auch von der anderen Seite wunderschön. Bald sind wir wieder auf der botanisch besonders vielfältigen Höhe von 600 m, wo Laub- und Nadelwald sich mischen, wo ganze Felder von blühenden Weidenröschen die Landschaft rosaviolett verzaubern.
Grimdalstunet wird angezeigt, ein alter Bauernhof mit vielen, teilweise sehr alten Gebäuden. Die Bildhauerin Anne Grimdalen wuchs hier auf, ein Teil ihrer Skulpturen wird ausgestellt.
Bei »km 10,5« legt unsere Straße längsseits eines Flusses an und keine 300 m später finden wir einen sehr malerischen

Picknickplatz links der Straße, direkt am Fluss, der uns über **Stromschnellen** entgegenschießt. Bei »12,7« überqueren wir den Fluss, davor können Sie nochmals parken, um das Naturwunder zu bestaunen. Warten Sie bis »km 14,7«, bis zur **Gaststätte Borsæ Kroa**, dann haben Sie nicht mehr den Fluss neben sich, sondern den malerischen **Borsæ-See** und als Bild-Hintergrund eine Kette schneebedeckter Berge.
Der See endet, ein kleines Flüsschen begleitet uns. Direkt vor der Brücke, bei »km 16,5«, führt nach links ein verwilderter 300-m-Schotterweg zu idyllischen Plätzchen am Fluss.

(23) WOMO-Stellplatz: »km 16,5« (Foto)

GPS: N59° 21' 58.8" E7° 47' 07.6"; Børsævegen. **Max. WOMOs:** 2-3.
Ausstattung/Lage: keine/außerorts. **Zufahrt:** siehe Text.
Hinweis: Falls versperrt, Großparkplatz "Skicenter" 2 km weiter.

Während wir durch die moorige Hochfläche eilen, rücken die Schneeflächen an den Hängen der Bergklötze immer näher auf uns zu – eine undurchdringliche Barriere?
Aber unsere Straße schwingt sich in einer eleganten Kurve zwischen ihnen hindurch, indem sie ganz einfach einem Flusslauf folgt, der sich kurz darauf zum **Tønnesvikvatn** verbreitert. Bei »km 23,4« ein weiterer **Rastplatz** links der Straße an seinem Ufer, zwei weitere kurz darauf, aber das Wasser macht selbst bei strahlendem Sonnenschein keine Lust zum Baden – es sieht nicht nur kalt aus, es **ist** kalt.
Ab Ende des **Tønnesvikvatn** müssen wir uns von der **Telemark** verabschieden, die Fylke **Aust-Agder** ist nun unser Gastgeber. Sie lässt es sich natürlich nicht nehmen, uns ebenfalls sofort mit einem See, dem **Store Bjørnevatn** zu begrüßen. Hier sind die Rastplätze am Ufer sogar geteert, aber das Wasser wirkt noch kälter als in der **Telemark**. Am Ende des Sees (hier nochmals eine riesiger **Stellplatz** links [**24:**N59° 20'

35.9" E7° 30' 58.2"]) macht die Straße einen weiten Bogen nach links, durch lichte Birkenwälder ziehen wir nun direkt nach Süden, zwischen den Baumstämmen steht das Wollgras in moorigen Wasserlachen.
Mit 7% Gefälle stürzen wir uns ins Tal. Aber nicht in ein "gewöhnliches" Tal, sondern ins **Setesdal**. Die Touristenmanager überschlagen sich fast mit Superlativen: "Eines der schönsten und wildesten Täler Norwegens", ja sogar "Märchental" liest man in den Prospekten.
Bis 1844 kam man nur zu Pferde durch die Wildnis, und erst 1938 wurde die Verbindungsstraße zwischen KRISTIANSAND und HAUKELIGREND fertiggestellt. Wir jedoch rollen auf bequemer Bahn nach Süden; was bietet das "Märchental" dem WOMO-Touristen?
Im **Setesdal** angekommen, werden wir nach links dem breiten, zwischen großen Felsklößen ruhig dahinströmenden **Otra-Fluss** folgen; unsere Rollbahn heißt dann >9<, unser nächstes Ziel VALLE. Genau an der Einmündung in die >9< kann man diese überqueren und auf einem Schotterweg am Fluss entlang holpern – ein bequemes Pausenplätzchen [N59° 14' 20.0" E 7° 28' 50.2"]!
3,8 km nach unserer Einmündung ins Tal erreichen wir **"Honnevje"**, den erste Picknickplatz mit malerischer Bademöglichkeit im aufgestauten Fluss (kurz nachdem unsere Straße den Fluss nach rechts überquert hat).

(25) WOMO-Badeplatz: "Honnevje"

GPS: N59° 13' 52.1" E7° 31' 50.5"; 360 m. **Max. WOMOs:** 2-3.
Ausstattung/Lage: Bademöglichkeit, Liegewiese, Toilette, Tisch & Bank/außerorts.

Im Bogen führt uns die >39< an VALLE vorbei, eine typische norwegische "Stadt", in der jedes Haus 50 – 100 m vom

nächsten entfernt ist, offensichtlich die unverzichtbare Individualdistanz (Entsorgung beim Touristikamt).
2,5 km südlich von VALLE zweigt ein Sträßchen nach rechts ab Richtung BØ. Machen Sie sich das Vergnügen dieses 200-m-Abstechers! Dort zwängt sich der Fluss durch eine selbstgeschliffene, spiegelglatte und äußerst schmale **Klamm**. Man sollte kaum glauben, dass vernünftige Menschen in die Versuchung kommen könnten, sich den schäumenden Fluten auf dem rutschigen Fels weiter zu nähern, aber die aufgestellten Rettungsringe und viersprachige Warnschilder deuten gar deutlich darauf hin: „Achtung! Lebensgefahr! Gebirgsfläche ist glatt. Mehrere Personen sind ins Fluss gefallen!"

Kurz darauf ist der **Otra** schon wieder ganz friedlich, flach und breit, bildet Inseln, Schilffelder wachsen an den Ufern der Gleithänge. Das ganze Tal hat sich erweitert, Wiesen breiten sich aus, behäbige Bauerngehöfte liegen darin – die Talwände jedoch scheinen aus einem Stück Fels zu bestehen und sind zumeist völlig vegetationslos.
Der Fluss hat jetzt die Breite eines "mittleren" Sees, zwängt sich dann, zur Belebung, zwischen zwei Felswänden hindurch.

An dieser Stelle überqueren wir ihn wieder, sehen rechts das Gebäude des Wasserkraftwerkes "Otrakraft", gegenüber wartet ein kleiner Parkplatz. Von diesem aus sollte man 150 m zum Badeparadies "Marhyl" (Foto) hinabstapfen (gucken Sie mal hin – es lohnt sich!).
800 m später entdecken wir das Hinweisschild: **Sylvartun**. Dort, 12 km südlich von VALLE, sind nicht nur gepflegte, alte Holzhäuser aus der Zeit um 1670 zu besichtigen, sondern auch die Arbeit des **Silvarsmeds**, des Silberschmieds Torleiv Bjørgum. Er bewahrt die reiche ornamentale Tradition seiner Vorväter, die ins Mittelalter und in die Wikingerzeit zurückreicht. Alle Silberschmiedearbeiten haben als Ausgangsmaterial reinen Silberdraht und pure Silberplatten, die zu filigranen Kunstwerken zusammengefügt werden, deren Formenfülle unend-

lich zu sein scheint.
Aber nicht in erster Linie für Touristen wird das Erbe gepflegt! Die Setesdaler sind besonders traditionsbewusste Menschen, die Bauweise, Dialekt, Volkstänze, Trachten und Schmuck der Ahnen schätzen und schützen und deshalb großen Wert auf die Originaltreue bei den Broschen und Knöpfen des Trachtensilbers legen.
Wir kommen ins Gebiet der Gemeinde RYSSTAD. Gewaltige, nahezu senkrechte Felswände begrenzen das Ostufer unseres Flusses, eine Silberschmiede folgt der anderen am Wegrand. Woher werden sie jetzt ihr Silber beziehen, nachdem von **Kongens gruve** bei KONGSBERG weder Königs- noch Diebssilber mehr kommt?

Beim Silberschmied Torleiv Bjørgum

Dann flachen sich die Berge links ab, sind wieder bewaldet, dafür richten sie sich rechts steil auf – wirklich eine abwechslungsreiche, eine naturbelassene Landschaft, die immer einsamer wird, je weiter wir nach Süden kommen. Kaum noch ein Bauerngehöft, ja nicht einmal mehr eine einsame "Stuga", ein Ferienhäuschen unterbricht das Grün der Wälder und Wiesen, sogar die Ortsschilder stehen einsam am Wegesrand.
9,5 km südlich RYSSTAD liegt links sehr schön der **Picknickplatz** "Hækni". Ein ruhiges Übernachtungsplätzchen bietet kurz darauf die Kirche von AUSTAD.
Südlich MOI verbreitert sich unser **Otra-Fluss** zu einer Seenkette, die die Namen **Åraksfjord**, **Sandnesfjord**, **Bjåfjord**, **Byglandsfjord** und **Årdalsfjord** tragen. Er rollt still zwischen seichten, sandigen Ufern dahin, und sofort bietet links der **Reiårsfossen-Campingplatz** seine Dienste an, ein zweiter folgt kurz darauf, ebenfalls sehr schön am Ufer gelegen. Dort, wo der **Byglandsfjord** beginnt (Storestraum), schwingt sich unsere Straße auf einer neuen Brücke wieder auf die linke Flussseite hinüber. Daneben kann man vom **Picknickplatz** aus die alte Natursteinbrücke mit den Schleusentoren darunter begucken oder den begeisterten Blick über zwei malerische

Seen schweifen lassen. Dabei entdecken Sie vielleicht den alten Straßenverlauf hinter der neuen Brücke rechts. Er führt zu einem paradiesischen Plätzchen in erhabener Lage über dem Seeufer:

(26) WOMO-Stellplatz: "Storestraum"

GPS: N 58° 51' 02.7" E7° 45' 08.5".
Max. WOMOs: 2-3.
Ausstattung/Lage: keine/außerorts.
Hinweis: Falls gesperrt, gute Alternative am Friedhof von Bygland 4 km südlich [58° 49' 50.3" E7° 47' 48.2"].

Die Ortschaft BYGLAND ist die erste wieder etwas kompaktere Siedlung im Tal. In ihr liegt **Byglandtun**, ein museales Gehöft mit Gebäuden aus der Mitte des 17. Jahrhundert, ein Wohnhaus hat die Feuerstelle noch mitten auf dem Lehmboden (Entsorgung bei Shell).

Am **Byglandsfjord** wartet eine ganze Reihe von Picknickplätzen; so schön ihre Lage am Wasser ist, so nahe sind sie der Straße – weder blick- noch geräuschgeschützt. Besonders haben uns gefallen: die Plätze am Ortsschild von BYGLANDSFJORD und – hinter BYGLANDSFJORD – der **Stellplatz** 300 m südlich der Staumauer des **Årdalsfjords** – mit Toiletten, Informationstafeln und dem Blick auf die wilden **Kaskaden** der **Otra**, den **Syrtveitfoss** [**27:**N58° 38' 29.6" E7° 48' 46.8"].

100 m hinter dem Ortsschild von EVJE biegen wir links nach GAUTESTAD, außerdem ist "Mineralsti/Gruveomr." angezeigt. Sie können die Abzweigung nicht verfehlen, denn als markanter Punkt dient die auffällige, weiße Kirche von EVJE, deren großer, ruhiger Parkplatz auch etwas für übernachtungsmüde Durchreisende wäre (**Wasserhahn** hinter der Kirche, **Entsorgung** am Ortsende bei Texaco).

Wir jedoch wollen dem **Setesdal** im wahrsten Sinne des Wortes "auf den Grund", ja genauer noch, in die Tiefe gehen! Seit Jahrhunderten wird hier nach den verschiedensten Erzen geschürft. Die Geologie der Landschaft ist so vielfältig, dass man in manchen Gruben über fünfzig (!) verschiedene Mineralien gefunden hat, ein Eldorado für jeden Mineralien-Fan und eine reizvolle Abwechslung auch für Laien!

1600 m nach der Kirche weist uns der **Mineralsti-Wegweiser** nach rechts in ein schmales Sträßchen, das uns nach weiteren 800 m zum Parkplatz am Beginn des **Mineralienweges** führt.

Dort, unmittelbar vor der Grube **Landsverk I**, stellen wir unser WOMO ab und schauen erst einmal einigen "Profis" bei der Arbeit zu. Der Besitzer der Gruben und Erfinder des Mineralienweges hat einige LKW-Ladungen Gestein neben den Weg kippen lassen, in dem die "Steinsüchtigen" mit Hammer, Hacke und fachmännisch geschärftem Blick herumwühlen.
An der (leider bereits geschlossenen) **Info-Hütte** belehren uns Hinweiszettel über die Lage der verschiedenen Gruben (alles Tagebau) und deren Mineraliengehalt; Wanderwege sind auf einer Karte eingezeichnet; Tütchen liegen aus, wo man, falls man sammeln möchte, seinen Obolus einzuwerfen hat.
Wir kratzen auch ein bisschen an der Oberfläche des Geröllhaufens herum, bis sich ein Profi erbarmt und uns belehrt: „Die meisten Mineralien kommen nicht in Kristallform vor. Mineralien, die auf den ersten Blick nicht interessant aussehen, können bemerkenswerte Stücke sein!" Spricht's und zieht einen dunkelgrünen Brocken aus dem Sammelbeutel: „Amazonit mit Einschlüssen von Clevelandit!" Stolz schwingt in der Stimme mit. Da wir offensichtlich immer noch nicht begeistert genug gucken, schleppt er uns zu seinem PKW, faltet ein Tuch auseinander. Zum Vorschein kommt eine aufgebrochene Gesteinsdruse mit wunderschönen, wasserklar glitzerndem Kristallen. Wir sind endlich überzeugt: Morgen werden Mineralien gesucht!
Zunächst aber rangieren wir das WOMO auf den ebenen Platz unterhalb der Info-Hütte, essen gemütlich zu Abend, während die Mineraliensucher ihre schweren Funde zu den Autos schleppen und uns völlig allein mit den noch nicht gehobenen, tonnenschweren Schätzen in der Waldeinsamkeit zurücklassen.

(28) WOMO-Wanderparkplatz: Evje/Mineralsti
GPS: N58° 35' 52.9" E7° 51' 21.9"; 311 m.
Max. WOMOs: 2-3.
Ausstattung/Lage: Tisch & Bank, Mineraliensuchweg/außerorts.
Zufahrt: siehe Text.

Wer hier nächtigt, träumt sicher von Zwergen, die ihm den Weg zu den schönsten Kristallen ihres Reiches zeigen ....

Der Beginn vom Mineralsti

TOUR 4 (230 km / 2 Tage)

Evje – Kristiansand – Mandal – Lindesnes – Farsund – Halbinsel Lista (Karte siehe Tour 3 + 5)

Freie Übernachtung:	Kristiansand: WOMO-Parkplatz (Gebühr), Stadion; Mandal: Sjösanden; Kvavik: Badeplatz, Halbinsel Lista: 4 Badeplätze, Leuchtturmparkplatz.
Campingplätze:	u. a. Kristiansand, Mandal, Spangereid, Kvavik, Lunde.
Ver-/Entsorgung:	u. a. Kristiansand, Mandal, Spangereid.
Besichtigungen:	Kristiansand: Kirche, Festung; Mandal: Kirche; Lindesnes: Leuchtturm; Halbinsel Lista: NSG, Leuchtturm.
Baden:	Mandal: Sjösanden; Snig; Kvavik; Halbinsel Lista: 4 Plätze.
Wandern:	Evje: Mineralsti.

Am nächsten Morgen, frisch gestärkt, erwandern wir den **Mineralsti**, marschieren von Grube zu Grube, von Geröllhaufen zu Geröllhaufen, suchen dort, klopfen da, mal glitzert es silbern, mal funkelt es golden, mal ist es schwarz glänzend, mal kristallklar durchscheinend – aber wir haben keine Ahnung, ob wir Gold oder Plunder in den Händen halten.

Gegen diese Unwissenheit ist ein Kraut gewachsen – es heißt **Setesdal Mineral Park** (Foto) und wird zwecks besserer Unterrichtung unser nächstes Ziel sein!

Wir kehren zur >9< bei der Kirche von EVJE zurück, biegen links in die Hauptstraße ein. Sie führt zwischen dem breiten Fluss und dem Zentrum von EVJE weiter nach Süden. Die **Otra** wird mal wieder überquert, sofort dahinter sichten wir das Ortsschild von HORNES. 2500 m später kommen wir an der Abzweigung nach TONSTAD vorbei und biegen weitere 400 m später in den Parkplatz des Mineralparks ein (10-18 Uhr).

Die umfangreiche, 60.000 qm große Anlage bietet vieles: Man kann baden, man kann Bootchen fahren, angeln, und man soll natürlich auch sein Geld dort lassen! Dies gelingt am besten in der Eintritts-

halle der Mineralienausstellung, dem Beginn von 175 m künstlicher Grubengänge. Dort warten, wirklich perfekt präsentiert, die schönsten Mineralien und Kristalle Norwegens auf den staunenden Betrachter, daneben künstlerisch Bearbeitetes und altes Bergwerksgerät. In der Vorhalle kann man, je nach Umfang des Geldbeutels, einen kleinen Abglanz davon für den Hals oder das Handgelenk der Liebsten erwerben.
Noch ganz geblendet von den Schätzen der Tiefe setzen wir unseren Weg nach Süden fort und entdecken 2 km später das Hinweisschild zu Europas längster Go-Cart-Bahn – wie wär's? Falls Muttern mehr als WOMO-Lenker spezialisiert ist – es gibt auch eine spezielle Kinderbahn!
Die **Otra** quillt über die "Grenze" nach **Vest-Agder**. Durch die abwechslungsreiche Landschaft aus steilen Felsen, dichten Wäldern und entlang einer Perlenschnur kleiner Seen mit hübschen **Picknickplätzen** nähern wir uns der Hafenstadt KRISTIANSAND; jedoch kein einziges, noch so kleines Kennzeichen lässt uns die Nähe des Meeres ahnen. Bis zuletzt rollen wir durch wilde Schluchten, werden begleitet von steilem Fels, durch den die Straße sich Bahn gebrochen hat.
Wir nähern uns KRISTIANSAND von Nordwesten. Kurz vor dem Zentrum überqueren wir die Bahnlinie und biegen unmittelbar dahinter links Richtung **Ravnedalen**. Nach 500 m kommt man an einen ruhig gelegenen **Parkplatz**, umgeben von Felsen und Schattenbäumen, am Eingang zum **Ravnedalen-Naturschutzgebiet** (Foto).

Der herrlich angelegte Naturpark schmiegt sich an eine hohe, senkrechte Felswand, Spazierwege, Ruhebänke, ein Teich mit Springbrunnen, in dem die Kleinen planschen, Liegewiesen – hierher kommen die Einwohner von KRISTIANSAND, wenn sie Ruhe suchen.
Wir halten weiter aufs Zentrum von KRISTIANSAND zu, werden an einer automatischen Mautstation zur Kasse gebeten, unterqueren die >E 18<. Am Ende des Hafens biegen wir hinter dem Hotel **Caledonien** links in die **Østre Strandgate** ein; an deren Ende liegt die Schwimmhalle. Rechterhand davor sehen

Sie den Yachthafen mit mehreren Wasserhähnen, **Toiletten** am rechten Rand, und noch weiter rechts thront auf einer kleinen Halbinsel im Hafenbecken die **Festung** Christiansholm (Foto) aus dem Jahre 1674, ein pittoreskes Schmuckstück, das auf kaum einer Ansichtskarte Kristiansands fehlt. Vom Festungswall selbst hat man einen herrlichen Blick über das Hafenwirrwarr und die Stadt, die Kinder versuchen währenddessen, sich gegenseitig von einer der acht alten Bronzekanonen hinabzuschubsen.

Aber ganz KRISTIANSAND ist sehenswert!
1641 wurde die Stadt von Christian IV. streng quadratisch angelegt, die Breite der Straßen ist auch heute noch die gleiche, und im nordöstlichen Teil des Quadrates findet man noch eine große Gruppe quadratischer Holzgebäude aus der Gründerzeit. Besuchen muss man natürlich die Domkirche aus dem Jahre 1885, die mit ihren 2000 Sitzplätzen eine der größten Kirchen Norwegens ist (offen: 9-14 Uhr).

Einen schönen Badeplatz mit Sandstrand hat KRISTIANSAND auch! Biegt man am Ende der **Østre Strandgate**, hinter der Schwimmhalle, rechts, so kann man direkt neben ihm parken. Für die Nacht begibt man sich zu den Parkplätzen beim neuen Stadion, beim Wandrerhjem oder bei der Festung Christiansholm.

(29) WOMO-Stellplätze: Kristiansand
GPS: z.B. N58° 08' 50.9" E8° 00' 23.8"; Elvegata. **Max. WOMOs:** >20.
Ausstattung/Lage: Beim Wandrerhjem z. Zt. Baustelle/Ortsrand.

Wer kostenlos in KRISTIANSAND parken möchte, muss nach 17 Uhr kommen. Überquert man den **Topdalsfjord**, so kommt man in den östlichen Stadtteil von KRISTIANSAND. Dort findet man neben dem **Stadion** viele kostenlose, ruhige Übernachtungsplätze ...

Wer im Schulatlas die Karte mit den Meeresströmungen aufschlägt, der entdeckt schnell, wie lieblich der warme Golfstrom die Südwestecke Norwegens zwischen KRISTIANSAND, STAVANGER und HAUGESUND umschmeichelt. Falls Sie also kleine oder große Kinder dabei haben oder sich gar selbst zu den Wasserratten zählen, dann sind Sie hier richtig, diese Ecke Norwegens ist zum Baden, Sonnen und Faulenzen geschaffen. Wir haben für Sie die schönsten Sandstrände gesucht (und gefunden), wo man sich ein WOMO-Paradies auch für mehrere Tage einrichten kann und haben auch einen Blick auf die am schönsten gelegenen Campingplätze geworfen:

Wir verlassen KRISTIANSAND auf der >E 39< nach Westen, passieren nach 1 km eine Statoil mit Autogas, schwenken dann, nach 2 km, links in die >456< Richtung VÅGSBYGD ein, um ja keinen Kilometer Strand zu versäumen. Die Schärenküste ist vielgestaltig, ja malerisch, Stichstraßen (privat!) führen zu idyllisch gelegenen Ferienhäuschen am Ufer, davor dümpeln Bootchen und Jachten. Wir sichten zwar die Symbole für Badeplätze, finden aber nur Klippen, die ins tanghaltige Wasser führen. Nach genau 20 km treffen wir wieder auf die >E 39< – den Umweg hätten wir uns sparen können!

Wir werfen nun schon etwas fachmännischere Blicke auf die Autokarte: Hier, wo die Küstenlinie zerfetzt ist und unzählige Inselchen aus dem Wasser ragen, können wir keine Sandstrände erwarten. Wir müssen weiter im Westen suchen. So vertrauen wir uns der >E 39< an, die im weiten Bogen Richtung FLEKKEFJORD durchs Landesinnere zieht.

Es gibt jedoch zwei Gründe, von der >E 39< einen Abstecher nach MANDAL zu machen: Der erste ist die große, weiße **Holzkirche** im Empire-Stil, die größte Holzkirche Norwegens überhaupt. Der zweite Grund ist **Sjøsanden**, ein 900 m langer Sandstrand, der in ganz Norwegen berühmt ist.

Nachdem wir auf einer Brücke den breiten Mündungstrichter des **Mandalselva** überquert haben, biegen wir am Kreisverkehr hinter der verglasten Fußgängerüberführung rechts; haben die Kirche zwischen den Holzhäusern schon gesichtet, holpern jedoch durch mehrere alte, gepflasterte Seitenstraßen mit weiß gestrichenen Häuschen, bis wir vor dem Kirchhof parken. Die Kirche (Foto) selbst ist verriegelt und verrammelt, so dass wir uns auf einen Rundgang beschränken müssen, wobei wir links vom Hauptportal zwei Wasserhähne entdecken.

Am Kreisverkehr zurück folgen wir dem Campingsymbol, vorbei am Jachthafen – und stoßen auf eine Querstraße vor der

Küstenpineta. Hier könnte man parken – müsste jedoch seine Klamotten hunderte von Metern zum Traumsandstrand schleppen.
Biegt man links (Wegweiser: Sjøsanden Ferietun), so kommt man zum östlichen Ende des Sandstrandbogens, wo man direkt neben dem Badestrand parken kann (Foto).

Fährt man rechts und dann wieder links, so passiert man den Campingplatz und landet auf dem Parkplatz des kleinen Nachbarstrandes **Lillebanken**. Dieser liegt schön im Waldesinneren und zum Sandstrand ist es nicht weit.

(30) WOMO-Badeplatz: Mandal/Lillebanken
GPS: N58° 01' 11.7" E7° 25' 58.1"; Bankeveien. **Max. WOMOs:** 2-3.
Ausstattung/Lage: Sandstrand 100 m, dort Toiletten/Ortsrand. **Zufahrt:** siehe Text.
Hinweis: Offiziell von 23 - 6 Uhr Parkverbot.

Den schönsten Platz hinter dem Badeparadies nimmt jedoch der **Campingplatz Sjøsand Leiren Camping** ein ....
Nachdem wir uns davon überzeugt haben, dass **Sjøsanden** seinen Ruf mit einer fast italienisch anmutenden Badegastdichte bezahlt, setzen wir auf der >E 39< unseren Weg nach Westen fort (Entsorgung 700 m westlich MANDAL bei Texaco).
5,3 km westlich MANDAL liegt links der Straße, völlig versteckt, ein Picknickplatz mit WC und Bademöglichkeit (Vorsicht beim Abbiegen!).

Jedes Abenteurers Herz schlägt höher beim Gedanken an das **Nordkap**! Tausende und Abertausende haben inzwischen den kahlen Felsen auf der Insel **Magerøya** besucht – wer aber kennt schon das **Südkap**?
In VIGELAND verlassen wir die >E 39<, die Verkehrsplaner lassen uns eine Ehrenrunde durch den Ort drehen (viele ruhige Parkplätze), bevor wir nach Süden zum 27 km entfernten

LINDESNES abzweigen können. Nach 5 km sichten wir in SNIK einen **Badeplatz** an einem schönen Sandfinger (am Wasser angekommen, biegt man links zum 100 m entfernten Parkplatz):

(31) WOMO-Badeplatz: Snik

GPS: N58° 03' 10.5" E7° 16' 15.8"
Max. WOMOs: 1-2.
Ausstattung/Lage: Sandstrand, Toiletten, Wasserhahn, Tisch & Bank, Volleyballfeld, Liegewiesen; Camping verboten/Ortsrand.

7 km weiter sichten wir links den nächsten **Sandbadeplatz** mit Rosenbüschen, Tisch & Bank sowie Toilette; der Ort heißt REME.

Bei SPANGEREID passieren wir eine malerische Sandbucht, die fast vollständig von einem **Campingplatz** besetzt gehalten wird. Wir merken uns für später die Abzweigung nach LYNGDAL und entdecken bei der Weiterfahrt zum Südkap hinter dem Sportplatz im Kiefernwald doch noch eine Abzweigung zum Strand mit **Wiesenparkplatz** [**32:**N58° 02' 36.4" E7° 07' 59.3"].

Lindesnes fyr – der weißrote Leuchtturm von LINDESNES auf rundlichen, rotbraunen Felsklößen markiert den südlichsten Punkt Norwegens – Grund genug, das Gelände um ihn herum einzuzäunen und Eintritt zu verlangen (dafür bietet man einen schönen Blick vom Leuchtturm, ein feines Museum, das die Entwicklung des Leuchtfeuerwesens schildert und viele beleuchtete Bunker der Wehrmacht, in denen man herumkrabbeln kann). Der Leuchtturm-Parkplatz ist groß und eben:

(33) WOMO-Stellplatz: Lindesnes fyr

GPS: N57° 59' 04.8" E7° 02' 54.8"
Max. WOMOs: >5.
Ausstattung/Lage: Gaststätte, WC, Wanderweg/außerorts.

Falls in Ihnen jetzt der Wunsch nach dem **Nordkap** übermächtig wird: Nichts leichter als das – nur immer nach Norden, genau 2.518 km.

Wir fahren auch nach Norden, aber nur 12 km zurück bis SPANGEREID (Entsorgung bei der Spar-Tankstelle). Dort schwenken wir nach

links ab, überqueren die Nahtstelle zwischen dem zum Meer hin offenen **Grønsfjord** und dem **Lenefjord** Richtung LYNGDAL, wo wir wieder links in die >43< nach FARSUND einschwenken wollen. Dort lassen uns mehrere **B** auf der Karte und eine "glatte Küstenlinie" auf schöne Sandstrände hoffen. Wie gesagt, in SPANGEREID biegen wir links Richtung LYNGDAL und haben nach wenigen Metern den **Lenefjord** neben uns. Dieser ist ein sogenannter Schwellenfjord, das heißt sein Wasser hat wegen einer Bodenwelle nur einen geringen Austausch mit dem Meerwasser. Hier vermehrt sich manchmal, dann jedoch besonders rasch, eine mikroskopisch kleine Grünalgenart, die ihm den Beinamen **Grüner Fjord** eingebracht hat. Und es stimmt wirklich – das Wasser ist so unnatürlich grün, als hätte man mit Farbe nachgeholfen. Die an seinen Hängen wuchernden, nadelgrünen Wälder jedenfalls bilden geradezu einen Farbkontrast zum "Grünalgengrün".
Eine hohe Brücke trägt uns hinüber über die Verbindungsstelle zwischen den beiden Fjorden. Ja, hoch ist die Brücke wirklich, und auch breit genug für Ihr WOMO, doch als Gegenverkehr dürfen Sie sich nicht mehr als einen Fahrradfahrer wünschen. Wir schneiden eine Halbinsel ab, turnen über ihren Hügelrücken, rollen hinab zum **Rosfjord**. Bereits bei der Talfahrt entdecken wir im Scheitelpunkt des Fjords einen schönen, goldgelben Sandstrand, vollbepackt mit Wohnwagen und WOMOs – logischerweise handelt sich um einen, nein zwei Campingplätze, hinter denen wir nach links Richtung KVAVIK abzweigen, unsere Abkürzung zu den erträumten Sandstränden bei FARSUND. Im vorderen Teil des Fjords liegen zwei kleinere Bohrinseln vor Anker, wohl zur Reparatur, künstliche

WOMO-Badeplatz Kvavik/Lyngdalsfjord

Inseln, die den neuen Reichtum Norwegens begründeten.
Nach wenigen 100 Metern bereits erreichen wir den **Lyngdalsfjord** und treffen auf die >43<. Links geht es Richtung FARSUND. Schwenkt man jedoch nach rechts und zwischen **Campingplatz** und Shell-Tankstelle wieder links, so entdeckt man hinter der Pineta eine Unzahl von freien Parkplätzen – und davor einen goldenen Sandstrandbogen, der sich vor dem von **Sjøsanden** nicht zu verstecken braucht!

(34) WOMO-Badeplatz: Kvavik/Lyngdalsfjord
GPS: N58° 08' 20.7" E7° 01' 58.6"; Sandveien. **Max. WOMOs:** >5.
Ausstg./Lage: Toiletten, Mülleimer, Sandstrand 100 m/Ortsrand. **Zufahrt:** s.Text.

Wir setzen unsere Fahrt Richtung FARSUND fort. Auch hier war das Fjordende die einzige Stelle, wo sich feiner Sand ansammelte. An den Flanken fallen die Berge, wie es sich nun mal für Fjorde gehört, nahezu senkrecht ins Wasser hinein, beenden ihre "Talfahrt" erst in hunderten von Metern Tiefe. Kaum, dass man für die Straße eine schmale Kante in den Fels hacken konnte.
FARSUND wird über eine weite Brücke erreicht, wir verlassen dort die >43< nach links Richtung LUNDE/Lomesanden, was sich ja nicht schlecht anhört!
In LUNDE biegen wir links – und halten an einem Prachtstrand: Zwischen die Felsen hat das Meer gewaltige Mengen von Sand geworfen, so dass eine ganz eigentümliche, vor den Gewalten der Stürme geschützte Dünenbadelandschaft entstanden ist, hinter der eine Reihe von leeren (!) Parkplätzen auf WOMO-Urlauber wartet.
Wir erkundeten die gesamte Südküste der Halbinsel Lista, entdeckten eine ganze Reihe von wunderschönen Bade- und Urlaubsplätzen; die Zufahrt zu den besten wollen wir Ihnen jetzt beschreiben:

(35) WOMO-Badeplatz: Lomesanden
GPS: N58° 04' 09.0" E6° 46' 52.7"; Loshavnveien. **Max. WOMOs:** >5.
Ausstattung/Lage: Sandstrand 100 m, Mülleimer, Info-Tafel NSG/außerorts.
Zufahrt: In Lunde links Rtg. Campingplatz, nach 1500 m rechts der Straße.
Hinweis: Geräusche einer nahen Fabrik.

(36) WOMO-Badeplatz: Havika
GPS: N58° 04' 04.9" E6° 43' 43.5" **Max. WOMOs:** 2-3.
Ausstattung/Lage: Sandstrand 100 m, Toilette, Info-Tafel NSG/außerorts.
Zufahrt: Durch Lunde weiter Richtung Vanse. 3 km nach der Abzweigung Lomesanden links (Wegweiser: Havik) und noch 900 m bis zum Parkplatz.

WOMO-Badeplatz: Havika

(37) WOMO-Badeplatz: Nesheim/Trabrennbahn

GPS: N58° 04' 26.3" E6° 40' 32.9" **Max. WOMOs:** 2-3.

Ausstattung/Lage: Sandstrand 100 m, dort Tisch & Bank, Info-Tafel NSG/außerorts.

Zufahrt: Durch Lunde bis Vanse, dort links auf der >43< Rtg. Lista fyr, dem Leuchtturm an der Südwestecke der Halbinsel. Nach 2,6 km links nach Nesheim und nach 500 m rechts in einen Schotterweg (Wegweiser: Travbanen). Hinter den Dünen und der Pineta 800 m bis zum großen Parkplatz neben der Trabbahn (windgeschützt). Wenige Schritte durch die Dünen zum Sandstrand.

Hinweis: Zufahrt als "privat" gekennzeichnet; nicht ins NSG hineinfahren!

Wir kehren zur >43< zurück und setzen unseren Weg nach Westen fort. Bereits 500 m später zweigt eine Straße nach ØSTHASSELSTRAND ab. Diese Abzweigung können Sie sich sparen, denn sie führt nur zu einem kleinen Fischerhafen mit Geröllufer. Für ein einzelnes WOMO findet sich nach 2,5 km auf der >43< (scharf links einbiegen) ein weiteres Plätzchen am Sandstand.

Nach 3 km seit dem Trabbahnabstecher, unmittelbar vor den ersten Häusern von BORHAUG, liegt links, unterhalb der Straße, ein Parkstreifen am Rande der Dünenpineta. Hier haben sich einige Surfer eingenistet, und sie bestätigen jedem gern, dass (fast) immer eine prächtige Brise weht.

(38) WOMO-Badeplatz: Nordhasselvika

GPS: N58° 05' 26.7" E6° 36' 48.6"; Postveien. **Max. WOMOs:** 2-3.

Ausstattung/Lage: Sandstrand 100 m, Toilette, Wasserhahn, Mülleimer, Info-Tafel NSG/außerorts.

Zufahrt: Nach 3 km seit dem Trabbahnabstecher unmittelbar vor Borhaug links.

WOMO-Badeplatz: Nordhasselvika

Auch am schönsten Badeplatz braucht man etwas zu futtern. Fangfrischen Fisch erhält man, wenn man in BORHAUG links zum **Borshavn** abzweigt. Am rechten Ende des kleinen **Fischereihafens**, in dem auch Jachten ankern, steht ein graues Gebäude – und nebenan finden Sie einen praktischen Wasserschlauch, wo Sie nicht nur Ihren Tank füllen, sondern die direkt vom Kutter gekauften Fische auch gleich waschen können (außerdem Toilette, Warmwasser und Entsorgungsmöglichkeit).

(39) WOMO-Stellplatz: Borhaug/Borshavn

GPS: N58° 06' 02.3" E6° 34' 56.2"; Strandveien. **Max. WOMOs:** 3-4.

Ausstattung/Lage: Toilette, Ver-/Entsorgung, Fischverkauf am Kutter, Dusche, Tisch & Bank/im Ort.

Zufahrt: In Borhaug links, Wegweiser: Borshavn.

Der freundliche Fischverkäufer

Sie möchten sich einen Überblick über das Badeparadies **Lista** verschaffen? Dann rollen Sie mit uns die letzten 1500 m bis zum Leuchtturm **Lista fyr** an der Südwestecke der Halbinsel. Er ist mindestens genau so schön wie der von LINDESNES, und der Empfang ist wesentlich freundlicher: Ein gemütlicher Parkplatz mit Sitzbänken und norwegischer Fahne erwartet uns, ein feiner, kleiner Spazierweg führt zum Turm aus dem Jahre 1852, und dort steht folgende Begrüßung an der Tür:

Das königliche Ministerium des Leuchtfeuerwesens hat bestimmt, dass Besuche von Fremden unter folgenden zwei Bestimmungen gestattet sind:
1. Der Leuchtfeuermeister hat die Erlaubnis gegeben.
2. Jede Person hat 10 Kronen bezahlt (in der Hauptsaison 20 NOK).
Zutritt ist ohne weiteres gegeben, wenn die Tür auf ist (meist nur 12 - 16 Uhr). Wünschen Sie den Turm zu besuchen, legen Sie bitte 10 Kronen in die Büchse der Rettungsgesellschaft. Der Leuchtturm hat 137 Stufen, die Höhe des Lichtes über das Meer 39,5 Meter, Lichtbreite 17,5 nautische Meilen, Lichtstärke 1.226.000 Heffner-Lichter.

Der Direktor des Leuchtfeuerwesens

Wir zahlen gerne den geringen Betrag für das Rettungswesen, schnaufen empor und begeistern uns am Blick über alle Sandstrände, die wir entdeckt haben. Auch Unerwartetes, Unerklärliches sichten wir am Fuße des Leuchtturmes, aber wir müssen ja nicht alles verraten ....
Welches der schönen Lista-Plätzchen werden Sie sich wohl für ein paar Sonnenruhetage aussuchen?
Als Übernachtungsplatz haben wir uns **Lista fyr** ausgewählt!

(40) WOMO-Picknickplatz: Lista fyr
GPS: N58° 06' 33.9" E6° 34' 08.0"; Fyrveien **Max. WOMOs:** 2-3.
Ausstattung/Lage: Toilette, Liegewiese, Tisch & Bank, Ausstellung/außerorts.
Zufahrt: Von Borhaug noch 1500 m nach Westen.

TOUR 5 (170 km / 1-3 Tage)

Borhaug – Varnes – Flekkefjord – Egersund – Ystebrød – Gådå – Hellvik – Ogna – Refsnes

Freie Übernachtung: Penne; Varnes; Flekkefjord: Badeplatz Grønnes; Åna-Sira; Helleren; Hellvik: Badesee; Revsnes: Badeplatz.

Campingplätze: u. a. Egersund, Ogna, Brusand.

Ver-/Entsorgung: u. a. Borhaug.

Besichtigungen: Penne (Steinritzungen), Varnes (Westwall), Helleren, Ruggestein, Eigerøy fyr, Sirevåg, Nordsjøveg.

Baden: Flekkefjord, Hauge, Istebrød, Gådå, Hellvik, Ogna, Refsnes.

Wandern: Varnes, Eigerøy fyr, Gådå.

Zugegeben, wir hätten Sie auch nur wegen der traumhaften Sandstrände nach **Lista** geschleppt. Bei unseren Recherchen entdeckten wir jedoch noch eine ganze Reihe weiterer Sehenswürdigkeiten, die Ihnen den Aufenthalt abwechslungsreicher gestalten sollen.
Zunächst einmal sind die gesamte Dünenlandschaft und einige Flächen im Landesinneren Natur- oder Landschaftsschutzgebiet, in denen vor allem hunderte von Vogelarten durchziehen oder gar brüten. Im Gebiet rings um den **Leuchtturm** zählte man bereits 225 verschiedene Vogelarten, vor allem Enten und Sumpfvögel, Watvögel, Seeschwalben und Möwen.
Seltene, an den Salzgehalt des Bodens angepaßte Pflanzen gedeihen in den Dünen, allen voran die in Norwegen nur an zwei Stellen vorkommende Stranddistel.
Lista mit seinem milden Klima ist seit der Steinzeit besiedelt. Bei PENNE fand man steinzeitliche Siedlungsreste, **Felsritzungen** aus der Bronzezeit sowie Grabfelder und Gehöftegrundmauern aus der Eisenzeit!
Nichts wie hin?
In BORHAUG biegen wir (vom Leuchtturm kommend) links auf die >463< Richtung ORE. Gute 2 km später verlassen wir sie nach links Richtung STAVE, und genau 2000 m später stehen wir wieder an einer Gabelung (ab hier Schotterstraße), folgen nach links dem weißen Schild mit dem Blumenkohlsymbol: **Penne 0,6 km**.
Menschen in Norwegen während der Eiszeit? Bedeckten da nicht gewaltige Gletscher das Land? Richtig – aber nicht überall! **Lista** zum Beispiel blieb eisfrei und wurde zum Rückzugsgebiet unserer steinzeitlichen Vorfahren, um so mehr, als sich, von der See umgeben, auch günstige Lebensbedingungen für Wild und Vögel boten; für eine reichhaltige Speisekarte war also auch gesorgt.

Vom ebenen und ruhigen **Parkplatz Penne** [**41:** N58° 07' 52.0" E6° 36' 39.7"] marschieren wir dreihundert Schritte bis zu einem schräg zum Meer hin geneigten Felsblock, entdecken Grabhügel und rot eingefärbte Felszeichnungen, die ungefähr ein Dutzend mehrfach bemannte Schiffe darstellen, davon einige, typischerweise, unvollendet; dazwischen immer wieder kleine, halbkugelige "Fingernäpfchen". Auf der Kuppe des Felsens kann man seine eigenen Fußabdrücke mit denen unserer Vorfahren vergleichen (Foto).
Die Schiffe, so nehmen wir an, wurden bereits in frühester Zeit für den Fischfang

verwendet, wofür sonst!? Erst später, als der Mensch sich weiter entwickelt hatte, kam er auf den Gedanken, eiserne Schiffe zu bauen und sie mit Kanonen zu bestücken, um andere Menschen zu bekriegen. Im II. Weltkrieg kamen die Schiffe der Deutschen. Sie eroberten das Land und mussten sofort Festungen bauen, um sich ihre Beute nicht wieder abjagen zu lassen – der Atlantikwall von Nordnorwegen bis Spanien entstand.
Auch Listas Nordwestecke wurde ausgehöhlt, Stellungen wurden betoniert, Tunnelgänge und Bunker ausgehoben – **Varnes Fort** entstand.

Es ist ein regnerischer Morgen, als wir an der Westküste weiter nach Norden fahren. Wolken hängen an den moosbedeckten Felsen, Schafe stehen auf den nassen Wiesen, die durch Steinmäuerchen voneinander getrennt sind. Unterhalb der Straße ragen rundliche Fladen aus dem Grün – erste Bunker. Das miese Wetter trägt nicht gerade dazu bei, unsere Stimmung zu verbessern (der kleine See mit Parkmöglichkeit an seinem Ende nach 5 km wird lediglich registriert).
Kurz bevor wir an der Nordwestecke der Halbinsel auf HESKESTAD stoßen, folgen wir links dem Wegweiser: **Vigan 4 km**. Auf schmaler, aber guter Erdpiste ereichen wir nach 2,6 km ein Viehgatter; dahinter könnte man wenden und parken. Wir rollen noch 400 m weiter zur nächsten **Parkgelegenheit** [42: N58° 10' 28.9" E6° 38' 12.5"].
Fahren Sie auf keinen Fall weiter! Der Weg führt nun steil hinab, wird geröllig und rutschig. Zu Fuß (Taschenlampe mitnehmen!) sind es nur 8 min. bis zur zweiten Rechtskurve, wo uns wieder das Hinweisschild **Varnes** und rote Pfeile nach links auf einem Pfad in weiteren 5 min. durch den Hangwald bis zum **Fort** leiten.

Der Text der Info-Tafel dort lautet kurzgefasst:

„Die Stellung hatte vier 10,5-cm-Kanonen mit 16 km Reichweite und einer Schussgeschwindigkeit von 5 Schüssen/Minute. Zwei der Kanonen (von denen noch eine erhalten ist) standen in Kasematten und in dem Hügel war eine große Tunnelanlage, die u. a. mit dem Kommandoturm in Verbindung stand. Die Stellung war ein winziges Stück des Westwalls, den die Deutschen ab 1940 vom nördlichen Eismeer bis zu den Pyrenäen bauen ließen, um sich gegen eine alliierte Invasion zu sichern. An der norwegischen Küste allein ließen sie etwa 300 Geschützstellungen bauen, hier in Varnes wurden 150 russische Kriegsgefangene und norwegische Freiwillige eingesetzt. Die Arbeit dauerte bis zum Kriegsende. Das Fort wurde nie in Kampfhandlungen verwickelt, die etwa 100 Soldaten hielten nur Übungsschießen ab. Die Anlage darf als ein düsteres Andenken stehen bleiben. Das Volk, das seine Geschichte vergisst, ist dazu verurteilt, sie wieder aufs Neue zu erleben."

Wir stehen im Regen und schämen uns!
Böen und Schauer begleiten uns zurück zur Abzweigung. Wenige Meter nach links sind es bis HESKESTAD, und kurz danach biegen wir links in die Teerstraße Richtung LISTEID/KVINESDAL. Es stört uns nicht sehr, dass aus dem Teer nach

Varnes; Teil des deutschen Westwalles

5 km wieder glitschige Erde wird, das WOMO sieht schon lange wie eine Sau aus, die sich im Schlamm gewälzt hat.
Einige Blicke auf den **Eidsfjord** sind gestattet, dann queren wir hinüber zum **Framvaren**, einem weiteren, 180 m tiefen Schwellenfjord, dessen Sauerstoffgehalt in der Tiefe so niedrig ist, dass Prozesse ablaufen, die der Entstehung des Erdöls gleichen – als ob die Norweger nicht schon genug davon hätten! Wem die anaeroben Vorgänge unter Wasser schnuppe sind, kann um so mehr den Blick über die steile Fjordlandschaft genießen.
Bei GJERVOLLSTAD kommen wir auf die >465<, auf die wir nach links Richtung KVINESDAL einmünden. Fast 25 km Erdbahn haben wir hinter uns, und die WOMO-Heckscheibe ist ungefähr noch so durchsichtig wie ein Duschvorhang. Aber nach vorn sieht alles frisch gewaschen aus, auf breiter Bahn kann ich mich wieder bequem zurücklehnen und mich am pausenlosen Wechsel der Landschaft erfreuen: Mal Fels, mal Wald, mal See, mal Fjord, diese einmalige norwegische Komposition.
KVINESDAL liegt im "Dal", Pardon, im Tal, deshalb schlängeln wir uns nun, vorbei an Felsvorsprüngen rechterhand und dem Steilhang links, hinab zum Ende des Fjords, münden dort wieder in "unsere" E 39 Richtung FLEKKEFJORD ein.
Das nächste Örtchen ist FEDA am **Fedafjord** an der Mündung des **Feda-Flusses**. Da, wo die >E 39< den Fluss überquert, können wir einen Blick werfen auf die weiße Kirche und die vielen Bootsschuppen und Warenspeicher, die die Flussufer säumen.
11 km später biegen wir von der >E 39< auf die >44< nach FLEKKEFJORD. 300 m nach dem Ortsschild kurven wir um die

Statoil-Tankstelle herum und halten auf die beiden Badeplätze **Rauli** und **Grønnes** zu. Es geht steil bergauf, nach 700 m rechts (Grønnes) wieder steil hinab und nach weiteren 800 m stehen wir neben einer kleinen Festungsanlage mit fünf Kanonen am Badeplatz.

(43) WOMO-Badeplatz: Flekkefjord/Grønnes

GPS: N58° 17' 16.6" E6° 39' 32.4" **max. WOMOs:** 2-3.
Ausstattung/Lage: Sandstrand, Liegewiese, Sprungturm, Spielplatz, Imbissbude, Toiletten, Wasserhahn, Duschen, Tisch & Bank/außerorts. **Zufahrt:** siehe Text.
Hinweis: Gutes Parkplatzangebot beim Jachthafen "Verven" von Flekkefjord.

Badeplatz **Rauli** etwas weiter vorn im Fjord brauchen Sie nicht anzufahren, man muss das WOMO weit oben einsam an der Straße stehen lassen und steil den Hang hinabstiefeln.
Von FLEKKEFJORD gibt es zwei Straßen Richtung STAVANGER: a) Die >E 39< durchs Landesinnere und b) die >44< in Küstennähe (der wohl malerischste Abschnitt des **Nordsjøvegs**). Wenn immer Ihre Zeit es erlaubt, sollte Sie die >44< nehmen (Sie verpassen sonst etwas).
Hier beide Tourenbeschreibungen:
a) >E 39<: Am Nordufer des **Lundevatn** überschreiten wir die Grenze nach Rogaland. Das Seeufer ist felsig-steil, wir rauschen durch eine ganze Reihe von Tunnels, die uns die Sicht auf den See versperren. Aber Bade- oder Picknickplätze sichten wir auch in den "oberirdischen" Passagen nicht, wie überhaupt die ganze Strecke bis zur Abzweigung nach EGERSUND keine bemerkenswerten Sehenswürdigkeiten liefert.
Genau 67 km vor STAVANGER verlassen wir die >E 39<, biegen links auf die >42< nach EGERSUND, um von dort ebenfalls den **Nordsjøveg >44<** nach STAVANGER zu nehmen – ein "Umweg" von nur 27 km, der uns jedoch zu den

ausgedehntesten Sandbadestränden Norwegens führen wird.
b) >44<: Vom **Badeplatz Grønnes** kommend biegen wir an der Statoil-Tankstelle links auf die >44<, durchqueren das hübsche FLEKKEFJORD mit seinen weißen Holzhäusern, dann steigt die Straße den Hang hinauf (auch im weiteren Verlauf haben wir kaum Meereskontakt). Aber das bedauern wir keine Sekunde, denn die Strecke ist offensichtlich von einem begabten Tourismusmanager geplant worden! Bereits nach 5 km und 7,5 km passieren wir die ersten Seen, in denen steinerne Wale schwimmen und als Badeinseln fungieren.

Steile Felsen, Birkenwälder; nach 13,5 km der **Botnevann** mit schönem **Picknickplatz** [**44:** N58° 16' 50.0" E6° 28' 52.7"]. Dann nimmt uns die Dramatik der Landschaft total in Anspruch: Das Sträßchen irrt in Kurven und Serpentinen zwischen gewaltigen Felskolossen umher, der **Montserrat** in Katalonien fällt uns ein. In ÅNA-SIRA haben wir uns zum Meer hinabgewunden, unmittelbar hinter der schmalen Metallgitterbrücke über den gleichnamigen Fluss ruhiger **Stellplatz** bei der Kirche (mit Toiletten und Wasserhahn [**45:** N58° 17' 36.5" E6° 26' 33.6"]), 100 m weiter ein kleiner Sandbadeplatz. 400 m nach der Brücke geht's links zu weiteren Stellplätzen am Wasser.

Wieder schwingen wir uns hinauf in das Felsenmeer, darin ein kleiner See mit Picknickplatz, ein zweiter, ein dritter ... In Schleifen hinab zum **Jössingfjord**. In seinem Scheitelpunkt zeigt ein Wegweiser zu "Helleren". Es handelt sich um zwei alte Häuschen aus dem 17. Jh., die man direkt unter die überhängende Felswand setzte. So klein die Häuschen sind, so riesig ist das Parkplatzangebot:

(46) WOMO-Stellplatz: Jössingfjord/Helleren

GPS: N58° 19' 39.4" E6° 21' 08.7" **max. WOMOs:** >5.

Ausstattung/Lage: keine/außerorts. **Zufahrt:** siehe Text.

Wieder hinauf, der dickste Felskloß ist tunneldurchbohrt, hinab nach HAUGE.

Kurz vor dem Dörfchen geht's rechts zum Badeplatz **Linepollen** und zum **Wackelstein Ruggestein**. Den idyllischen Badeplatz bzw. seinen Parkplatz erreicht man nach 1200 m.

(47) WOMO-Badeplatz: Hauge/Linepollen

GPS: N58° 20' 54.4" E6° 19' 53.9"

max. WOMOs: 2-3.

Ausstattung/Lage: Mülleimer, Badesee 200 m, dort Toilette, Tisch & Bank/außerorts.

Hinweis: Zum Ruggestein, einem 60-to-Riesenfelsklotz, der sich wahrlich in gemütliche Schwingungen versetzen lässt, sind es weitere 700 m auf einer (sehr schmalen) ehemaligen Bahntrasse (Spaziergangsempfehlung!).

Hauge; Wackelstein (Ruggestein)

Von HAUGE bis EGERSUND erlebt das Naturschauspiel einen zweiten Akt: Wieder Riesenfelsklöße, dazwischen liebliche Seen und zwei **Picknickplätze** zum Verweilen, Schauen und Staunen; an der Küste entlang rollen wir in das Hafengebiet von EGERSUND ein (viele kostenlose Parkplätze, Wasserschlauch beim Taxistand, Info-Bude, Hafenservice-Center neben dem großen Zelt mit WC/Dusche/Waschmaschine).

Von EGERSUND bekäme man nicht viel zu sehen, denn die >44< streift nur den Ortskern. Dabei ist das hübsche Städtchen unbedingt einen Bummel wert, auch das **Dalane-Volksmuseum** und das **Fayence-Museum** sind zu empfehlen!

Nachdem wir den Ortsrand passiert haben, treffen wir auf die alternativen E-39-Fahrer, verlassen für einen Abstecher auf die **Insel Eigerøya** die >44<, rollen auf der >502< durch einen Tunnel, über eine Brücke, biegen dahinter rechts nach YSTEBRØD (links geht's "nach Dänemark" bzw. zum Fähranleger der **Fjordline** (mit großen Parkplätzen).

Die Insel hat etwa das Aussehen eines auf dem Kopf stehenden **U**, also Hufeisenform. Im Inneren des Bogens liegt YSTEBRØD, und davor finden wir einen Strand, ein Plätzchen, sage ich Ihnen, das nicht nur einen Abstecher von genau 4300 m seit der Inselbrücke wert gewesen wäre.

Platzbeschreibung von Skadbergsanden (Foto): Großes Parkgelände hinter Liegewiesen, durch buschige Kiefern unterteilt, davor Dünen mit wunderschönem Sandstrand, blaues Wasser. Die ganze Bucht umgeben von Schäreninselchen, die wie Krokodile im Wasser liegen; neben dem Platz eine Mini-Golf-Anlage, Toiletten, Mülleimer – und das Ganze verunziert mit einem großen Wohnmobil-Verbotsschild (**Leserhinweis:** separater Parkplatz für WOMOs [N 58° 27' 17.0" E 5° 54' 30.0"] gegen Gebühr).

Wir lassen uns nicht ärgern, genießen ausgiebig die angenehme Wassertemperatur (knapp 20°C) – und ziehen am Abend weiter zu einem wohnmobilfreundlicheren Platz! Diesen finden wir bereits nach weiteren 700 m links der Straße.

Fährt man am Badeplatz vorbei und noch 1500 m weiter, so entdeckt man eine schmale Abzweigung nach rechts mit dem Wegweiser: Eigerøy fyr 1 km.

Die Entfernungsangabe stimmt! Wir landen auf einem ruhigen **Wanderparkplatz** [**48:**N58° 26' 28.9" E5° 53' 09.6"] mit Tisch

& Bank sowie Toilette direkt am Wasser.
Genau im Südwesten sehen wir den **Leuchtturm**, den wir auf einem höchst malerischen, bestens angelegten Weg durch die Schärenküste in 45 min. erwandern (Foto).

Auf der >502< kehren wir zum Festland zurück und biegen am ersten Kreisverkehr nach links auf die >44< Richtung STAVANGER. 2 km weiter nördlich kommen wir am **Campingplatz Steinsnes** (mit Entsorgung) vorbei. Er liegt zwischen der Straße und dem ungastlichen Geröllufer des **Bjerkreimselva**. Hinter der Brücke biegen wir rechts ab nach BJERKREIM, folgen dem Flusslauf. Bei »km 4,7« merken wir uns die Abzweigung links nach EIGE, erreichen bei »km 5,0« TENGESTAL und biegen bei »km 5,4« links (Wegweiser: Hetland).
Auf dieser Sackgasse erreichen wir nach 2,1 km bei einem Waldparkplatz die Abzweigung links hinab zum Badeplatz am Gådå-See mit Kies-/Sandstrand (Camping verboten):

(49) WOMO-Badeplatz: Hetland/Gådå-See

GPS: N58° 31' 45.6" E5° 59' 11.7" **max. WOMOs:** 2-3.
Ausstattung/Lage: Toilette, Liegewiese, Wanderwege/außerorts. **Zufahrt:** s. Text.

Wir kehren zur ersten Abzweigung zurück, erreichen über EIGE wieder die >44<. Diese umgeht auf der Landseite gerade einen felsigen Küstenabschnitt, kehrt erst hinter HELLVIK zur Küste zurück; um uns zu trösten, begleitet uns derweil eine Reihe von Seen. Der letzte von ihnen, fast wären wir an diesem "Edelstein" unachtsam vorbeigeträumt, könnte zu einem Ihrer Urlaubsträume werden! Sie fahren an seinem Ende, 1400 m hinter dem Ortsschild von HELLVIK, rechts und kommen nach 300 m Teersträßchen mit zwei gemeinen Geschwindigkeitsbremsen und weiteren 300 m auf einem welligen (?) Sandweg direkt zum goldgelben Sandstrand; Busch- und Wiesengelände und viel Raum zum Einparken fehlen auch nicht – wie wär's?

(50) WOMO-Badeplatz: Hellvik

GPS: N58° 29' 15.7" E5° 52' 59.3"; Mjåsundveien. **max. WOMOs:** 2-3.
Ausstattung/Lage: Sandstrand, Liegewiese, Toilette beim Sportplatz 50 m.
TIPP: Die nahe Bahnstrecke wurde inzwischen ein Radweg = Jernvägen (10 km bis Eigersund); Camping verboten/außerorts. **Zufahrt:** s. Text.

700 m später hat die >44< wieder Meerkontakt – schließlich schmückt sie sich mit dem Titel **Nordsjøveg**. Ab und zu schlängelt sie sich zwischen den von den Eismassen glattgeschliffenen Felskuppen hindurch, nähert sich dann wieder der Küste, gibt Blicke auf die Schäreninseln frei, die völlig den Felsklößen am Lande gleichen, nur dass sie eben nicht von grünen Wiesen, sondern von blauem Meer umgeben sind.
Nach 6 km kann man nach links dem Wegweiser "Krigsminner" auf einen großen Parkplatz folgen. Zu Fuß geht es auf die unterhöhlten Schärenbuckel des **Vedafjells** bei SIREVÅG, in denen bombensichere Kanonenstellungen des Westwalls besichtigt werden können (Taschenlampe mitnehmen!).

Die **Friluftsområde**, das Freizeitgebiet von OGNA ist ein Traum! Vorn am Meer ein silberglänzender Sandstrand in einer vielgestaltigen Umgebung von hohen Dünen und Schärenfelsen, auch der Parkplatz nicht zu fern der Straße ist weitläufig und einsam, umgeben von Wiesenflächen zum Toben und Faulenzen. Zwischen beiden Träumen jedoch liegt die rauhe Wirklichkeit von sechs Minuten strammen Fußmarsches durch eine liebliche Wiesen- und Weidelandschaft. Wie Sie beides in Übereinstimmung bringen wollen, soll Ihr Geheimnis bleiben – wir ziehen enttäuscht weiter und erinnern uns an eine ferne Vergangenheit, in der wir noch mit Fahrrad und Zelt unterwegs waren ....

Der **Campingplatz** von OGNA [**51:** N58° 31' 55.1" E5° 46' 21.1"] folgt 2 km später. Er liegt, wie könnte es anders sein, direkt hinter den Dünen. Ob da ein Zusammenhang besteht?

Das "Spielchen" wiederholt sich 2,5 km später in BRUSAND. Von der **Friområde** (rechts der Straße) sind's 300 m zum Strand; der Campingplatz (mit Entsorgungsstation) folgt nur 300 m später links der Straße [**52:** N58° 32' 27.5" E5° 43' 31.3"]. Linkerhand begleiten uns nun in ihrer Verlassenheit und Urtümlichkeit beeindruckende Geröllstrände mit steinernen Kugeln im Format "Tennisball", "Kegelkugel" und gar "futuristisches Kugeleigenheim". Die Landschaft ist ringsum völlig flach. Norwegen ohne Berge, ein ganz neues Empfinden für uns – und falls Sie doch mal einen größeren Hügel entdecken sollten, dann ist es vielleicht einer von den vielen Grabhügeln aus der Bronzezeit.

Hinter VARHAUG passieren wir die Abzweigung zu einem **Bygdetun**, also einem musealen, alten Bauernhof und einem **Gammel prestegård**, einem ebenso alten, mittelalterlichen Pfarrhof. Gemeinerweise hält die >44< seit einigen Kilometern respektvollen Abstand zum Meer. Um uns mehr Küstennähe zu verschaffen, biegen wir in SØYLAND auf die >507< Richtung ORRE.

Diese Entscheidung war die beste des Tages, denn bereits 2300 m später entdecken wir die Abzweigung zum **Badeplatz** von REFSNES. Der Schotterweg führt an einer Pineta (mit verzweigten Wegen zu schattigen Plätzen) vorbei zur Küste, endet nach 400 m mit einem Parkplatz hinter den Dünen eines endlosen, herrlichen Sandstrandes (nur hier ist Camping verboten).

(53) WOMO-Badeplatz: Refsnes

GPS: N58° 41' 10.8" E5° 33' 13.8" **max. WOMOs:** 3-4.

Ausstattung/Lage: Mülleimer, Toilette, Wasserhahn, Liegewiesen, in der Pineta keine Verbote/außerorts. **Zufahrt:** siehe Text.

TOUR 6 (160 km / 2-4 Tage)

Refsnes – Orresanden – Bore – Stavanger – Lauvvik – Preikestolen (Karte siehe Tour 5)

Freie Übernachtung:	Badeplätze von Orresanden, Orrestranda, Bore, Elvenes, Sele, Hogstadvika; Insel Idsal; Jörpeland (Hafen).
Campingplätze:	u. a. Ogna, Brusand, Ølberg, Preikestolen.
Ver-/Entsorgung:	u. a. Sandnes.
Besichtigungen:	Stavanger (u.a. Altstadt, Dom), Lysefjord, Preikestolen.
Baden:	Orresanden, Orrestranda, Bore, Elvenes, Vigdel, Sele usw.
Wandern:	Preikestolen.

Wer am Badeplatz von REFSNES vorbeifährt, ist selber schuld – oder er hat schon weitergelesen, denn wenn vor den Dünen ein endloser Sandstrand liegt, dann müssten eigentlichen hinter den Dünen auch noch weitere, schöne Plätzchen kommen!? Und sie kommen!

Unaufhörlich zweigen schmale, manchmal auch verdächtig sandige Pisten Richtung Meer von der >507< ab. Von ihnen soll dieses Buch schweigen, will Raum lassen für eigene Entdekkungen ....

Wir fahren weiter bis ORRE. 1400 m hinter dem Ortsschild zweigen wir wieder nach links zum Strand, eine offen stehende Schranke markiert den Beginn einer Piste ohne Wegweiser. An ihrem Ende erwartet uns ein Parkgelände ohne weitere Einrichtungen, ansonsten gleich idyllisch wie der Platz bei REFSNES.

(54) WOMO-Badeplatz: Orre Nr. 1

GPS: N58° 44' 09.9" E5° 31' 12.4"

max. WOMOs: 3-4.

Ausstattung/Lage: Dünensandstrand; von 20 – 6 Uhr parken verboten/außerorts.

600 m weiter, also 2 km nach dem Ortsschild von ORRE, kommt die offizielle, sogar geteerte Zufahrt zum ORRE-STRANDA. Das Angebot ist völlig identisch denen an den anderen herrlichen Stränden dieses Gebietes, der Platz ist jedoch viel größer. Das "Friluftshuset" in seiner Mitte ist geschlossen und gibt uns deshalb bezüglich seiner Verwendung Rätsel auf. Im offenen Innenhof haben wir als Zaungäste Grills und Bänke erspäht. Vielleicht erfahren Sie bei Ihrem Besuch mehr – nehmen Sie auf jeden Fall eine Bratwurst mit!

(55) WOMO-Badeplatz: Orre Nr. 2 / Friluftshuset

GPS: N58° 44' 25.1" E5° 31' 02.8"
max. WOMOs: 3-4.
Ausstattung/Lage: Toilette, Wasserhahn, Liegewiesen; 20 - 6 Uhr parken verboten. **Hinweis:** Wer's einsamer möchte: 250 m später links in den Schotterweg (Orre Nr. 3)/außerorts.

Wer Kontakte sucht und nicht so sehr auf Einsamkeit steht, dem sei das Friluftshus von ORRESANDEN ans Herz gelegt! Zur Abwechslung begleiten uns auf unserem Weg nach Norden nun wieder 3 km Geröllstrand, dann, nach 7 km blinkt der nächste, helle Sandstrand auf: Wer nach links dem Wegweiser zum **Badeplatz Bore** (gegenüber Campingplatz) folgt, kann von dort aus gleich zum **Badeplatz Elvenes** weitertuckern. Beides sind große Parkareale direkt hinter den Dünen des Feinsandstrandes (Camping verboten).

Bore: Badestrand

1300 m nach dem Bore-Abstecher verlässt die >507< den direkten Küstenbereich, mündet in die >510<, in die wir nach links Richtung SOLA einbiegen. Immer noch nicht genug gebadet? Dann verlassen Sie nach 2300 m die >510< links nach SELE. Auch dieses Örtchen hat seinen eigenen, weitläufigen Sandbadestrand, der an den von ELVENES anschließt.

(56) WOMO-Badeplatz: Sele

GPS: N58° 48' 47.8" E5° 32' 50.6"
max. WOMOs: 3-4.
Ausstattung/Lage: Dünensandstrand/außerorts.
Zufahrt: siehe Text.

STAVANGER kommt immer näher, ein letzte Mal noch schlagen wir einen Bogen zur Küste über VIGDEL.

Dort wartet noch eine ganze Reihe von Badeplätzen auf Sie. Kaum haben wir Meerblick, sichten wir einen großen Badeparkplatz mit Toilette [**57:** N58° 50' 33.2" E5° 33' 59.4"] direkt links der Straße (Gebühr), ein Trampelpfad führt in wenigen Schritten zur Düne und zum Wasser.

Bereits 2000 m später führt ein 300-m-Stichsträßchen zum großen Parkplatzrund am **Badeplatz** von VIGDEL.

(58) WOMO-Badeplatz: Vigdel

GPS: N58° 51' 36.2" E5° 33' 47.1" **max. WOMOs:** 3-4.

Ausstg./Lage: Dünensandstrand, Klo; Camping verboten/außerorts. **Zufahrt:** s.Text.

Wer auf einem Campingplatz hinter den Dünen nächtigen möchte, biegt 200 m später links Richtung ØLBERG.

Kurz darauf stoßen wir wieder auf die >510<, sie führt nach links Richtung SOLA/RØYNEBERG; bald haben wir den **Hafrsfjord** neben uns, erreichen das Ortsschild von MADLA. Dort stecken sie tief im Boden eines kleinen Hügels am Fjord, die drei Riesenschwerter (**"Sverd i Fjell"**). Sie erinnern an die Schlacht am Hafrsfjord und die Reichseinigung im Jahre 900.

Ist es nicht nett, dass man außer einem Parkplatz auch gleich den schönen **Badeplatz** "Møllebukta" mit Liegewiesen unter Schatten-

bäumen angelegt hat [**59:** N58° 56' 31.9" E5° 40' 18.6"]? 1200 m weiter im Norden münden wir in die >509< ein, halten nach rechts auf STAVANGER zu, nähern uns der **Hauptstadt Rogalands** und dem Zentrum der norwegischen Ölindustrie von Westen. Vor allem der zweite Punkt hat Geld in die alte Industrie- und Handelsstadt gebracht, gute Verkehrsverbindungen, moderne Bauten. Aber auch das "alte Stavanger" konnte mit dem reichlich fließenden Ölgeld erhalten werden, eine heimelige Fußgängerzone mit wohlrestaurierten, alten Holzhäusern, einen Stadtpark mit großem See und davor den ehrwürdigen, gotischen Dom aus dem 12. Jahrhundert.
In einer Stadt, in der fast 100.000 Menschen leben, wird die Suche nach einem Parkplatz sicher Nerven kosten!?
Probieren Sie doch den Ladenschlusstrick!
Im Sommer werden in Norwegen die kleinen Geschäfte um 16 Uhr geschlossen, die Menschen können nichts mehr einkaufen, genießen zuhause ihren Feierabend.
Wir bemühen uns, genau zu dieser Zeit in den größeren Städten einzutreffen – und es klappt **immer:** Viele Parkplätze sind leer – und zum Bummeln, Besichtigen und Fotografieren ist noch bis weit nach 22 Uhr genügend Licht. Die Sache hat nur einen einzigen Haken: Museen, Kirchen usw. sind zu dieser Zeit auch schon geschlossen!
Wir halten mit der >509< aufs Zentrum von STAVANGER zu, löhnen an der Mautstation (ab 18 Uhr mautfrei), zischen durch den **Bergelands-Tunnel** und zweigen dahinter, vor der großen Brücke Richtung HUNDVÅG nach links, zum Hafen ab (Wegweiser: **Byøjene**).

Stavanger: Norwegisches Ölmuseum (Norsk Oljemuseum)

Stavanger: Alte Handelshäuser am Hafen

Direkt neben dem Norsk Oljemuseum (Norwegischen Ölmuseum) können wir unter vielen Parkplätzen wählen und haben gleichzeitig einen idealen Ausgangspunkt für einen kleinen Stadtbummel gefunden: Østervag (Richtung Südost) – St. Petri-Kirche – Bergjelandsgata (nach Süden) – Breibakken (nach Westen) – Kongsgata (nach Norden) – Stadtpark mit Breivatn – Dom (Foto) – Kirkegata (nach Norden) – Ölmuseum sind in dürren Worten die Stationen unseres vergnüglichen Rundganges, der den schönsten Teil des alten STAVANGER umfasst.

Dass unser Hafenparkplatz nicht unbedingt ruhigen Nachtschlaf verspricht, wird uns bei der Rückkehr beim Anblick einiger sehr kurzberockter, auffällig-unauffällig hin- und herschlendernder junger "Damen" klar. Aber da wir direkt am Hafen "ferske Reker" eingekauft haben, wollen wir uns zum leckeren Mahle auch eine anspruchsvolle Umgebung aussuchen!

Wir rollen zurück durch den **Bergelands-Tunnel** und dann links auf der >44< gen Süden. Nach ca. 6 km folgen wir nach links dem Wegweiser zum Badeplatz "Vaulen", einem ehemaligen Campingplatzareal:

(60) WOMO-Badeplatz: Vaulen
GPS: N58° 55' 30.9" E5° 44' 51.1"; Stasjonsveien. **max. WOMOs:** 3-4.
Ausstattung/Lage: Sandstrand, Toiletten, Wasserhahn, Liegewiesen; nachts geschlossen, Ü-Platz davor/außerorts.

Die >44< führt uns weiter nach Süden bis SANDNES. Dort schwenken wir links auf die >13< Richtung SAND/ LAUVVIK. LAUVVIK ist der Ort, wo die >13< per Fähre den **Høgsfjord** überquert, SAND liegt 80 km weiter im Norden an der >13<. Passen Sie aber auf, achten Sie mehr auf die >13< (und den Wegweiser IMS) als auf den Wegweiser LAUVVIK, sonst werden Sie östlich SANDNES auf einen anderen Streckenverlauf geführt – und kommen nicht an dem schönen Übernachtungsplatz vorbei, den wir für Sie fanden!

Hinter VATNE passieren wir zwei Seen, am Ende des zweiten biegt unsere >13< rechts ab nach IMS/HOGSTADVIKA. Nach 1400 m entdecken Sie rechts, am Seeufer, hinter dem **Badeplatz von Hogstadvika** neu angelegte Parkplätze neben einem NCC-Campingplatz (nur für Mitglieder). Auf den Parkplätzen daneben ist jedoch allen das Parken (max. 24 Std.) und die Toilettenbenutzung gestattet.

(61) WOMO-Badeplatz: Hogstadvika
GPS: N58° 53' 12.5" E5° 51' 25.0"; Ryfylkeveien. **max. WOMOs:** 3-4.
Ausstattung/Lage: Sandstrand, Toilette/außerorts. **Zufahrt:** s. Text.

Wir schlafen nicht ganz so ruhig, wie wir uns gewünscht hätten, denn die Straße führt doch recht nahe an unseren Ohren vorbei, und einen zweiten Nachteil entdecken wir, nachdem wir am nächsten Morgen an der noch 15 km entfernten Fährstation ankommen: Der Fährbetrieb beginnt am Wochenende erst um 9 Uhr (werktags 5.30 -0.15 Uhr) – wir jedoch hatten uns beeilt, und können nun eine Stunde warten. So bleibt uns Zeit, einen bequemen **Parkplatz** links oberhalb der Straße zu entdecken [**62:** N58° 53' 39.4" E6° 03' 13.5"].

Für die weitere Strecke jedenfalls nehmen wir uns vor: Abends lieber noch die letzte Fähre nehmen und dahinter nächtigen –

als morgens warten. Heute ärgern wir uns besonders (über uns selbst), denn wir haben viel (schönes) vor: Die Wanderung zum **Preikestolen**, dem Predigtstuhl, dem wohl markantesten Felsabsturz Norwegens.

Fähre über den Høgsfjord

Endlich tuckert die "schwimmende Fjordbrücke" herbei, und dann geht alles ganz schnell; erstaunlich, dass die ganze Schlange, die sich hinter uns inzwischen angesammelt hatte, mühelos Platz findet. Die junge "Schaffnerin" nimmt aus dem Augenwinkel Maß an unserem WOMO, fragt dann nach der Personenzahl, ich nutze die Gelegenheit, mich über die Preisgestaltung zu informieren. Die Preisklassen sind bei allen norwegischen Fähren gleich, die Preise sehr ähnlich: z. B. Fahrzeug bis 6 m 80 NOK incl. Fahrer (längere WOMOs wesentlich teurer!), weitere Personen 20 NOK, Kinder und Senioren die Hälfte. Während wir zahlen, legt die schwimmende Plattform ab, kaum haben wir Zeit, in die Tiefe des Fjords zu spähen, denn nach wenigen Minuten hat sie das andere Ufer erreicht, spuckt uns aus, lädt wieder ein, legt brummelnd ab – Tagesroutine.

Unsere >13< führt uns nur ein kleines Stück in den **Lysefjord** hinein, dann quert sie per Tunnel die Landzunge,schwingt sich am Ufer des **Høgsfjords** entlang, denn den **Preikestolen**, die Kanzel 597 m senkrecht über dem **Lysefjord**, kann man nur von der Landseite her "angehen".

Sie suchen immer noch nach einem Übernachtungsplatz, weil Sie wissen, dass der Preikestolen-Wanderparkplatz nachts gesperrt ist? Vier verschiedene bieten wir zur Wahl an:

1. Direkt hinter der Fährstation kann man rechts hinab zu hübsch angelegten **Picknickplätzen** vor dem Lysefjordsenter abbiegen [**63:** N58° 54' 42.8" E6° 04' 41.0"].

2. Bereits 500 m später kann man links auf die "alte" >13< Richtung KVALVÅG/IDSE abbiegen, die links um die Landzunge herumführt. Ein Sträßchen zweigt nach 9 km links Richtung IDSE auf der gleichnamigen Insel ab. Gleich hinter der Brücke warten links absolut ruhige **Übernachtungsplätze** zwischen zwei Seen [**64:** N58° 58' 29.3" E5° 59' 32.6"].
3. Die >13< nach der Fähre nach rechts verlassen, auf großer Brücke den **Lysefjord** überqueren und fjordeinwärts 14 km Rtg. FOSSMORK bis zum aussichtsreichen Wanderparkplatz [**65**].
4. Hinter KVALVÅG vereinigen sich die beiden 13er Straßen wieder, kurz darauf kommt die Abzweigung zur Preikestolen-Stichstraße. Fährt man daran vorbei, so sind es noch 3,5 km bis JØRPELAND. Dort findet man im Hafenbereich bequeme **Übernachtungsplätze** [**66:** N59° 01' 02.7" E6° 02' 38.2"], Wasserhähne, Dusche und Waschmaschine (Gebühr).
4. Nur 800 m nach Beginn der Preikestolen-Stichstraße liegt rechts der neue **Campingplatz** mit Wohnmobilentsorgung.
Sie haben geruhsam genächtigt? Dann lassen Sie uns die berühmteste Aussichtskanzel Norwegens angehen!

Wir folgen von der >13< dem braunen Wegweiser **Preikestolen** nach rechts in die Stichstraße zum **Wanderparkplatz**. Auf angenehm breiter Bahn und meist nur mäßig bergauf durch schütteren Kiefern- und Birkenwald steigen wir ins Gebirge.
Am Ende der Stichstraße löhnen wir am Automaten (Münzen + Kreditkarte) 80 NOK Parkplatzgebühr. Der Rucksack ist bereits gepackt (u. a. mit Badeutensilien!), die Bergstiefel stehen bereit, 10 min. später ist Abmarsch.
Ein wurzeldurchsetzter Stolperpfad führt sacht den Hang hinauf zu einem ersten Aussichtspunkt mit Tischen und Bänken auf großen Felsplatten, dann queren wir auf bequemen Laufbohlen eine moorige Fläche, turnen schließlich über Felstrümmer, wie überdimensionale Schotterberge zwischen die Felswände geschüttet – wahrlich eine Piste für gut durchtrainierte Leute wie Sie!

Der Pfad ist mit roten Strichen markiert und so weit ausgetreten, dass man kaum fehlgehen kann. Immer weiter reicht unser Blick, weit hinaus über die Fjorde im Westen, die Inselwelt und die Großstadt STAVANGER. Je länger wir wandern, desto mehr wird uns klar: Den Weg zum göttlichen Blick von der Predigtkanzel hat der Teufel mit Steinen gepflastert! Genau nach einer Stunde, wir

haben die Hälfte des Weges hinter uns, erreichen wir über einem steilen Geröllhang ein Plateau mit Tischen, Bänken und einem ersten Blick auf einen Zipfel des Lysefjords im Südosten. Kurz darauf folgt eine kleine Klettereinlage, deren Ergebnis gleich drei "ah" verdient hat: Tief unten der türkisblaue Fjord, direkt vor uns wieder Tische und Bänke zum Rasten und daneben zwei Seen, in denen Wanderer fröhlich planschen – also an Badezeug und Handtuch denken!

Wie in einem dramatischen Film wird der Höhepunkt der Wanderung so lange hinausgezögert, bis die Spannung kaum noch erträglich ist. Der Fjord verschwindet hinter dem Felshang, den wir nun hinaufschniefen. Oben stehen wir wie geblendet: Steil unter uns der Fjord im Farbenspiel – und dann brauchen wir nur noch den Blick nach rechts zu wenden, zur Hauptattraktion, dem absoluten Nonplusultra: eine Steinsäule, zwar innig mit der übrigen Felswand verbunden und doch kühn vorgestreckt, mit einer wie mit der Axt geschlagenen, senkrechten Abbruchkante, die auch 600 m weiter unten, am Wasserspiegel, nicht endet, sondern weiter in die bodenlose Tiefe führt.

Wir sind nicht die einzigen hier, das Plateau ist gut besucht, sogar an der Kante sitzen einige ganz Verrückte und lassen die Beine über der Tiefe baumeln, als würden sie auf ihrem Gartenmäuerchen

Preikestolen

hocken. Wir nähern uns dem Abgrund nur auf allen Vieren, riskieren das verächtliche Grinsen der "Helden" und haben doch beim Blick hinab das Gefühl, als würde der Schwerpunkt unseres Körpers immer weiter nach vorne wandern, als würden wir gleich das Übergewicht verlieren.
Wir vespern, genießen die unglaubliche Fernsicht, lassen die weißen Ausflugsschiffchen zu unseren Füßen vorbeiziehen...
Auf dem Rückweg haben wir etwas mehr Muße, uns der Botanik des Wanderweges zu widmen: In den Moorflächen stehen Unmengen von Binsenbüscheln, vereinzelt Birken, Wacholder und Krüppelkiefern, aus den triefenden Moorpolstern strahlen die lilafarbene Glokkenheide und die goldgelben, walzenförmigen Trauben der Moorlilie. Wollgras, Heidekraut, Krähenbeeren- und Heidelbeerbüsche gehören sozusagen zur "Standardausrüstung".
Der Hinweg dauerte 100 Minuten; den Rückweg hätten wir locker in 90 Minuten schaffen können, wenn wir nicht eine ganze Weile zwischen den strotzenden Heidelbeerbüschen gehockt hätten ....

Nachdem wir die Bergstiefel von den matten Füßen gezogen haben, gönnen wir uns zunächst einen "Belohnungskaffee" und rollen dann hinab bis JØRPELAND, wo wir uns gemütlich in die Rundsitzgruppe kuscheln und faul den Schiffchen beim Schaukeln zuschauen, bis der **Idsefjord** im Blau der Nacht versinkt (Gebühr).

KARTE TOUR 7+8
20 km
Ulvik
Voss
Eidfjord
Vøringfoss
Bruravik
Brimnes
Valurfoss
Kvanndal
Ålvik
Utne
Kinsarvik
Tveitafoss
Fyksesundbrua
Øystese
Norrheimsund
Steindalsfoss
nach Bergen
Tokagjel
NSG HARDANGER VIDDA
1690 m Hårteigen
TOUR 8
FOLGEFONN
Ringedalsvatn
Tyssedal
Odda
Buarbreen
Haukeligrend
Latefoss
Langfoss
TOUR 7
Stordalsvatn
Etne
Ropeid
Sandsfoss/ Museum
Sand
Ølen
Sandeid
Erfjord
Salzwasserschleuse
Nesvik
Hjelmeland
Årdal
Hetlandsvatn
Tysdalsvatn
Haraldshaugen
Haugesund
Bauta-steine
Avaldsnes
Visnes-Gruve
Åkrehamn
Lysefjord
Bjørheimsvatn
Tau
Jörpeland
Preikestolen
078:Sandvesanden
Skudeneshavn
Stavanger
Autogas
Lauvik
Sandnes

TOUR 7 (400 km / 3-4 Tage)

Årdal – Sand – Haugesund – Åkrehamn – Ølen – Langfoss – Latefoss – Buarbreen – Odda

Freie Übernachtung:	Badeplatz Kuvika, Hetlandsvatn, Sand, Salzwasserschleuse (Badeplatz Notaflåt), Visnes, Åkrehamn, Haugesund, Odda.
Campingplätze:	Preikestolen, Tysdalsvatn, Sandeid, Åkrehamn, Haugesund.
Ver-/Entsorgung:	u. a. Sandnes, Årdal, Skudeneshavn, Haugesund.
Besichtigungen:	Sand (Lachsstudio, Museum), Skjoldastraumen (Salzwasserschleuse), Avaldsnes (Olavskirche, Visnes), Haugesund (Haraldshaug), Langfoss, Latefoss, Buarbreen.
Baden:	Kuvika, Hetlandsvatn, Notaflåt, Åkrehamn, Kvalsvik.
Wandern:	Buarbreen.

Wir kehren zurück zur >13<, biegen dort links Richtung SAND, rollen auf der neuen, breiten Straße entlang des rechten Ufers des **Idsefjords** flott dahin, 7 km später werden die **Felszeichnungen** von SOLBAKK angekündigt, die gleiche Abzweigung führt zum **Badeplatz** von KUVIKA – ein Grund mehr, uns dort mal umzuschauen!

Zu den Felsritzungen sind es von der Hauptstraße aus nur 100 m. Man parkt rechts des Fahrweges und stapft 20 Schritte Richtung Meer: Eine Felskante, die zum Ufer hinabfällt, ist über und über mit Schiffen verschiedener Bauart verziert. Manche sind leer, andere, bereit zum Auslaufen, mit 20-25 Mann besetzt.
Der **Badeplatz**, 900 m weiter [**67:** N59° 01' 33.5" E5° 57' 04.6"], ist mit seinem Kiesstrand sicher nur zweite Wahl, aber er hat **Toiletten** und liegt ruhig (Camping verboten). Außerdem kann man auf der Liegewiese zwischen schattigen und sonnigen Plätzen wählen, und manchem wird es nach der Preikestolen-Wanderung schon ein Genuss sein, die müden Füße ins Wasser hängen zu lassen ....
Bereits 3,5 km später liegt am Ortsende von TAU ein weiterer **Badeplatz** direkt an der Straße, sehr bequem für einen Badestopp. Kurz darauf verlässt unsere >13< an einem Kreisverkehr nach rechts den Fjord. Wir brauchen ihm aber nicht nachzuweinen, denn als "Ersatz" begleitet uns rechts der **Bjørheimsvatn**; baden kann man auf der Höhe von HOLTA. Mächtig schieben sich nun Bergriesen ins Blickfeld, zwischen sich haben sie den **Tysdalsvatn** eingeklemmt, gönnen unse-

rer Straße an seinem linken Ufer gerade einen schmalen Streifen. Je nach vorwitzigem Felsvorsprung oder zurückweichendem Hang hat die Fahrbahn unterschiedliche Breite, eine Straßenbaupraxis also, die stets das Mögliche nutzt, ohne gewaltig in die Natur einzugreifen. In der Regel muss man auf diesen Straßen permanent bremsbereit sein, bereits jeder entgegenkommende PKW muss langsam und zentimetergenau passiert werden.

Der einzige **Badeplatz** am **Tysdalsvatn** liegt genau an seinem Ende und wird vom **Campingplatz Tysdal** besetzt. Wir verlassen den See, schauen eine Weile den weidenden Schafen an den steilen Hängen zu, die trotz der mühsamen Futtersuche runde Bäuche haben, da taucht linkerhand der nächste Fjord, der **Årdalsfjord** auf.

Es dauert ein paar Minuten, bis wir zu ihm hinabgedüst sind, aber kurz nachdem wir ihn am Ortsrand von ÅRDAL (Entsorgung bei Hydro-Texaco, Stellplätze 800 m später links und noch 500 m bis zum Strand) erreicht haben, verlassen wir ihn schon wieder, setzen das "Norwegen-Küsten-Spielchen" fort, denn kaum haben wir den Fjord aus den Augen verloren, erscheinen flugs als "Süßwasserersatz" ein, zwei Seen, diesmal mit Namen **Riskadalsvatn** und **Hetlandsvatn**, natürlich erst, nachdem wir den Rücken der abgeschnittenen Halbinsel zwischen zwei Fjorden erklommen haben.

Am zweiten See liegen zwei kleine, idyllische, versteckte und deshalb einsame **Badeplätze**. Sie bieten keine Attraktionen, außer Ruhe, schönem Blick und recht warmem Wasser – reicht das?

Man biegt ab Richtung FISTER, rollt immer am Nordufer des **Hetlandsvatn** entlang. Nach 4,1 km liegt das erste Plätzchen [**68:** N59° 10' 12.8" E6° 05' 18.9"] links im Fichtenwald (kein Hinweisschild!). Zum zweiten Plätzchen am Ende des Sees sind es noch 800 m:

(69) WOMO-Badeplatz: Hetlandsvatn
GPS: N59° 10' 06.0" E6° 04' 28.6"
max. WOMOs: 2-3.
Ausstattung/Lage: Bademöglichkeit, Wanderwege; Camp. verboten/außerorts.
Zufahrt: siehe Text.

Wieder führt die >13< steil empor, immer mehr Seen sind von ihr aus zu überblicken und natürlich die Fjorde bis hinaus ins offene Meer. Nun geht es zum **Garsundsfjord** hinab, den wir mit unserer nächsten Fähre von HJELMELAND nach NESVIK

überqueren werden. Vorher, noch im Hinabkurven, entdecken wir neben einer kleinen, antik wirkenden Natursteinbrücke einen geschmackvoll angelegten **Picknickplatz** links der Straße.
Am Fähranleger von HJELMELAND wird Service groß geschrieben: Kiosk mit Babywickelraum, Trampelpfad nach links zu einem kleinen Sandstrand – und wenn man bis hinters Rathaus kurvt, findet man Dusche, WC und Wasserhahn.
Sie wollen nicht schon wieder baden, Ihnen ist mehr nach Essen zumute? Dann pflücken Sie sich Ihr Abendessen!
Nein, nicht schon wieder Heidelbeeren. Steigen Sie mit Gummistiefeln oder Badeschuhen ins Wasser, und ernten Sie von den großen Miesmuscheln, die hier in langen Bänken wachsen (Miesmuschelrezepte und viele andere in unserem **Allgemeinen Wohnmobil Kochbuch**!).
Das **Fährschiff Hjelmeland** baggert uns in zehn Minuten auf die andere Fjordseite nach NESVIK, dort können wir auf der >13< unseren Weg nach SAND fortsetzen, zunächst am linken Ufer des **Jøsenfjords**. Auch hier hat die Natur kaum Platz für den Straßenbau gelassen, an manchen Stellen fallen die Felswände wie mit dem Lot gemessen senkrecht ins Wasser. Wer weiß, wie tief sie in den Fjord hinabragen, bis sie seinen Grund erreicht haben. Die Regel gilt: Meist geht es tiefer ins Wasser hinab als die Berge an seinen Ufern hoch sind!
Tunnel auf Tunnel sind hier zu durchqueren. Ungefähr in der Mitte des Fjords hat die Straße genug von den Tunnelröhren und schwingt sich den Hang hinauf – um auf der anderen Seite wieder zum **Erfjord** hinabzuturnen. Der gleichnamige Ort hat einen kleinen Jachthafen, wo man fein **picknicken, angeln** und auch ruhig übernachten kann.

(70) WOMO-Picknickplatz: Erfjord/Hafen

GPS: N59° 20' 50.1" E6° 14' 15.8"; Hålandsosen. **max. WOMOs:** 2-3.
Ausstg./Lage: Tisch & Bank, Wasserhahn, Supermarkt/Ortsrand. **Zufahrt:** s.Text.

Die nördliche Spitze des **Erfjords**, den **Tyssefjord**, schneiden wir mit einer gewaltigen Hängebrücke ab, die Sie sich in Ruhe von dem **Rastplatz** davor begucken können.
600 m nach dem Brückenende biegen wir links nach ERØY mit seinem **Badeplatz Habn**. Das Parkareal des Badeplätzchens [**71:** N59° 20' 43.4" E6° 12' 13.4"] ist ideal für eine ruhige Übernachtung; zum eigentlichen Badeplatz muss man 120 Schritte steil hinabstapfen.
Der Fjord endet, ein See taucht auf, der nächste Fjord, der **Sandsfjord**, wird mit Selbstverständlichkeit zur Kenntnis genommen – norwegische Fahrtroutine! Beim Blick hinab entdecken wir das idyllischste Wochenendgrundstück Norwegens – auf einem Inselchen mitten im Wasser (jetzt rot gestrichen).

Bald erreichen wir die Region Suldal, durch die der **Suldalslågen** fließt, ein bei Lachsen besonders beliebter Laichfluss. Dort, wo er bei SAND in den **Sandsfjord** mündet, beginnen die geschlechtsreifen Lachse ihre mühsame Reise bis zum sauerstoffreichen Oberlauf des Flusses, um abzulaichen. Vorher haben sie sich einen trefflichen Reiseproviant angefuttert, werden zu dieser Zeit deshalb besonders gern geangelt. Zu sehen bekommt sie also nur der glückliche Petri-Jünger, der sie am Haken aus den Fluten zieht, oder?

Kurz vor SAND verlassen wir die >13< nach links (an der Gabelung Entsorgung bei Texaco), überqueren den lachsreichen **Suldalslågen** und biegen unmittelbar dahinter links, Wegweiser: **Sandsfossen/Laksestudio**. 700 m später können wir links der Straße auf einen langen Parkstreifen einschwenken, an einer Engstelle schäumt der Fluss als **Katarakt** hinab – stets eine besondere Mühsal für die Fische. Parallel zum brodelnden Fluss hat man deshalb **Lachstreppen** erbaut, stufig angeordnete Becken, die die muskulösen Fische, eines nach dem anderen, mühelos hinaufspringen können. In zwei dieser Becken wurden Glasfenster eingesetzt, so dass man einen "Studioblick" auf die wandernden Lachse hat – wenn sie gerade wandern!

Laut Öffnungszeiten scheint dies von 11-20 Uhr zu sein und wir haben schon weit nach 21 Uhr. So wippen wir, sicher langsamer als Lachse, über zwei "Fartsdempere", wellenförmige Geschwindigkeitsbremsen, bis ins Zentrum von SAND, stellen uns in die Reihe der Wartenden für die Fähre über den **Sandsfjord**.

Ein ruhiges Übernachtungsplätzchen in SAND gefällig? Dann rollen Sie vor dem Fähranleger rechts, dem Wegweiser zum

Ryfylkemuseet (offen: 9-16 Uhr) folgend. Auf seinem Parkplatz [N59° 29' 6.1" E6° 14' 49.2"] mit Tisch, Bank und WC stehen Sie direkt am Fjordufer ...
Auf der anderen Seite des Fjords setzen wir unseren Weg auf der >46< fort Richtung VIKEDAL/SANDEID. Das Spiel wiederholt sich von neuem: Wir verlassen den Fjord, rechts und links tauchen Seen auf, an ihren Ufern warten lauschige Picknickplätze. Manche von ihnen sind angekündigt durch das Tisch-Baum-Symbol, andere tauchen völlig unverhofft auf, die dritte Kategorie, die für die "Insider", entdeckt man nur per Zufall, z. B. nach genau 10 km an einem kleinen See!
„Verderben eigentlich Miesmuscheln besonders schnell, Herr Biologe?"
Finden Sie nicht auch, lieber Leser, dass mein geliebtes Weib eine besonders zarte Art und Weise hat, meine Kilometerfresserei zu beenden? Ich beschließe, bei der nächsten Gelegenheit zu wenden, um zum letzten Badesee zurückzufahren, rolle nach 18 km in eine Seitenstraße (2,0 km nach der Abzweigung zur Kirche von IMSLAND) und erspähe dabei wieder einen "Insider-Platz", einen 500 m langen Schotterweg mit Tischen und Bänken, der sich, versteckt durch Buschreihen und Felsen, parallel der Straße hinzieht **[72:** N59° 29' 10.7" E5° 57' 09.3"]. Er eignet sich prächtig zum Picknicken und Übernachten – und geht in die Geschichte des WOMO-Verlages als "Miesmuschelplatz" ein (inzwischen verwahrlost).

Am nächsten Morgen kurven wir zum **Sandeidfjord** hinab, im Scheitelpunkt liegt, auf einen flachen Hang hingestreut, SANDEID. Man findet viele praktische Stellplätze, wenn man hinter der Tankstelle links zum Fjord und wieder links zum Jachthafen mit Tisch & Bank rollt [**73:** N59° 32' 26.7" E5° 52' 09.5"].
Hinter SANDEID folgen wir nicht der breiter wirkenden >514< nach ØLEN, sondern halten weiter auf der >46< auf HAUGESUND zu. Einen Badeplatz hat das schöne SANDEID nicht; falls Sie Ihre Füße ins Wasser hängen wollen, müssen Sie bis zum bald folgenden **Gjerdesdalsvatn** warten, dort liegt ein **Picknickplatz** direkt zwischen See und Straße. Falls es Ihnen jedoch zu viel Mühe bereitet, auf die linke Straßenseite hinüberzuwechseln, dann warten Sie einfach bis zum nächsten See, dem **Vatsvatn**. Der liegt rechts – und natürlich auch der dazu gehörige **Picknickplatz**.
Kurz darauf stoßen wir auf die >E134<, die wir in SAULAND (nach der Besichtigung der Stabkirche von HEDDAL) verlas-

sen hatten, halten nach links, auf HAUGESUND zu.
Lassen Sie sich nicht vom riesigen Badeplatzwegweiser **Otertong** verführen! Die Kette der Wegweiser zu ihm würde Sie, weit von der Straße entfernt, auf einen riesigen, völlig leeren Parkplatz in idyllischer Einsamkeit locken – von dem ein Fußweg fast 400 m bis zum Badeplatz führt. Wir finden: Mehr etwas für Jogging-Fans.
Trotzdem sollten Sie am ersten dieser Badewegweiser mit uns von der >E134< auf die >513< zur Halbinsel TYSVÆR Richtung NEDSTRAND abzweigen – es gibt etwas zu begucken!
Zunächst landen wir in SKJOLDASTRAUMEN, dort biegen wir nach rechts in die >515< nach HAUGESUND ein und halten sofort wieder auf dem Gelände der BEST-Tankstelle.
Unmittelbar dahinter entdecken wir eine alte Drehbrücke und die einzige **Salzwasserschleuse** Norwegens. Sie stammt aus dem Jahre 1908 und ist noch immer in Betrieb (auch wenn sie bei unserem Besuch nicht diesen Eindruck erweckte).
Durch die Schleuse wird der Wasserstand im inneren Teil des **Skjoldafjords** hochgehalten, so dass ihn auch Schiffe mit mehr Tiefgang befahren können.

Hinter der Schleuse biegt links ein Fahrweg zum **Badeplatz Notaflåt** ab. Es sind nur 300 m bis zum ruhigen Parkplatz direkt hinter der Liegewiese mit Kies-/Sandstrand.

(74) WOMO-Badeplatz: Notaflåt
GPS: N59° 25' 36.4" E5° 37' 08.7"
max. WOMOs: 3-4.
Ausstattung/Lage: Kies-Sandstrand, Toilette, Liegewiese, Tisch & Bank/außerorts.
Zufahrt: s.Text.

Weiter führt die >515<, an der schönen, weißen Holzkirche des Ortes vorbei, nach Westen. 10 km später, in GRINDE, stoßen wir wieder auf die breite >E 134<, die uns nach links bis HAUGESUND tragen soll. 500 m vorher führt eine Stichstraße rechts zu **sieben Bautasteinen**, die in der Steinzeit zum Andenken an Verblichene errichtet wurden.
Am zweiten Kreisverkehr vor HAUGESUND biegen wir im 90-Grad-Winkel nach links von der >E 134< auf die >47< nach

SKUDENESHAVN an der Südspitze der **Insel Karmøy**.

Bereits nach 2 km verlassen wir auf der **Karmsund bru**, einer gewaltigen Synthese aus Stahl und Beton – 184 m lang, 60 m hoch – das Festland. Am Ortsschild von AVALDSNES links Entsorgung bei der Tankstelle.

Hinter den ersten Häusern, auf einer grasigen Hügelkuppe, erhebt sich die steinerngedrungene **Olavskirche**. Håkon Håkonsen IV. ließ sie 1250 bauen, seitdem hat sie ihr ursprüngliches Aussehen fast unverändert erhalten. Wir folgen nach links dem Wegweiser zur Kirche, denn dort bekommen wir eine wichtige, ja **die** existentielle Frage beantwortet: „Wie lange dauert es noch bis zum Jüngsten Gericht?“

Wir betreten den Friedhof, schreiten links um die Kirche herum. Das Mirakel, ein langer und schmaler, 6 1/2 m hoher Monolith, lehnt fast am dritten Fenster des Längsschiffs: Die "Nähnadel der Jungfrau Maria". Die Sage prophezeit, dass der Jüngste Tag angebrochen ist, wenn er die Kirchenwand berührt – und er senkt sich wirklich immer weiter ....

Bei näherem Studium werden Sie übrigens feststellen, dass man die oberste Spitze bereits einmal abgebrochen hat (vor 1830). So kann man natürlich auch das Jüngste Gericht hinauszögern!

Vor dem Eingang zum Friedhof steht ein norwegisches Vorratshaus, ein **Stabburet**. In ihm wurde ein kleines Museum eingerichtet, das die Geschichte von AVALDSNES und Umgebung belegt.

Zur Geschichte AVALDSNES und Karmøys gehören der älteste Königssitz Norwegens, der Kupferbergbau (hätten Sie gedacht, dass das Metall für die amerikanische Freiheitsstatue in Karmøy gefördert wurde?) und das Meer – der Weg zum rekonstruierten Königshof ist am kürzesten:

Wir marschieren vor der Kirche rechts hinab (nach Osten). Es ist ein schöner Spaziergang zur Insel Bukkøy, wo möglichst originalgetreu das Langhaus eines Wikingerkönigs (und eine Reihe weiterer Gebäude) errichtet wurde. Sie erkennen es gleich, denn es ähnelt verblüffend einem umgedrehten Boot. Auch die Einrichtungsgegenstände entsprechen so exakt wie nur möglich dem archäologischen Material – lassen Sie sich überraschen (offen: Mo-Fr 11-15 Uhr, So 12-18 Uhr)!

Kehrt man zur >47< zurück, überquert sie und rollt 3,8 km nach Westen, so kommt man nach VISNES mit dem Visnes Grubenmuseum (offen: Mo-Fr 11-17 Uhr, So 13-17 Uhr), der Visnes Natursammlung, der Visnes Heide-Ausstellung und der Visnes Friluftsområde mit schönen Stellplätzen, Kinderspielplatz, Wanderwegen und einer kleinen Freiheitsstatue aus Visnes-Kupfer (zur Erinnerung an das Visnes-Kupfer am Original):

(75) WOMO-Picknickplatz: Visnes

GPS: N59° 21' 10.6" E5° 13' 10.1"; Visnesvegen. **max. WOMOs:** 3-4.
Ausstg./Lage: Toilette, Liegewiese, Tisch & Bank, Grillstelle/außerorts. **Zufahrt:** s.Text.

Die >47< führt uns auf der Ostseite Karmøys weiter nach Süden bis KOPERVIK. Ins Deutsche übersetzt bedeutet der Name "Kupferbucht" und erinnert an den Kupferabbau auf der Insel. Dort queren wir mit unserer >47< hinüber zur Westküste der Insel, erreichen ÅKREHAMN.

100 m nach der modernen Kirche (links) biegen wir rechts, Wegweiser: **Åkrasanden**. Kurz darauf stehen wir auf einem großen Schotterplatz, von dem es direkt hinab geht zu einem blendend weißen, endlosen Sandstrand – bei schönem Wetter wirklich nahezu "Südseeatmosphäre". Der Parkplatz selbst jedoch ist öde und ungemütlich.

(76) WOMO-Badeplatz: Åkrasanden (Kirche)

GPS: N59° 15' 10.7" E5° 11' 21.9"; Stongvegen 62.
max. WOMOs: 3-4.
Ausstattung/Lage: herrlicher Sandstrand, Mülleimer/Ortsrand.
Zufahrt: In Åkrehamn 100 m nach der Kirche rechts.

Aber **Åkrasanden** gibt es nicht nur einmal! 350 m weiter nach Süden folgt schon die nächste Zufahrt (Sandvegen). Dort steht man schon etwas gemütlicher auf einem großen Wiesengelände hinter der "Südsee". Nochmals 250 m später kommt die dritte Abzweigung nach **Åkrasanden**. Dieser Platz hat Klohäuschen, Rettungsring, eine Telefonzelle und – ein Campingverboten-Schild.

Wer einen **Campingplatz** bevorzugt, findet ihn 2 km weiter im Süden. Dort nimmt man die Abzweigung nach **Ferkingstadhamn**. Auch von dieser Zufahrt führt nach 500 m rechts eine Schotterpiste direkt zu einem großen Parkplatz oberhalb des feinen Sandstrandes [**77:** N59° 13' 58.2" E5° 11' 08.4"].

Unmittelbar neben dem Campingplatz liegt der kleine Fischereihafen von FERKINGSTADHAMN mit **Wasserhahn** an einer Betonsäule.

Allen Plätzen ist gemeinsam der wunderschöne, fast silberne Riesensandstrand – und eine feine, permanente Brise, die, wen wundert's, längst die norwegischen Surf-Fans angelockt hat. Wann zischen Sie mit Ihnen um die Wette über die Wellenkämme? Falls Ihnen unsere Platzauswahl nicht zusagt – weiter im Süden der Insel setzen sich die Strandangebote fort. Den optischen Knaller entdecken Sie, wenn Sie 3 km vor SKUDENESHAVN rechts zum **Sandvesanden** von SYRE abbiegen. Der Schotterplatz, umgeben von Wiesenflächen liegt hinter einer einmaligen Strandatmosphäre aus Sand, Fels und Wiese:

(78) WOMO-Badeplatz: Sandvesanden

GPS: N59° 10' 16.1" E5° 11' 54.0"; Mjølhusvegen. **max. WOMOs:** 2-3.
Ausstattung/Lage: herrlicher Sandstrand, Toilette, Wasserhahn; Camping verboten/außerorts. **Zufahrt:** siehe Text.

Wir runden unseren Abstecher in die "Südsee" mit einem Bummel durch den alten, gemütlichen Stadtkern von SKUDENESHAVN ab (Entsorgung bei Shell; bequem parken kann man rechts des Fähranlegers nach STAVANGER). Dann rollen wir auf der Ostseite der Insel wieder nach Norden. Diese hat keine Südseestrände abbekommen, dafür besticht sie mit typisch norwegische Schären, Heidelandschaft mit Wacholderbüschen, Wollgras und Heidekraut zwischen Moorlöchern. Nach genau 7,8 km kann man rechts zu einer großen **Friluftsområde** [**79:** N59° 12' 05.1" E5° 18' 45.7"] mit großem Parkplatz abzweigen; Wegweiser: Leirplass (Zeltlagerplatz).
Über AVALDNES und die Karmsund-Brücke kehren wir zurück nach HAUGESUND. Die bedeutende Handelsstadt blickt auf eine lange, ereignisreiche Vergangenheit zurück, hat ihr ein Denkmal gesetzt. Rollt man auf der >47<, am Zentrum der Stadt vorbei, nach Norden, so kann man Historie mit Badefreuden verbinden. Gleichzeitig weisen nämlich drei Wegweiser nach links: **Campingplatz, Haraldshaugen** und **Badeplatz Kvalsvik**.
Erst kommen wir am **Haraldshügel** vorbei, einem **Nationaldenkmal** über dem Grab von Harald Hårfager (Schönhaar), gewidmet dem ersten König Norwegens, der das Land zu einem Reich vereint hatte.

Die Saga berichtet: „Am Haugesund steht eine Kirche, aber am Kirchhof im Nordwesten ist der Grabhügel Harald Hårfagers. Westlich der Kirche liegt der Stein, der über seinem Lager im Hügel gelegen hat. Er ist dreizehneinhalb Fuß lang und fast zwei Ellen breit."
Die Kirche, von der die Geschichte berichtet, verfiel bereits im Mittelalter. Reste waren aber noch vorhanden, als man an ihrer Stelle 1872 das Haralddenkmal errichtete (zum 1000jährigen Jubiläum der ersten Reichseinheit Norwegens). Der 17 m hohe Granitobelisk auf dem 5 m hohen Erdsockel ist umgeben von 29 Steinblöcken. Sie symbolisieren die unterworfenen Fürsten und ihre Ländereien, auf ihnen sind die alten Bezirksnamen eingehauen. Der in der Sage beschriebene Stein liegt am Fuße des Denkmals, an der Nordwestseite. 100 m links vom Haraldshügel entdeckt man Krosshaugen mit einem frühchristlichen Steinkreuz.

Der **Badeplatz** liegt 1600 m von der Abzweigung entfernt. Es ist ein natürliches Meerwasserschwimmbecken, hineingeschmiegt in die felsige Fjordküste. Alle Einrichtungen sind vorhanden, ruhige, betonierte Parkplätze – statt Sandstrand jedoch nur glattgeschliffene Felsen.

(80) WOMO-Badeplatz: Kvalsvik
GPS: N59° 26' 06.2" E5° 14' 38.7"; Kvalsvikvegen. **max. WOMOs:** 2-3.
Ausstattung/Lage: Bademöglichkeit, Toilette, Tisch & Bank, Liegewiese/außerorts.
Zufahrt: s.Text.

Wir kehren auf die >47< zurück, fahren am Zentrum von HAUGESUND vorbei (gemütlicher Stadt- und Hafenbummel gefällig?) und schwenken am fünften (!) Kreisverkehr wieder nach links in die >E 134< ein so, als wollten wir nach OSLO oder STAVANGER fahren. 4,5 km hinter GRINDE verlässt uns die >E 39< nach BERGEN, 5 km später taucht bei »km 11,9« überraschend ein **Badeplatzzeichen** auf (Wegweiser: **LIE**). Man kurvt 900 m steil zum Strand am **Grindefjord** hinab:

(81) WOMO-Badeplatz: Lie
GPS: N59° 28' 30.2" E5° 32' 26.8"
max. WOMOs: 2-3.
Ausstattung/Lage: Schattiges Wiesengelände, verstecktes Toilettenhäuschen mit Wasserhahn und Waschbecken an der Außenwand, betonierter Badesteg – ein absolut ruhiger Bade-, Picknick- und Übernachtungsplatz/außerorts.

Ein zweites Mal kommen wir im Ortsbereich von SOLHEIM an der Abzweigung nach NEDSTRAND und zum **Badeplatz Otertong** vorbei, dann passieren wir die Abzweigung nach SANDEID, an der wir auf die >E 134< gestoßen waren. Wir schwenken mit ihr nach Norden, queren kurz darauf die "Grenze" nach Hordaland.
Die Straße ist zwar kurvig, aber breit, gut ausgebaut und reichlich mit Picknickplätzen am Straßenrand versehen (in ØLENSVÅG Entsorgung bei Statoil).
In ØLEN stößt die >514< auf "unsere" >E 134<. Hier treffen wir mit den Lesern zusammen, die direkt von SANDEID, ohne HAUGESUND-Abstecher, nach Norden fahren wollen; als nächste Ziele an der >E 134< sind ODDA und HAUKELIGREND angezeigt.
Am Ortsbeginn von ETNE biegen wir links zum **Badeplatz von Osnes**. Das schmale Sträßchen führt am Ufer des **Etnefjords**

entlang und nach 1700 m oberhalb des Badeplatzes vorbei. Der Parkplatz (markiert von einer großen Tanne rechts) ist eine Ausbuchtung links des Weges:

(82) WOMO-Badeplatz: Osnes
GPS: N 59° 39' 26.7" E5° 54' 27.4"
Max. WOMOs: 2-3.
Ausstattung/Lage: Kiesstrand, Toilette, Tisch & Bank, Liegewiese/außerorts.

Kurz darauf geht es wieder ins Gebirge. Rechterhand schäumt uns ein grünlich schimmernder Fluss entgegen, der Abfluss des **Stordalsvatn**, an dessen linkem Ufer wir kurz darauf entlangkurven; am Beginn des Sees warten zwei Picknickplätze, schön eingerichtet (mit WC und Entsorgung) der zweite.
Während anfangs sanfte Wiesenhänge seine Ufer säumen, richten sich jetzt wieder steile, kahle, dunkle Berghänge auf. Auch ohne Karte hätten wir inzwischen darauf gewettet: Kaum verschwindet linkerhand der See, blinkt links ein neuer Fjord auf, der **Åkrafjord**.
Tief führt unsere Straße zu ihm hinab, und wenn unser WOMO ein U-Boot wäre, könnten wir noch 630 m weiter in die Tiefe tauchen. Wir aber wenden unseren Blick in attraktive Höhen, denn vor uns tauchen die ersten schneebedeckten Berghänge auf – wir nähern uns der Hochebene **Hardangervidda** mit den sie umgebenden Gebirgskämmen und Gletschermassen.
Bereits zwei namenlose Wasserfälle, die am Beifahrerfenster vorbei in die Tiefe stürzten, haben wir im Vorbeifahren registriert – in Deutschland würde man einen hohen Zaun bauen und Eintritt kassieren, da erspähe ich in der Ferne das weiße Band des **Langfoss** (?) den Berg hinuntergleiten.
400 m hinter dem **Langfoss-Tunnel** schwenken wir nach links auf einen **Aussichts-Parkplatz**, denn neben uns schäumt die gewaltige Flut des **Langfoss-Wasserfalls** den Hang hinab. Sofort erkenne ich: Das ist nicht das schmale Wasserband, das ich von der Ferne erspäht hatte; dies ist ein gewaltiger Strom, der sich über mehrere Felskanten 600 m hinabstürzt, um schließlich unter der Straße hindurch in den Fjord zu fließen – ein gewaltiges Schauspiel, dessen Urgewalt uns schon deshalb zum Schweigen bringt, weil sein Donnergetöse jedes menschliche Wort übertönt.
Die eiligen Gäste sind des Lobes voll über die bequeme Straße mit den vielen Tunnelpassagen – allerdings weniger begeistert über die **Bomstasjon** 600 m später, wo sie berappen müssen.

FLÅTO liegt am Ende des Fjords. Hier sprudelt in einem **Katarakt** ebenfalls eine gewaltige Wassermenge in die Meeresbucht, wird malerisch überragt von senkrechten, zerfurchten Felsmauern.
Der **Rullestadvatn** löst unseren Fjord ab, zwei Wasserfälle stürzen in ihn hinein. Dann verengt sich die Straße wieder, der "Bompenger" ist aufgebraucht (jetzt neuer Tunnel fertig).
Wir kurven nun hinauf ins **Sørdal**. Der Fluss, der sich hier Bahn gebrochen hat, beeilt sich ebenfalls, rauschend, ja kochend in den See hineinzustürzen. An manchen Stellen presst er sich durch eine nur meterschmale Rinne, dann rauscht er wieder, sechs Meter breit, über eine Felskante. Jetzt fließt er eine Weile ruhig, geradezu unschuldig dahin, um kurz darauf wieder zornig aufzubrausen.
Im eigentlichen **Sørdal**, einem beliebten Freizeitrevier, hat sich jeder Stuga-Besitzer eine eigene Eigenbau-Hängebrücke gebastelt, mit der er den breiten Fluss überqueren kann. Aber auch der WOMO-Urlauber findet rechts und links der Straße Stellen, von denen er in Ruhe die Pracht der Natur genießen kann, denn sinnvollerweise sind gebogene Abschnitte der alten Straße erhalten und zu **Picknickplätzen** umgestaltet worden.
Am Ende des **Sørdals** verschwindet die >E 134< in einem Tunnel – und aus lauter Anhänglichkeit der Fluss parallel dazu in einem **Flusstunnel**. An dieser Stelle biegen wir links auf die >13<, der wir in SAND so untreu geworden waren und halten auf ODDA zu. Ihre liebste Beifahrerin kann jetzt, während Sie die nächsten Serpentinen hinabturnen, scharf nach rechts zurückschauen. Da sieht sie, wie der Fluss aus seinem Tunnel wieder herauspurzelt und den Hang hinabschäumt. Unten im Tale stürzt ihm der nächste Fluss durch eine schmale Schlucht entgegen und vereinigt sich mit ihm zu einem sprudelnden Strudel, dessen felsigem Bett wir ins Tal folgen. Schließlich sprühen die Wogen sogar über die Straße hinweg; das schäumende Inferno strebt jedoch einem doppelten Höhepunkt entgegen – dem **Latefoss** (Foto)!

Machen Sie rechtzeitig die Seitenscheiben zu und schalten Sie die Scheibenwischer ein, denn hier tost ein **Zwillingswasserfall** zu Tale, überschüttet die Straße mit seinem Wasserstaub. Haben Sie das "lokale Unwetter" durchfahren, entdecken Sie dahinter links der Straße reichlich **Parkraum** – Fototermin!

Nun dröhnt schon ein gewaltiger Fluss neben unserer Straße, milchig blau-weiß sein Inhalt, wie Eis, das sich in Bewegung gesetzt hat, einem erwachten Gletscher gleich – und zu unserem ersten Gletscher ist es auch nicht mehr weit!

Kaum schenken wir noch dem **Vidfoss** einen Blick, der weiter unten im Tal seine weißen Wassermassen über die Hänge schüttet; Schwall für Schwall prallt rhythmisch auf die Felsplatten, stürzt weiter hinab in unseren Fluss, ihn noch mehr zu vergrößern. Fast einen Kilometer rollen wir nun, während die Felswände auseinanderweichen, der Fluss strömt ruhig dahin, verbreitert sich zum **Sandvinvatn**. Dafür hat die Straße wieder Miniformat, ist an manchen Stellen nur LKW-breit, und die paar Ausweichstellen sollten Sie sich gut merken, falls Sie zu ihnen zurückstoßen müssen (inzwischen 2-spurig ausgebaut).

300 m nach dem Ortsschild von ODDA biegen wir links Richtung "BUER 6 km". 600 m nach der Abzweigung passieren wir den **Campingplatz**, dann fahren wir, am Westufer des Sees, ein Stück nach Süden zurück, schwenken im rechten Winkel vom See weg, halten direkt auf gewaltige Eismassen zu – der **Buarbreen**, ein Ausläufer des **Folgefonn-Gletschers**, liegt direkt vor, besser gesagt über uns. Eigentlich sollten wir aber nicht die Augen himmelwärts verdrehen, sondern uns auf die "Straße" konzentrieren, denn der Schotterweg hat gerade noch die Breite unseres WOMOs. Ich brauche nicht extra zu erwähnen, dass links neben unserer Piste das Schmelzwasser des Gletschers in solcher Fülle zu Tale strömt, dass man Angst um das Bestehen der Eismassen bekommt.

Bei der Gehöftegruppe BUAR endet der Fahrweg nach 5,5 km mit breiten Parkstreifen oberhalb des dröhnenden Flusses. Die Uhr zeigt zwar bereits 19 Uhr, aber wir haben schon längst eine "nordische Uhr" in unserem Körper, haben uns an die lange Sonnenscheindauer gewöhnt.

Schnell schnüren wir die Bergstiefel, hängen die Fotoapparate um, sicherheitshalber binden wir uns noch eine Windjacke um die Hüften. Rote T führen uns auf einem Wiesenweg an einem der Gehöfte vorbei. Wir marschieren in einem idyllischen Talgrund, rechts und links hängen die Äste von Erlen, Eschen und Hainbuchen zu uns hinab – heimische Stimmung. Die Idylle paart sich aber nicht mit Ruhe, denn der Gletscherbach rauscht und dröhnt neben uns.

Der Weg wird zum Pfad, steigt zwischen Felsbrocken bergan. Unser dröhnender Fluss wird aus zwei Bächen gespeist, der rechte poltert vom Folgefonn-Hauptgletscher herab, zu dem noch 4 Std. zu wandern wären, wir folgen dem linken zum Buarbreen-Ausläufer. Still und starr liegt der steinerne Tiefkühlmarmor, und doch quellen unaufhörlich brüllende Wassermassen aus ihm heraus – ein Eishauch weht uns entgegen.

Aber seine Majestät der Gletscher möchte heute keine Besucher empfangen! Gerade haben wir ein Bächlein durchquert, sind über Steine gehüpft, haben uns über wankende Brückchen gewagt, sind mit weichen Knien über eine Hängebrücke gewackelt, hängen nun an einem Seil, um uns einen Steilhang emporzuhangeln, da schickt er uns seinen flüssigen Bruder, den Regen! Der malt erst schwarze Punkte auf die Steine, die schließlich zu dunklen, rutschigen, glitschigen Flächen zerfließen. Unsere Stiefelsohlen greifen prüfend zu, wir nehmen die Herausforderung an. Weiter stapfen und rutschen wir, obwohl uns der Schweiß in die Augen und der Regen ins Genick rinnt. Der einzige, trockene Teil von uns sind die Kameras in ihren dichten Taschen unter den Windjacken.

Da haben wir den Gletscher erreicht, berühren die kalte Pracht sicherheitshalber mit den Händen, brechen uns ein Stück uraltes Eis heraus, lutschen daran wie die Kinder – wir sind Sieger! Aber gerade der Rückweg hat es in sich, rutschige Partien sind bergauf immer einfacher! Doch so, als hätte er aufgegeben, ziehen die "Hilfstruppen" des Gletschers ab; gemütlich stapfen wir hinab, begegnen einem einsamen Wanderer, den es noch kurz vor 21 Uhr hinauf zum ewigen Eis zieht.

Genau 21.30 Uhr sind wir zurück am WOMO – eine 2 1/2-Stunden-Tour ohne große Pausen ist zu Ende, ein Marsch, der uns wegen der "Herausforderung" der Elemente unvergesslich bleiben wird: Unser erster Gletscher!
Beim Ausziehen der immer noch triefnassen Klamotten und Stiefel merken wir erst, wie schlapp wir sind. Da reichen die Kräfte gerade noch, um das WOMO nach ODDA hinabrollen zu lassen (die Übernachtung auf dem Parkplatz können wir wegen der Lärmbelästigung und des unverschämten Preises nicht empfehlen!). Dort, wo man in ODDA aufs Fjordufer trifft, gabelt sich die Straße. Fährt man auf der >550< links 1600 m Richtung UTNE, so findet man einen großen Parkplatz links oberhalb der Straße:

(83) WOMO-Wanderparkplatz: Odda/Folgefonn

GPS: N60° 04' 46.5" E6° 31' 43.9"; Tokheim. **Max. WOMOs:** >5.
Ausstattung/Lage: Tisch & Bank, WC, Wasser (kalt/warm), Wanderweg/außerorts.
Hinweis: Die Wanderung zur Holmaskjär-Hütte am Gletscher dauert hin 5 h, zurück 3,5 h.

Biegt man am Fjord rechts, so sieht man sofort rechts die Touristeninformation (mit Internet fürs Publikum) und weiter links die weiße Holzkirche. Hinter der Kirche liegen Parkplätze, weitere neben der Busstation am Fjord mit V/E und WC.

(84) WOMO-Stellplatz: Odda/Kirche

GPS: N60° 04' 15.3" E6° 32' 53.4" **Max. WOMOs:** 3-4.
Ausstattung/Lage: keine, zeitweise lauter (!) Jugendtreff/im Ort. **Zufahrt:** s. Text.

TOUR 8 (370 km / 3-4 Tage)

Odda – Kinsarvik – Eidfjord – Hardangervidda – Ålvik – Øystese – Osøyro – Lysekloster – Bergen – Dale – Hamlagrøvatn (Karte siehe Tour 7 + 9)

Freie Übernachtung:	Kinsarvik (Husedal), Hardangervidda, Vøringfoss, Ålvik, Rolvsvåg, Fana, Bergen (Sandviken), Hamlagrøvatn.
Campingplätze:	Kinsarvik, Øvre Eidfjord, Osøyro (Bobil-P), Bergen (Bobil-P).
Ver-/Entsorgung:	Øvre Eidfjord, Øystese, Osøyro, Bergen.
Besichtigungen:	u.a. Tveitafoss, Hardangervidda mit Valurfoss, Vøringfoss, Steindalsfoss, Lysekloster, Bergen (Edvard Grieg, Brygge).
Baden:	Rolvsvåg, Stanghelle.
Wandern:	Ringedalsvatn, Husedal (Tveitafoss), Hardangervidda.

ODDAs Banken liegen im Zentrum, unmittelbar an der Durchfahrtsstraße in der Nähe des großen Einkaufszentrum "Coop"; so bieten sich Nachschub für den Geldbeutel und Gelegenheit, das Geld wieder auszugeben, in idealer Nachbarschaft (Entsorgung gegenüber der Statoil-Tankstelle).

Weiter geht es auf der >13< nach Norden, immer am rechten Rand des steilen, schmalen, langen **Sørfjords** entlang, dessen stiller Wasserspiegel, meist weit unterhalb der Straße, die Felshänge und Wasserfälle des gegenüberliegenden Ufers widerspiegelt; jede Rinne scheint ihren eigenen Wasserfall zu besitzen.

Wir durchrauschen den langen **Tyssedal-Tunnel**; unmittelbar dahinter biegen wir rechts zur Kirche von TYSSEDAL und SKJEGGEDALEN (4 km).

Entlang des Hanges einer gewaltigen Schlucht mit dem 160 m hohen **Skjeggedalsfoss** qualmen wir 7 km hinauf zum **Ringedalsvatn**, einem Stausee der Elektrizitätsgesellschaft; die

Straße ist steil, schmal, aber ausgezeichnet unterhalten und mit Felsbrocken zum Abgrund hin gesichert. An den Kraftwerksgebäuden links des Sees sichten wir die Talstation der **Mågelitopp-Bahn**, deren zwei kleine Schienenwägelchen sich, an einem gemeinsamen Seil mit Umlenkrolle hängend, in 13 Minuten gegenseitig auf die 985 m höhere Hochebene der **Hardangervidda** ziehen. Dort sollte man, in idyllischer Wanderlandschaft, seine eigenen Füße in

Bewegung setzen; die Fahrt, einst für eine symbolische Krone zu genießen, kostet jetzt 30 NOK (nur 10 + 16 Uhr).
Falls Sie unter diesen Umständen auf das Fahrvergnügen verzichten wollen – auch am Ende der Teerstraße, neben dem Damm des **Ringedalsvatn**, einem der größten Staudämme Norwegens, kann man fein picknicken und wandern.
Wir bremsen das schwere WOMO die 7 km Steilhang wieder hinab, wobei wir leider nicht die Dieselmenge zurückerhalten, die wir bergauf verbraucht haben, obwohl uns unser Physiklehrer solches (oder zumindest ähnliches) mal weiszumachen versuchte, kurven weiter am **Sørefjord** nach Norden.

Ein weiterer Ausläufer des **Folgefonn-Gletschers** füllt ein gegenüberliegendes Seitental, auch aus ihm quillt Eiswasser, ergießt sich weißschäumend über den Hang. Nun verbreitert sich der Fjord etwas. Besonders auf unserer Seite wird der Hang flacher, und wenn man den Blick von den eisigen Gletschern und Schneefeldern löst, entdeckt man beidseits der Straße Apfel-, Birnen- und Kirschbäume, der warme Golfstrom macht's möglich. Überall, wo am Straßenrand eine Parkgelegenheit ist, sind Verkaufsstände aufgebaut: Ein Tisch, ein Sonnenschirm und einige Körbchen mit prallroten Kirschen.
Auf der Höhe von HOVLAND liegt ein schöner **Picknickplatz**, mit Rosenbüschen, Tischen und Bänken und herrlichem Blick auf den See. Hier zelebrieren wir das lukullischste Mahl unserer gesamten Norwegen-Tour: Die Dame des Hauses reicht Räucherlachs (aber nicht ein paar Scheiben, sondern eine ganze Lachshälfte), Meerrettichsahne und Vollkornbrot, zum Nachtisch gibt es frische Kirschen. Wir schwelgen wie die Fürsten, nein, wie die Könige und behalten doch noch ein Stück der rosafarbenen Köstlichkeit fürs Abendessen übrig.
Der Anblick weiß gischtender Wasserfälle wird uns langsam zur Gewohnheit, meist sieht man sie aus großer Entfernung auf der gegenüberliegenden Fjordseite. Um so erschrockener ist man, wenn unverhofft unmittelbar neben der Beifahrertür ein tosender Wasserstrom herunterprasselt.

Ab KINSARVIK (Entsorgung bei Esso, Internet im Info-Büro) nutzen wir die zweite Möglichkeit, mit der **Hardangervidda** Bekanntschaft zu machen. 500 m hinter der Esso-Station biegen wir rechts ins **Husedal**. Nach 2500 m kommen wir vor einer Brücke zu einem ruhig gelegenen **Wanderparkplatz** (dahinter geht's sehr schmal auf Schotter weiter; nach nochmals 1500 m endet das Sträßchen beim Kraftwerk neben dem **Tveitafoss**).

(85) WOMO-Wanderparkplatz: Kinsarvik/Husedal

GPS: N60° 21' 48.3" E6° 44' 37.7" **Max. WOMOs:** 2-3.
Ausstattung/Lage: Wanderweg/außerorts. **Zufahrt:** s.Text.
Unser Tipp: Am Wanderparkplatz das WOMO abstellen (evtl. übernachten) und bis zum Tveitafoss oder weiter bis auf die Hardangervidda wandern.

Die **Hardangervidda** ist mit 7400 qkm das größte Gebirgsplateau Europas, 1981 wurde die knappe Hälfte davon, genau 3422 qkm, zum **Nationalpark** erklärt (Saarland: 2569 qkm). Auf diesem Fjell ist alles geboten, was man sich unter "nordischen Erlebnissen" vorstellen kann: Bergheiden, ja Ödland im Osten und große Gletschergebiete im Norden. Stark wechselnde geologische und klimatische Verhältnisse bieten Raum für ein breites Spektrum an seltenen Pflanzen und Tieren, in der endlosen Einsamkeit der Landschaft weidet die größte europäische Wildrentier-Population, wohl über 40000 Tiere. Polarfuchs, Schnee-Eule, Sumpfohreule, Rauhfußbussard oder Alpenschneehuhn, dies sind optische Höhepunkte für geduldige, fachkundige Ornithologen. Der Laie erfreut sich an dem Wechselspiel der farbenprächtigen Bodenflora, die er in Ruhe studieren kann.

Haben wir Sie neugierig gemacht?

Dann wollen wir Sie zu einem Platz führen, von dem aus Sie große oder kleine Wanderungen auf dem Fjell der Hardangervidda machen können oder bereits vom Parkplatz aus bei einem kleinen Spaziergang diese Naturpracht genießen können!

Der **Sørfjord**, der südlichste Zipfel des **Hardangerfjords**, endet bei KINSARVIK (Vergnügungspark, **Campingplätze**, Picknickplätze), wir folgen nun dem nach Osten führenden Finger, dem **Eidfjord**. Auch RINGØY hat einen **Campingplatz** auf einer grünen Wiese, die zum Fjord hin abfällt, umgeben von Kirschbäumen.

Wir registrieren im Vorbeifahren BRIMNES, eine Hand voll Häuser und eine Fährstation, die wir, nach unserem Hardangervidda-Abstecher, zur Weiterfahrt nach BERGEN benutzen werden. Jetzt stellen wir nur fest, dass unsere >13< schon Fähre fährt, unser Weg nach Osten heißt plötzlich >7<, die Wegweiser zeigen GEILO an. Am nächsten Wegabschnitt können Sie eine Expressfüllung aller Ihrer Wassertanks vornehmen, denn rechterhand sprudelt ein Wasserfall nach dem anderen zur Straße hinab, und Parkmöglichkeiten gibt es daneben genügend.

Den östlichsten Zipfel der Fjordausläufer des **Hardangerfjords** markiert EIDFJORD. Wir drehen eine Runde am Yachthafen (Wasserhähne) und besuchen die Touristeninformation (Wanderkarte Hardangervidda, Internet fürs Publikum). Dann rauschen wir ins bzw. durchs tunneldurchbohrte Gebirge nach ØVRE EIDFJORD am östlichen Ende des **Eidfjordvatn**. Rings um die lieblichen Ufer türmen sich steile Gebirgswände. Genau auf der Höhe des Campingplatzes klafft eine Spalte zwischen zwei Steilwänden; hier hinein führt unser Weg Richtung HJØLMO.

1900 m später sollte man halten und sich die Aufschrift eines großen Schildes nicht nur durchlesen, sondern dem Text auch Glauben schenken:

Bergstraße. Achtung!
Enge Straße, scharfe Kurven, starke Steigung.
Vorsichtig fahren.
Nur für Kleinkraftfahrzeuge ohne Anhänger!

Wir ziehen den Sicherheitsgurt fester, los geht's!
1800 m weiter hört der Teerbelag auf, Waschbrettwellen garnieren manche Abschnitte der Erdpiste, das WOMO schüttelt sich wie ein nasser Hund nach dem Bade. Eine Weile geht es noch im Talgrund dahin, so dass auch der Fahrer an der gegenüberliegenden Wand den freien Fall der langen, schmalen Bänder des **Vedalsfoss** begucken kann. Aber unser Hang hat einen eigenen Sturzbach, neben dem sich die Piste nun in unaufhörlichen Serpentinen emporschraubt. Der Straßenbauer schien als Maß aller Dinge allerdings einen Fiat Ducato mit langem Radstand benutzt zu haben: Ich muss zwar stets das Lenkrad, wenn ich den Scheitelpunkt der Kurve erreicht habe, bis zum Anschlag einschlagen, jedoch nicht ein einziges Mal zurückstoßen – und ins Rutschen kommt der Vorderradantrieb auch nur einmal.
Nach 5000 m Schotter stehen wir auf einem großen Parkplatz neben dem Oberlauf des Sturzbaches:

(86) WOMO-Wanderparkplatz: Hardangervidda
GPS: N60° 22' 45.1" E7° 09' 42.6"; 720 m.
Max. WOMOs: 2-3.
Ausstattung/Lage: Toilette, Mülleimer, Wanderweg/außerorts.
Zufahrt: In Øvreeidfjord beim Campingplatz rechts Richtung Hjølmo.

Hier war bisher die Bergstraße zu Ende, hier beginnen die in den Wanderführern beschriebenen Pfade zum Beispiel zur nahegelegenen **Viveli-Hütte**, zur **Hedlo-Hütte** und zum **Valurfoss**, den wir zum Ziel unseres kleinen Hardangervidda-Spaziergangs machen wollen:

Wir überqueren den Bach (Wegweiser: Valurfoss, Loftet, Hadlaskar), stapfen am kleinen Åsdalen-Café vorbei, Birkenwald nimmt uns auf, rote T-Markierungen zeigen uns den Weg. Nach 20 Minuten gabelt sich der Weg, "Valurfoss 1 Std." zeigt nach rechts. Der lichte Wald, im Wechsel mit Moorgebieten und Heideflächen, bleibt hinter uns zurück, wir federn über weiche Torfpolster, bereits nach weiteren 45 Minuten haben wir den wuchtigen Katarakt

Wanderung in der Hardangervidda

unter uns. Wir setzen uns auf grünen Flechtenstein, lassen uns eine Weile volldröhnen wie in der Disco, fragen uns, wie lange die grünlich schäumenden Wassermassen wohl brauchen werden, bis sie den großen Felsklotz, der ihren Fall umlenkt, "abgesägt" haben.

Moltebeeren, die gleichzeitig weiß blühen und von orangerot bis gelb fruchten, haben wir gesehen und probiert, die **Heidelbeeren** sind hier oben noch nicht ganz reif. Dazwischen nicken die rosafarbenen Glöckchen der **Rosmarinheide**, deren Blätter eher Tannennadeln ähneln. Der Boden unter den Birken ist zugewuchert von einem Teppich kleiner, purpurschwarzer Blümchen mit vier auffälligen, weißen, herzförmigen Hüllblättern, dem **Schwedischen Hartriegel** *(Cornus suecia)*.

Hin- und Rückweg unser Hardangervidda-Einstimmungstour dauerten, mit Pausen, noch nicht einmal 2 1/2 Stunden, ein optisches Vergnügen, dass man sich auch noch am frühen Abend gönnen kann.

Der Bach am Parkplatz rauscht und brodelt; wesentlich ruhiger steht und übernachtet man 2000 m entfernt, wenn man weiter bergauf kurvt und schließlich die Hochebene erreicht hat. Dort endet (derzeit) die Piste hinter einer Brücke, Parkgelegenheiten gibt es reichlich rechts und links des Weges und wer mehr Zeit mitbringt als wir, kann auch von hier aus zu erlebnisreichen Wanderungen aufbrechen (Wegweiser: "Hedlo" und "Viveli"). Genauere Auskunft gibt die Wanderkarte im Maßstab 1 : 50.000 Nr. 1415 IV Eidfjord.

Übrigens: An beiden Parkplätzen haben wir unsere Trinkwasserkanister aus dem Bach gefüllt; das Wasser ist kristallklar und schmeckt herrlich!

Recht früh am nächsten Morgen starten wir zum Rückzug von der **Hardangervidda**! Der Gedanke, uns könne auf der Serpentinenstrecke ein Fahrzeug entgegenkommen, verdirbt uns den Frühstücksappetit. Gilt doch in ganz Norwegen die Regel: „Bergverkehr hat Vorfahrt!“

Die Eile lohnt sich, wir sind die Einzigen, können den Blick hinab über die Serpentinen genießen, Fotopausen einlegen und kurz hinter der Abzweigung nach HJØLMO, diesmal in Ruhe, den Zwillingswasserfall **Vedalsfoss** begucken.
In ØVRE EIDFJORD, an der >7<, müssen uns die Kurzzeit-Urlauber verlassen; nach rechts können sie, einen weiten Bogen über GEILO und GOL schlagend, nach OSLO und zur Fähre zurückkehren. Dabei erleben sie jedoch ein einmaliges Straßenstück:
Die >7< muss ja auch die **Hardangervidda** überqueren, eine steile Hangkante erklimmen. Ob man sich wohl an "Spiralen" in DRAMMEN erinnert hat? Jedenfalls kurvt die >7< in abenteuerlichen Kurven am Hang entlang, entschließt sich sogar zu einer 360-Grad-Kurve im Berg. Nach 10 km kann man auf einen großen Parkplatz beim **Vøringfoss** (mit 182 m freiem Fall einer der beeindruckendsten Wasserfälle Norwegens) abbiegen:

(87) WOMO-Stellplatz: Vøringfoss
GPS: N60° 25' 27.1" E7° 14' 58.5"
Max. WOMOs: 2-3.
Ausstattung/Lage: keine, Gebühr (?)/außerorts.
Zufahrt: siehe Text.
Hinweis: Bester Blick auf den Wasserfall vom Hotel Fossli; 1 km später links.

Wir halten uns in ØVRE EIDFJORD links, fahren auf unseren Spuren zurück bis zur Fährstation BRIMNES, wo wir den **Eidfjord** nach BRURAVIK überqueren. Dort schwenken wir sofort auf die

>7< Richtung BERGEN, nach rechts führt die >572< über ULVIK (**Campingplatz** [**88:** N60° 33' 59.2" E6° 56' 30.7"] beim Sportplatz; **Badeplatz**, mit Wasserhahn, bei der Kirche) ebenfalls nach BERGEN, ein malerischer Umweg von 20 km. Unsere kürzere Strecke nutzt den neuen, 7700 m langen **Vallavik-Tunnel** (600 m dahinter Entsorgung bei "1-2-3").
Aufpassen! Unmittelbar hinter dem Tunnel, man hat sich noch nicht wieder an das grelle Licht gewöhnt, soll man erneut seine Fahrtroute nach BERGEN wählen! Links sind es 127 km über die >7<, rechts 128 km über die >13< und die >E 16<.
Uns fällt die "linke Wahl" nicht schwer, da unsere Bergen-Visite ein Abstecher ist und wir die nördliche Route ohnehin noch kennenlernen werden. Folglich eilen wir wieder an Verästelungen des **Hardangerfjords** entlang, der innerste Zipfel heißt **Granvinfjord**: Rechts steigen die Wände steil bis in 1200 m Höhe, links fallen sie senkrecht ins Wasser und dann noch 800 m weiter in die Tiefe. Wir passieren die Fährstation KVANNDAL. Hier käme man durch den **Utnefjord** von KINSARVIK herüber, wenn man den Hardangervidda-Ausflug auslassen möchte.
"Unsere" 7 ist breiter als die meisten Fjordstraßen Norwegens, doch an schwierigen Geländepassagen ist sie auch nur einspurig, die Tunnels sind bei Gegenverkehr nicht zu befahren. Da ich an solchen Streckenabschnitten ohnehin keine Muße habe, die Landschaft zu begucken, entwickle ich eine "Allgemeine WOMO-Fjordstraßen-Vorsichtsregel":

* Mittelstriche auf der Straße – Entwarnung (problemlos, ungefährlich).
* Kein Mittelstrich – vorsichtig fahren, Gegenverkehr kann Probleme geben.
* Viele Bremsspuren auf der Straße – gefährlich, langsam fahren; jede Kurve besonders bedächtig angehen.

Hinter ÅLVIK (am Ortsbeginn links schönes **Picknickplätzchen** (Foto) mit Toilette [**89:** N60° 25' 57.4" E6° 26' 36.1"]) überquert unsere Straße zwei mächtige Druckrohre, die das Wasser vom **Bjølsegrøvatn** zu den Turbinen des Kraftwerks leiten. Beneidenswert das Land, dass seine Einwohner so umweltfreundlich mit Energie versorgen kann.
Genau 10 km nach ÅLVIK

ein weiterer Picknickplatz, genau so schön angelegt, ebenfalls mit Toilette und Wasserhahn.

Auch im **Indre Samlafjord**, der den **Granvinfjord** abgelöst hat, hängen die runden Drahtkäfige, in denen Zuchtlachse aufgepäppelt werden.

Wir überqueren die elegante, ja filigranartige **Hängebrücke** über den **Fyksesund**, die **Fyksesund brua**, deren schmales Teerband durch Ampelverkehr geregelt wird. Ein kleiner **Parkplatz** links hinter der Brücke eignet sich als Stopp für den Fototermin, bequemer steht man auf dem **Picknickplatz** 2 km später, ebenfalls mit schönem Blick über den Fjord.

ØYSTESE hat nicht nur einen großen **Parkplatz** direkt hinter der Kirche links am Wasser, sondern auch eine feine, saubere Ver- und Entsorgungsstation für WOMOs (am Ortsende links bei Esso; 30 NOK).

In NORHEIMSUND verlässt die >7< die Küste. Die schöne Kirche, auf einem Hügel oberhalb der Stadt, bietet nicht nur einen letzten, schönen Blick über den Fjord, sondern auch einen großen, ruhigen **Parkplatz [90: N 60° 22' 08.4" E6° 08' 33.6"]**. Interessiert? Hinter der Esso-Station geht es links hinauf (max. 3,5 to)!

1,5 km westlich von NORHEIMSUND rauscht der **Steinsdalsfoss** rechts der Straße; er ist (für norwegische Verhältnisse) nicht besonders groß. Wir, inzwischen Wasserfallprofis, würden ihm kaum mehr als einen Blick gönnen, wenn er nicht – auch von hinten zu begucken wäre!

Ein kurzer Fußweg führt vom Parkplatz an der Straße zum Fall und **hinter** ihm, zwischen Felswand und hinabschießendem Wasserband, vorbei. Man braucht weder Schutzbekleidung noch einen Regenschirm, kaum ein Tropfen fällt auf die hin- und hereilenden Video-Filmer, die schier ausflippen wegen der problematischen Lichtverhältnisse. Etwas weiter hinten endet der Fußweg an einer kleinen Aussichtskanzel, von der aus man den schönsten Blick hat: von der Seite, vor und hinter dem Sturzbach vorbei.

3600 m nach dem "Wasserfall-Parkplatz" kann man – Vorsicht! VORSICHT!! – unmittelbar vor dem neuen **Snauhaug-Tunnel** links auf einen **Parkplatz** fahren. Blinker rechtzeitig setzen und auf Gegenverkehr aus der dunklen Tunnelröhre achten! Die alte Straße, um den Tunnel links herum, kann theoretisch noch befahren werden (ist aber nur für Fußgänger und Radfahrer freigegeben). Sie führt in Abschnitten ebenfalls durch kurze, schmale Tunnels oberhalb der tiefen, bizarren **Tokagjel-Schlucht** entlang – sehr fotogen!
Das Spielchen mit neuem Großtunnel und alter Straße links vorbei wiederholt sich bis KVAMSKOGEN viermal, aber nur vor dem ersten Tunnel ist ein einigermaßen sicher anfahrbarer Parkplatz vorhanden.
Hinter KVAMSKOGEN gruppiert sich eine ganze Familie von Campingplätzen um einige Skilifte – wir sind im Wintersportgebiet von BERGEN; wie auf Kommando erinnert uns der Wettergott daran, dass wir uns der norwegischen Stadt mit der höchsten Niederschlagsmenge nähern und öffnet seine Wolkenschleusen.
Ein Fluss, mal reißender Gebirgsbach, mal stiller See, begleitet uns durch eine Schlucht hinab zum Ende des **Samnangerfjords**. Seine schönste Passage als **Katarakt** kann man bei der Abzweigung nach HØYSETER von einem malerischen **Picknickplatz** aus in Ruhe bewundern; als sehenswerte Zugabe bekommt man nebenan noch die alte **Natursteinbrücke** aus dem Jahre 1899.

(91) WOMO-Picknickplatz: Høyseter
GPS: N60° 23' 27.8" E5° 50' 29.4"
Max. WOMOs: 2-3.
Ausstattung/Lage: Tisch & Bank, WC mit Wasserhähnen außen/außerorts.
Zufahrt: siehe Text.

Das letzte Wegstück zum Fjord bricht uns der **Hagaå-Tunnel**. Während die breite 7 bald darauf nach Norden zieht, um sich mit der E 16 zu vereinigen, wollen wir weitere 35 km dem Fjord bis OSØYRO nach Süden folgen. Wenn wir dort auf die E 39 treffen und von Süden nach BERGEN einfallen, können wir, bequem am Wegrand, einige Sehenswürdigkeiten "mitnehmen".
Wir preschen noch durch den **Raunekleiv-Tunnel**, biegen **vor** dem nächsten dann nach links, Wegweiser: OS(ØYRO)/ ROLVSVÅG.
Unsere Fjordstrecke ist absolut verkehrsarm und viel breiter, als das dünne, rote Fädchen auf der Autokarte suggeriert, in

manchen Abschnitten wurde ihr sogar die Ehre eines Mittelstrichs zuteil – und das will in Norwegen etwas heißen!
Nach 9 km folgen wir in ROLVSVÅG dem Badeplatzwegweiser zur Friluftsområde:

(92)WOMO-Badepl.: Rolfsvåg
GPS: N60° 19' 14.1" E5° 37' 31.6"
Max. WOMOs: 3-4.
Ausstg./Lage: Kiesstrand, Liegewiese, Tisch & Bank, Grillstelle/außerorts.

Weitere Picknick- oder gar Badeplätzchen am Ufer gibt es nicht, das Ufer ist viel zu steil. Der letzte Wegabschnitt meidet gar den Küstenbereich, zieht durchs **Hegglandsdal**, das dem Schwarzwald zur Ehre gereichen würde. Am Ende des Tales treffen wir auf die >552<, die links von der Fährstation HATVIK heraufzieht und uns nach rechts bis OSØYRO geleitet.
Die junge Dame im Touristenbüro am Jachthafen zögert nur kurz, als ich nach einem **Badeplatz** frage: „Du musst zwischen dem Hafen und der >E 39< (Richtung HALHJEM) links, unterhalb der Felsen entlang fahren .....“.
Der versprochene "Badeplatz" unterhalb der Felsen ist jedoch weiter nichts als eine geschotterte Fläche, die man geschäftstüchtig zum **Mobergsvikjo Bobil-Camp** ernannt hatte, um Gebühren kassieren zu können . Inzwischen musste die ganze Anlage einem Hafenneubau weichen.
Blickt man vom ehemaligen Bobil-Camp quer über das Hafenbecken, so sieht man auf der gegenüberliegenden Seite die Os Trevarefabrikk. Vor ihr liegt ein großes Parkareal, auf dem man genau so "schön", aber kostenlos stehen kann. Weitere Stellplätze liegen am äußeren Rand des Hafenbeckens [**93:** N 60° 10' 53.7" E 5° 28' 26.0"] oder neben der Esso-Tankstelle.
Wir rollen auf der >E 39< nach Norden, auf BERGEN zu. Bereits nach 3 km verlassen wir sie wieder nach links Richtung HAGAVIK, genau 2 km später schwenken wir nach rechts Richtung SØRSTRAUMEN und bekommen kurz darauf endlich mal ein paar norwegische Soldaten zu sehen, die auf einem großen Übungsgelände den Ernstfall – gegen wen auch immer – proben. An der nächsten Straßengabelung ist zum ersten Mal unser Ziel, das **Lysekloster** angezeigt.

Die Ruinen des Klosters, das im Jahre 1146 gegründet wurde, liegen idyllisch in einem leise rauschenden Hain. Die 1930 restaurierten Mauerreste von Norwegens ältestem Zisterzienserkloster sind brust- bis mannshoch; eine Bronzetafel nahe des Eingangs schafft Übersicht über das Areal. Besonders gut erhalten sind einige Bögen des Kreuzganges. In der nördlichen Kapelle, links neben dem Chor, hat man einige Grabmäler vor

dem weiteren Verfall durch ein Holzdach geschützt, daneben wurden in einer Ausstellungshalle kleinere Gemäuerreste untergebracht.
Fein kann man durch die Stille schlendern. Zisterzienser aus dem englischen York bemühten sich hier um das Seelenheil der wilden Wikinger. Ob sie wohl erfolgreich waren? Konnten sie die tief sitzenden, heidnischen Bräuche in christliche Bahnen lenken?
Ein großer, norwegischer Künstler hat es besonders verstanden, die Gefühle seiner Landsleute, die Stimmungen der Landschaften, die Sagen aus der Welt der nordischen Zwerge und Trolle musikalisch auszudrücken: **Edvard Grieg**. Er wurde 1843 in BERGEN geboren, schuf dort die meisten seiner Meisterwerke, starb auch dort, hochgeehrt, im Jahre 1907.
Wie lebte der bedeutendste skandinavische Komponist, wie arbeitete er? Edvard Griegs Heim, genannt **Troldhaugen**, liegt am Südrand BERGENS am **Nordås-See**. Es ist als Museum (Gebühr) jedermann von 9.30-17.30 Uhr zugänglich!

Vom **Lysekloster** rollen wir weiter Richtung FANA.
Nach 1400 m streifen wir kurz den **Lysefjord** (dort, am Ufer, finden sich bequemere Stellplätze als vor dem Lysekloster).
So wenig hoch die Berge hier sind, so sind sie doch zerklüftet wie richtige Gebirge im Landesinneren, an der höchsten Stelle der Straße liegt FANASETER mit Aussichtspunkt, Berghof, Heimatmuseum, Streichelzoo – und einem riesigen Parkplatz rechts der (lauten) Straße:

(94) WOMO-Stellpl.: Fanaseter
GPS: N60° 15' 26.1" E5° 21' 51.8"
Max. WOMOs: >5.
Ausstattung/Lage: keine/außerorts.

Dann geht es steil hinab nach FANA mit seiner 800 Jahre alten **Kirche** (rechts der Straße, etwas versteckt). Dort stoßen wir auf die >546< Richtung BERGEN. Ab einem Kreisverkehr (nach 3,5 km) macht sie (nur

ein paar hundert Meter) gemeinsame Sache mit der >580<; wir folgen weiter der >553<.

Wenn Sie jetzt teuflisch aufpassen, entdecken Sie bald das Hinweisschild **Troldhaugen**:

Durch eine schattige Buchenallee wälzt sich ein Besucherstrom, die Gesprächsfetzen, die ich auffange, stammen aus aller Herren Länder – Grieg hat Verehrer auf der ganzen Welt! Ein liebevoll gepflegter, jedoch weitestgehend naturbelassener Park, in dem Rhododendren dominieren, ein bescheidenes Holzhaus, aber mit herrlicher Aussicht über die Fjordlandschaft und weiter unten im Park, fast am Wasser die Komponistenhütte, so eingerichtet, als hätte der Meister sie nie verlassen ....

Auf einem Felsen vor der Hütte träumt ein junges Mädchen in den Tag, walkman-hörend. Ob sie wohl Solvejg's Lied aus der Peer Gynt-Suite lauscht – oder eher den Scorpions?

Wir kehren zur >553< zurück, setzen unseren Weg nach BERGEN fort. Links der Chaussee plötzlich gepflegte Anlagen, Rhododendron-Büsche, eine hohe Mauer, darüber die Türmchen einer kleinen Burg, **Gamlehaugen**, die Residenz

des Königs bei BERGEN-Besuchen. Der Park ums Schloss kann besichtigt werden (Mo-Fr von 10-13 Uhr).
Ein zweiter Kreisverkehr, ein dritter, immer weiter auf der >553<, ein vierter, dann sind wir plötzlich auf der >E 39< und stehen kurz darauf an der **Bomstasjon**, 15 NOK "Eintritt" kassieren die Stadtväter von BERGEN (Mo-Fr, 6-22 Uhr), um den Straßenausbau zu finanzieren bzw. den innerstädtischen Verkehr einzudämmen.
Hinweis: Da, wo Sie in die >E 39< einmünden, liegt rechterhand eine Esso-Tankstelle mit Autogas.
Jetzt kann man den Wegweisern zum Sentrum und denen zum **Fährhafen Internasjonal** folgen. **Erst dort**, wo Sie das Wasser von **Vågen** erblicken, den Hafen von BERGEN, schwenken Sie links auf die >555<. Folgt man ihr durch den Nygards-Tunnel und über die Puddefjord-Brücke, so entdeckt man darunter das neue **Bergen Bobilsenter** im Damgårdsveien 99 [**95:** N60° 22' 56.2" E5° 19' 03.6"], wo man für 175 NOK nächtigen darf (V/E, Dusche, Strom). Schwenkt man an der gleichen Stelle von der >E 39< nur halblinks, so kommt man zum südwestlichen **Strandkaien**, in dessen Verlängerung Sie, zumal im Bereich der **Nykirke**, der neuen Kirche, nach 16 Uhr (und am Wochenende) mit Sicherheit viele leere Parkplätze [N60° 23' 56.8" E5° 18' 39.1"] vorfinden werden. Von hier aus sehen Sie, am gegenüberliegenden, nördlichen Ufer, bereits die bedeutendsten Wahrzeichen der ehemaligen Hansestadt: **Bryggen**, die Handelshäuser der **Deutschen Brücke**, links dahinter die **Mariakirke** und weiter links, wieder vorn am Ufer, die **Håkonshalle** neben dem **Rosenkrantztårn**, dem **Rosenkrantzturm**.

Wir schlendern am Yachthafen vorbei, um **Vågen** herum zur **Brygge**. Gleich eines der ersten Gebäude auf der Nordseite ist das **Hanseatische Museum**, eines der ältesten Holzhäuser der Stadt, eingerichtet als Han-

delshaus im Stil des 18. Jahrhunderts; es spiegelt das kaufmännische Leben und Treiben zur Zeit der Hanse wider (offen: tägl. 9-17 Uhr).
Wir spazieren an der **Brygge**, der berühmten Giebelfront der Handelshäuser entlang, die jede zweite Ansichtskarte von BERGEN ziert und machen auch Abstecher in die schmalen Gassen dazwischen; denn dort liegen die Lagerhäuser mit den typischen Lastenaufzügen. In ihnen findet man heute Gaststätten, Andenkenläden und die Werkstätten verschiedener Kunsthandwerker, an der historischen Architektur, die unter dem Schutz der UNESCO steht, wurde jedoch nichts verändert. Spaziert man weiter am Kai entlang, so kommt man schließlich zum **Rosenkrantzturm**. Er wurde im 16. Jahrhundert vom Schlosshauptmann zu Bergenhus, Erik Rosenkrantz, als kombinierter Festungs- und Wohnturm errichtet, zwei ältere Anlagen wurden integriert. Gleich dahinter liegt die würdige **Håkons-halle**, der größte und stattlichste Bau im ehemaligen Königshof von Bergen, gebaut für König Håkon Håkonsson zwischen 1247 und 1261 (10-16 Uhr).
Zwischen der Giebelfront der **Brygge** und dem **Rosenkrantzturm** führt ein kurzes Straßenstück zur **Mariakirke**, dem ältesten Gebäude BERGENs und einer der schönsten romanischen Kirchen Norwegens überhaupt. Als "Kirche der Hansekaufleute" war für ihre reiche Ausschmückung bestens gesorgt, die Kanzel gar ist eine der prächtigsten Barockarbeiten überhaupt (offen: wochentags 11-16 Uhr).
Hinter der Kirche halten wir uns rechts und marschieren die **Øvregate** nach Südosten, parallel zur **Brygge**. Von hier aus kann man nochmals einen Blick in die historischen Lagerhäuser hineinwerfen und landet am Ende der **Øvregate** an der Talstation der **Fløibane**. Dies ist eine Standseilbahn, die Sie in 10 Minuten auf den 320 m hohen **Fløyen-Berg** hinaufhievt. Dieser ist nicht nur der schönste Aussichtspunkt über Bergen und seine reiche Fjord- und Insellandschaft, Sie können sich auch im "Folkerestaurant Fløyen" zu keineswegs volkstümlichen Preisen verwöhnen lassen (Steak mit Zwiebeln - Biff med løk, 145 NKr). Völlig kostenlos jedoch kann man von dort aus auf Wegen und Pfaden durch unberührte Wald-, Berg- und Seenlandschaft wandern und den Weg hinab zur Stadt zu Fuß zurücklegen. Wir wenden der Bahnstation den Rücken zu und kehren wieder zum Hafen und zum WOMO zurück.
Unser letztes Ziel in BERGEN ist das berühmte **Akvariet**, das Aquarium, eines der modernsten und umfangreichsten in Europa. Sie finden es nur wenige hundert Meter weiter nach Nordwesten, ab der **Nyekirke**: Strandgaten – Nordnesgaten – Nordnesbakken. Von 9-19 Uhr können Sie bestaunen, was in neun großen und zweiundvierzig kleineren Aquarien an Seetieren Europas bestaunenswert ist. Direkt unterhalb des Aquariums, an der Westküste der Halbinsel, liegt übrigens **Nordnes sjøbad**, ein **Meeresbadeplatz**. Der Blick mit der Taucherbrille dürfte Sie nach dem Besuch des Aquariums allerdings ziemlich enttäuschen.

Wir ziehen von BERGEN, an der Häuserfront der Brygge vorbei, auf der >E16/E39< nach Norden, passieren den **Fährhafen Internasjonal**. 2,5 km später verlassen wir die >E16/E39< nach rechts (Wegweiser: Eidvågsneset). Nach weiteren

1,5 km sichten wir das Hinweisschild zum Badeplatz Helleneset, die Straße heißt Hellebacken:

(96) WOMO-Badeplatz: Helleneset-Friluftsområde
GPS: N60° 26' 02.9" E5° 16' 57.2"; Hellebacken. **Max. WOMOs:** >5.
Ausstattung/Lage: Tolle Parkanlage, Liegewiese, Kiesstrand, Meerwasserschwimmbecken, Duschen, Tisch & Bank, Grillstelle, Toiletten/Ortsrand.

Wir umrunden die Halbinsel Eidvågsneset weiter und werden automatisch zur >E16/E39< zurückgeführt. Diese schlägt einen weiten Bogen um das gebirgige Hinterland von BERGEN, zunächst nach Norden, Osten (hier macht sich die >E 39< nach Norden davon), Südosten, schließlich schwenken wir in unsere Hauptrichtung Nordosten, der **Sørfjord** begleitet uns linkerhand, eine elegante Hängebrücke überspannt ihn zur Insel **Osterøy**; VOSS ist als nächste größere Ortschaft angezeigt. Ein Tunnel nach dem anderen wird dröhnend durchquert, dazwischen schnell ein Blick auf die Natur im Tageslicht. Ab und zu sichten wir neben uns, auf dem schmalen Band zwischen Fels und Fjord, auch noch die Bahnlinie, aber meist ist sie gerade in einer Tunnelstrecke, wenn wir im Freien fahren – oder umgekehrt.
Eine Pause tut Not! Hinter dem **Stanghelle-Tunnel** schwenken wir links nach STANGHELLE, halten geradeaus auf "STANGHELLE Vest" zu. Biegt man hinter der Brücke über den **Dalevåg** links, so landet man an einem kleinen geteerten Parkplatz vor dem lauschigen **Badeplatz** von STANGHELLE. So klein der Parkplatz ist – der Badeplatz ist ein Idyll:

(97) WOMO-Badepl.: Stanghelle
GPS: N60° 33' 05.6" E5° 43' 57.9"
Max. WOMOs: 1-2.
Ausstattung/Lage: Ausgedehnte Liegewiese, umgeben von malerischen Felsen mit einem Birkenwäldchen; Tische und Bänke, Rutschbahn am Kies/Sandstrand, warmes und kaltes Wasser in der Toilette am Parkplatz/außerorts.

Gestärkt kehren wir zur >E 16< zurück, wo sich die "Tunnelpartie" fortsetzt.
Nach dem 30. oder 40. Tunnel (oder waren es erst 20?), haben wir "die Schnauze voll". Da gibt es doch noch die alte Bergstrekke übers **Kjerringa-Fjell**!?
Vor der Kirche von DALE biegen wir rechts (Richtung DALE-Zentrum/Bergsdalen) in unsere Ausweichstrecke ein.
„Das geht ja gut los!“ Unmittelbar neben der Kirche verschwindet auch die alte Straße in einem Tunnel (Hinweisschild: 2,80 m Höhe; inzwischen auf 3,60 m erhöht).
Die Bergstraße geht sofort voll zur Sache, ist schmal, führt

oberhalb eines Sturzbaches steil bergan. Eine in den Berg geschlagene **Galerie** (Höhe: 3,80 m) passieren wir noch, dann erreichen wir nach 4,5 km den **Picknick- und Aussichtsplatz** oberhalb der Staumauer des **Storefoss**. Er ist der vierte von einer Kette von Seen, die durch Druckrohre miteinander verbunden sind.

Die Weiler FOSSE und ØYE werden durchquert: Beim Ortsendeschild von ØYE rechts unterhalb der Straße ein schönes **Wiesenplätzchen** am Fluss [**98:** N60° 34' 17.9" E5° 54' 35.7"]. Gebrechliche Hängebrücken überqueren das Flüsschen neben der Straße zu einsam gelegenen Ferienhütten. Wanderer mit schwerem Gepäck nähern sich aus der Wildnis einer einsamen Bushaltestelle, über uns haben die Bergkuppen weiße Hüte auf. LID heißt der nächste Weiler; seine kleine Kirche, natursteingemauert, mit quadratischen Schieferplatten auf dem Dach, steht ganz alleine für sich auf einer grünen Wiese.

Es wird langsam Abend, die Suche nach einem ruhigen Übernachtungsplatz beginnt: Eine Weile rollen wir durch menschenleere Wildnis, dann beginnt der zweite See. Wir ziehen am linken Seeufer entlang, ein Wasserfall wird kurz registriert, BERGE wird angezeigt; 100 m hinter dem Ortsschild ein **Übernachtungsplatz** am See [**99:**N60° 33' 38.0" E5° 59' 45.2"]!

HATTLESTAD wird durchquert, dann passieren wir das Kraftwerk von KALDESTAD mit einem **Picknickplatz** an den **Kaskaden** des Baches.

Nun wird die Landschaft wieder belebter, im Gebiet von HOLEBERG scheint hinter jeder Birke eine "Hytta" zu stehen. Kühe trotten die Straße entlang, ein Schäfchen kaut versonnen und guckt uns nach, dann haben wir den obersten, den größten See, den **Hamlagrøvatn** erreicht, rollen an seinem langen, linken Ufer entlang.

Ein einziger **Picknickplatz** wartet auf weiter Flur, weit oberhalb des Wasserspiegels, mit Info-Tafeln, Tischen und Bänken auf, der wäre auch nicht schlecht [**100:** N60° 32' 11.4" E6° 06' 25.9"]! Wir nehmen jedoch, genau 7,2 km später, nach rechts die kurze Stichstraße Richtung HODNABERG. Bereits nach 500 m haben wir, fern jeglichen Durchgangsverkehrs, unser heutiges **Übernachtungsplätzchen** rechts des Sträßchens gefunden:

(101) WOMO-Stellplatz: Hodnaberg

GPS: N60° 33' 43.3" E6° 11' 59.0"
Max. WOMOs: 1-2.
Ausstattung/Lage: keine/außerorts.

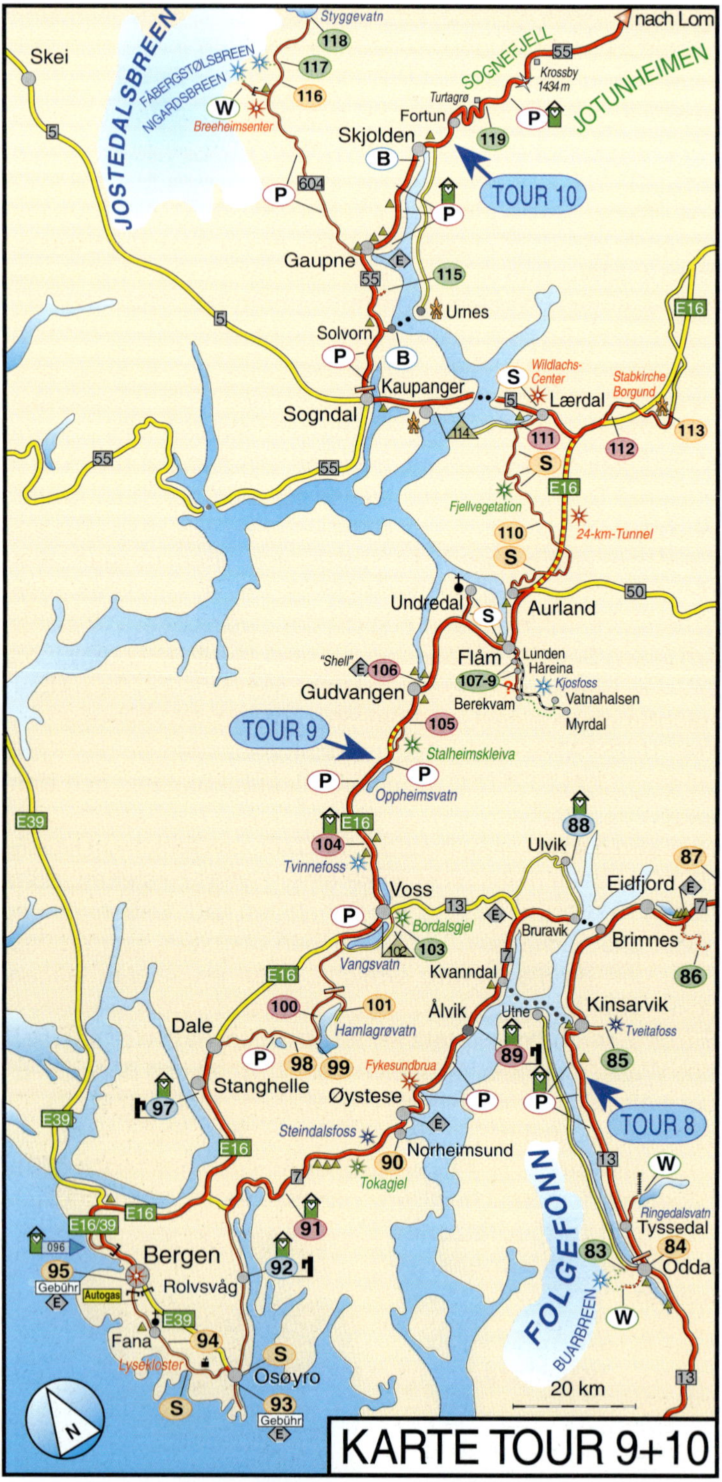
KARTE TOUR 9+10
nach Lom
Skei
JOSTEDALSBREEN
Styggevatn
FÅBERGSTØLSBREEN
NIGARDSBREEN
Breeheimsenter
SOGNEFJELL
Krossby 1434 m
JOTUNHEIMEN
Turtagrø
Fortun
Skjolden
TOUR 10
Gaupne
Urnes
Solvorn
Kaupanger
Sogndal
Wildlachs-Center
Lærdal
Stabkirche Borgund
Fjellvegetation
24-km-Tunnel
Undredal
Aurland
Flåm
Lunden
Håreina
Kjosfoss
Vatnahalsen
Berekvam
Myrdal
"Shell"
Gudvangen
TOUR 9
Stalheimskleiva
Oppheimsvatn
Tvinnefoss
Voss
Bordalsgjel
Vangsvatn
Ulvik
Eidfjord
Bruravik
Brimnes
Kvanndal
Kinsarvik
Tveitafoss
Hamlagrøvatn
Ålvik
Utne
Dale
Fykesundbrua
Stanghelle
Øystese
TOUR 8
Steindalsfoss
Norheimsund
Tokagjel
FOLGEFONN
Ringedalsvatn
Tyssedal
Odda
BUARBREEN
Bergen
Gebühr
Autogas
Rolvsvåg
Fana
Lyseklоster
Osøyro
Gebühr
20 km
N

TOUR 9 (220 km / 2-4 Tage)

Voss – Stalheimskleiva – Undredal – Flåm – Aurland – Lærdal – Borgund – Kaupanger

Freie Übernachtung:	Flåmtal, Fjellparkplätze, vor Borgund, Kaupanger.
Campingplätze:	Voss, Tvinnefoss, Gudvangen, Flåm, Aurland, Kaupanger.
Ver-/Entsorgung:	Voss, Kaupanger.
Besichtigungen:	Bordalsgjel, Tvinnefoss, Stalheimskleiva, Flåmbahn, Flåmtal, Fjell, Wildlachs-Center, Stabkirchen Borgund u. Kaupanger.
Wandern:	Bordalsgjel, Stalheimskleiva, Flåmtal.

Kaum sind wir von unserem Übernachtungsplätzchen am **Hamlagrøvatn** zur Bergstraße übers **Kjerringafjell** zurückgekehrt und rechts eingebogen, haben wir die höchste Stelle der Gebirgsstrecke erreicht und rollen wieder abwärts, an zwei kleinen Seen vorbei. Langsam wird das Gefälle steiler, am Rande einer schmalen Schlucht turnen wir hinab, eine **Galerie** nimmt uns auf – alles einspurig. Erst im Tal hatten die Straßenbauer mehr Platz und nutzten ihn auch gleich aus. Noch ein paar Kilometer, ein kurzes Tunnelstück (H: 3,6 m), dann überqueren wir den Fluss und schwenken wieder in die >E 16< nach VOSS ein.

Unsere Gebirgsalternative hat uns die gewünschte Abwechslung gebracht und einen ruhigen Übernachtungsplatz geschenkt. Wie zeitaufwendig diese Strecke jedoch ist, merken wir, als wir jetzt mit erlaubter Höchstgeschwindigkeit auf der breiten Allee dahinfegen. VOSS (2 km vor dem Ort schöner **Picknickplatz**) liegt schön am Ende des **Vangsvatn** und am Beginn des **Lønavatn**. Es gibt mehrere Gründe, hier einen Stopp einzulegen!

Zweigt man zwischen Kirche und Touristeninformation rechts ab, so kommt man zu großen Parkplätzen zwischen Friedhof, Sporthalle und **Campingplatz [102:** N60° 37' 28.9" E6° 25' 21.6"]. Dieser liegt schön im Kiefernwald am Beginn einer Halbinselnase (Prestegardsmoen) im **Vangsvatn**, die von romantischen Spazierwegen durchzogen ist.
Rollt man an der Touristeninformation vorbei und folgt an der Ampel nicht der >E 16< nach links, sondern fährt geradeaus (Richtung Gjernes) über den Fluss und dahinter sofort wieder rechts, so kommt man nach genau 2 km zur Brücke über die Schlucht (dahinter links **Parkplatz** [**103:** N60° 36' 46.4" E6° 25' 22.7"]).

Die **Schlucht Bordalsgjel** entstand während der letzten Eiszeit, als sich Gletscherwasser unter dem Eis hindurchpresste und die weichen Tonschieferschichten mit harten Gesteinbrocken zunächste anbohrte und schließlich wegriss.

Wir verlassen VOSS auf der >E 16< nach Norden. Falls Sie mal wieder ein paar Wasserfälle sehen möchten: Von den Steilhängen links des **Lønavatn** stürzt eine ganze Serie herab.

Der **Lønavatn** wird vom **Strondaelva** abgelöst, der uns im typischen Wechselspiel von breitem Strom und sprudelnden **Kaskaden** begleitet. Wir zwängen uns links auf den kleinen **Parkplatz** (daneben Campingplatz) vor dem Wasserfall **Tvindefoss**: Breit gefächert stürzt der Wasserstrom über mehrere Felsstufen, die er mit schwarzen Algen überzogen hat (Foto).

2000 m später, auf der linken Straßenseite, wartet ein schöner **Picknickplatz** [**104:** N60° 44' 31.2" E6° 29' 21.4"] mit Toilette an den wild schäumenden **Kaskaden** des Flusses. Hier herrscht wesentlich weniger Andrang als zu Füßen des Wasserfalles. Unser Kaskadenfluss führt uns nun steiler hinauf ins Gebirge, eine Schlucht nimmt uns auf, die ersten Schneefelder blitzen am gegenüberliegenden Hang, als sich vor uns der **Oppheimsvatn** ausbreitet; zu seinem Beginn, links der Straße, ein großer **Picknickplatz**; ein zweiter, an seinem Ende rechts, noch schöner gelegen.

Wir verabschieden den See und rollen zwischen gemütlich dahockenden Gebirgsklößen dahin. Der See markiert den höchsten Teil der E 16 zwischen BERGEN und GUDVANGEN. Von BERGEN bis zum **Oppheimsvatn** brauchte die Straße dafür 125 km, nun soll sie in 20 km wieder auf Meeresniveau hinabführen. Die modernen Straßenbauer bevorzugen gleichmäßiges Gefälle, bauen Tunnel und Brücken. Wie so oft gibt es aber auch noch das alte, das "Profilsträßle", das Serpentine auf Serpentine das Geländeprofil hinauf- oder hinabkurvt.

Vorteil – Nachteil?

Der Urlauber, der Zeit hat, möchte ja die Vielfalt der Natur erleben, "etwas sehen", Tunnel aber sehen immer gleich aus! Folglich werden wir jetzt mit Ihnen ein "Profilsträßle" fahren, das Sie Ihr Leben lang nicht mehr vergessen werden, denn eine der schönsten Schluchten liegt vor uns, die **Stalheimskleiva**.

Normalerweise würden Sie unter ihr, neben ihr, auf jeden Fall so an ihr vorbeifahren, dass Sie sie nicht zu Gesicht bekommen. Um das zu ändern, gibt es drei Möglichkeiten:

* Sie biegen vor, d. h. oberhalb der Schlucht Richtung STALHEIM ab und fahren bis zum **Stalheim-Hotel**. Dort steigen alle aus bis auf den Fahrer. Dieser arme (?) Mensch fährt zurück zur >E 16<, durchrollt die Tunnelstrecke und wartet am unteren Ende der Stalheim-Schlucht auf Sie, denn der Rest der WOMO-Mannschaft wandert das Schluchtsträßle zu Fuß hinab.

* Falls die Mannschaft zu faul zum Laufen ist, muss der Fahrer selbst das abenteuerliche Gefälle und die kühnen Serpentinen meistern – und sich dabei keinesfalls von den Begeisterungsrufen seiner Mannschaft ablenken lassen (Gegenverkehr gibt es dank Einbahnstraßenregelung nicht!).

* Sie rollen auf der >E 16< weiter, durchbrausen zwei Tunnel, den ersten mit einer langgezogenen S-Kurve, dann kommt ein sekundenkurzer Blick ins Freie, ein zweiter Tunnel nimmt Sie auf, und an seinem Ende sind Sie am unteren Ende der Schlucht, wo Sie rechts zur **Stalheimskleiva** abbiegen. Kurz hinter dieser Abzweigung können Sie rechts parken, ein Stück die **20 % Steigung** hinaufstapfen, Blicke in die wunderschöne Schlucht mit ihren Wasserfällen werfend.

Die >E 16< verlässt **Hordaland**; die nächste Fylke heißt **Sogn og Fjordane**. Unmittelbar vor der "Grenze" finden Sie rechts einen großen **Picknickplatz** [**105:** N60° 50' 38.2" E6° 43' 17.9"] mit Klo zwischen den Natursteinbrücken des alten Straßenverlaufs – sehenswert!

Rechts und links der Straße türmen sich die Berge immer höher, werden die Hänge immer steiler, Wasserfälle rauschen herab – ein Fjord bereitet sich vor, der **Nærøyfjord**. Eine Steilwand liegt vor uns, zerfurcht, nahezu vegetationslos, und ein Wasserfall neben dem anderen stürzt sich hinab, eine unbeschreibliche Kulisse.

Kurz darauf zweigte bis vor kurzem die >E 16< nach links ab, endete am Fjord, kapitulierte vor der gewaltigen Landschaft, vertraute sich bis REVSNES den Fährschiffen an. Jetzt ist die Verbindung über FLÅM und AURLAND bis LÆRDAL fertiggestellt, von den ca. 50 km sind über 40 km Tunnelstrecke, der längste ist mit 24 km der längste Festlandstunnel der Welt!

Wir halten weiter geradeaus Richtung AURLAND und verschwinden im **Gudvangen-Tunnel** (unmittelbar davor links

Shell mit Entsorgung und, etwas abseits, schöner **Picknickplatz** [**106:** N60° 52' 49.2" E6° 50' 34.7"]), der mit einer Länge von 11400 m nahezu das ganze Gebirgsmassiv bis zum **Aurlandsfjord** durchbohrt. Am Tunnelende kann man sofort rechts auf einen **Parkplatz** rollen und sich wieder ans Tageslicht gewöhnen.
600 m später biegt die >601< links nach UNDREDAL ab. Diese schmale Stichstraße nehmen wir wegen der Stabkirche von UNDREDAL, aber auch die Strecke selbst ist "eine Reise wert": Rechts begleitet uns ein Sturzbach, links schießt ein Wasserfall hinab, rauscht dann unter einem Schneefeld hindurch, dann folgt eine ganze Herde von Wasserfällen, flankiert unsere Fahrstraße rechts und links wie die "weißen Mäuse" einen Staatsgast. 3400 m nach der Abzweigung liegt ein **Picknickplätzchen** rechts unten am Fluss.
Am Ortsbeginn von UNDREDAL parken wir rechts auf dem **Parkplatz**, von hier sind's nur wenige Schritte bis zur Kirche. Wer sich mehr für den Blick auf den Fjord und einen Rundgang durch das Fischerdörfchen interessiert, rollt in den Ort hinein und findet reichlich **Parkraum** dort, wo der Sturzbach in den Fjord mündet (Ziegenkäse und -salami im Dorfladen – lecker!).

Vermutlich ist die Kirche von UNDREDAL eine der ältesten von Norwegen (und gleichzeitig die kleinste, die noch benutzt wird); bei der Dachreparatur fand man die Jahreszahl 1147.
1722 wurde sie jedoch zu ihrer heutigen Gestalt umgebaut, ihre Herkunft als Stabkirche ist deshalb nur noch im Inneren zu erkennen. Von der Inneneinrichtung besonders sehenswert ist ein Leuchter mit fünf geschnitzten Rehköpfen und die Kanzel aus dem Jahre 1696. Die Ministranten jedenfalls hatten's gut: Sie brauchten zum Läuten nicht in den Glokkenturm zu klettern, denn die Seile hängen bis in den Vorraum der kleinen Kirche hinab. Bei der letzten Restaurierung im Jahre 1962 musste man drei Farbschichten entfernen, um auf die ursprüngliche zu stoßen. Jetzt kommen Sie in den Genuss der ältesten Malerei auf den Holzwänden und an der Tonnendecke: Sterne, Engel, Baum- und Blumenmuster deuten auf ihre mittelalterliche Herkunft.

Wir kehren zur Abzweigung von der >E 16< zurück, die mit uns sofort wieder in einem Tunnel, dem 5000 m langen **Flenja-Tunnel** verschwindet. Wir blinzeln an seinem Ende in ein

kreisförmiges, von hohen Bergen umgebenes Tal, in das wie mit der Axt hineingeschlagen der letzte Zipfel des **Aurlandsfjords** hineinragt.
Statt Idylle erblickt man an seinem Ende eine Bahnstation, die eher zu einer Großstadt gehören könnte als zu dem Dörfchen FLÅM. Aber von der Eisenbahn geht in Norwegen ein besonderer Zauber aus. Dies liegt daran, dass die zerklüftete Landschaft geradezu abenteuerliche Konstruktionen für die Schienenwege erzwang, die jede Bahnfahrt zu einem besonderen Erlebnis machen. Die Flåm-Bahn, ein Abstecher der Strecke OSLO-BERGEN, turnt von der Bergstation MYRDAL in 865 m Höhe in 20 km bis auf Meeresniveau hinab, der steilste Teil hat ein von Gefälle 1 : 18 und sinkt wie in einer Achterbahn aus 20 Tunnels, die teils am, teils im Berg liegen, in die Tiefe. Eilig hat es der Lok-Führer nicht, denn die meisten Fahrgäste sind Touristen. Folglich wird an den markantesten Punkten entsprechend langsam gefahren und am **Kjosfoss** wird gar angehalten – wir freuen uns auf die Fahrt mit der Flåm-Bahn!

Im Bahnhofsbereich steht ein riesiges Parkareal zur Verfügung, und es wird auch gut benutzt. Außerdem findet man im Talrund Banken, Gaststätten, Picknickplätze (mit Campingverbotsschildern), ein Info-Büro (davor Internetzugang) und einen empfehlenswerten **Campingplatz**.

Zwischen 7.40 Uhr und 18.50 Uhr gibt es zehn Abfahrten, eine Fahrt dauert runde 50 Minuten und kostet (rauf und runter) 340 NOK (bis 15 J. 230 NOK, Familienkarte 850 NOK).
Wir sind bis MYRDAL hinaufgekurvt und wieder hinab, haben alles angeguckt, waren begeistert – und haben eine ganze Reihe von Fehlern gemacht, die wir das nächste Mal vermeiden werden: Das **Flåmsdal**, durch das wir fuhren, bietet eine herrliche Naturkulisse, ein schöneres Wandergebiet kann man sich nicht vorstellen.
Was stört jedoch bei Bergtouren? Der Aufstieg!
Und genau den – und nur den – sollte man deshalb mit der Bahn machen,

nicht mehr und nicht weniger.

Die fast 100-jährige **Baustraße der Flåmbahn** durchzieht die gleiche Strecke wie die Bahntrasse, von MYRDAL bis hinab nach FLÅM sind es rund vier Stunden zu Fuß, auf bequemem Weg, übrigens auch geeignet für Radfahrer (wobei das unterste Teilstück geteert und langweiliger ist).

Deshalb unser Tipp (den wir inzwischen mit viel Freude selbst ausprobiert haben): Lassen Sie FLÅM mit seinem Bahnhofstrubel links liegen und folgen Sie der Bahntrasse (Wegweiser: **Flåmsdal**). Bereits nach 1000 m passiert man den zweiten Bahnhof (LUNDEN [**107:** N60° 51' 02.6" E7° 06' 49.7"], mit ruhigen **Parkplätzen** rechts der Straße). Nach 2600 m ist man unterhalb des Bahnhofes von HÅREINA [**108:** N60° 50' 22.0" E7° 07' 22.7"], ebenfalls **Parkmöglichkeiten**.

Könnte man immer noch weiter fahren? Nach weiteren 7200 m auf sehr schmaler (?) Bahn (not suitable for camping vehicles!) steht man auf dem großen **Parkplatz** des Bahnhofs BEREKVAM mit **Toiletten** und genauem Fahrplan (kurz davor schön angelegter **Picknickplatz** [**109:** N60° 47' 18.9" E7° 05' 48.4"]). Dort übernachten wir ungestört (denn nachts fährt kein Zug), lösen am nächsten Morgen im Zug (nur der 1. Zug hält hier!) eine einfache Fahrt bis VATNAHALSEN, der letzten Station vor MYRDAL. Bis dahin ist man das aufregendste Stück bergauf gefahren, hat am **Kjosfoss-Wasserfall** angehalten, der Rückmarsch führt durch den schönsten, wildromantischen Teil des **Flåmstals** – und dauert nur zwei Stunden!

Wer sich die Fahrtkosten ersparen möchte, wandert von BEREKVAM aus 1 Std. bergauf und 1 Std. wieder zurück – und erlebt ebenfalls den schönsten Teil des Tales! Keinesfalls aber sollte man eine Rückfahrkarte lösen, den besonderen Reiz der Landschaft erlebt man nur zu Fuß!

Hinweis: Bis BEREKVAM, wenn überhaupt, nur spät abends fahren, sonst viel Gegenverkehr von Radfahrern.

Wir haben das **Flåmstal** in vollen Zügen genossen, rollen am rechten Ufer des **Aurlandsfjords** (Foto) 8 km bis AURLAND

(vor dem 24-km-Tunnel verlassen wir die >E 16< nach links, folgen dem Wegweiser ins Zentrum). Wir verschmähen den Tunnel, wollen über das Fjell nach LÆRDAL kurven!
Ungefähr 8 km braucht das schmale Sträßchen, bis es sich die senkrechte Wand emporgehangelt hat, dabei bieten sich (für den Beifahrer) phantastische Blicke auf den nach unten versinkenden **Aurlandsfjord**; der Fahrer zirkelt um die Serpentinen herum und achtet auf den Gegenverkehr! Oben, auf der Hochebene, wird die Straße wesentlich breiter, man kommt wieder bequem aneinander vorbei.
Bald haben wir die Baumgrenze überschritten, eine freie Sicht in alle Richtungen tut sich auf; wildes, einsames Land durchqueren wir; die einzigen nichtmotorisierten Lebewesen, denen wir begegnen, sind Schafe. Wir passieren die rotweiße Schranke, ab der die Straße im Winter gesperrt ist, davor große **Parkplätze**; immer weiter, noch weiter kurvt die Straße durch die Tundralandschaft – da fängt der Winter an!
Ab 1200 m Höhe beginnen sich Schneefelder rechts und links der Straße auszudehnen, zusammenzuwachsen, immer höher zu werden, bis schließlich schneeweiße Wände die Straße begleiten, als hätten sie sich in der Jahreszeit geirrt.

Haben Sie genug Heizgas dabei? Dann dürfen wir Ihnen den **Parkplatz** [**110:** N60° 55' 28.4" E7° 18' 23.3"] auf dem Pass in 1306 m Höhe zum Übernachten empfehlen – er ist riesengroß und menschenleer (viele weitere folgen)!

Langsam begreifen wir: Hier oben wohnt der Winter, hier lässt er sich auch im Sommer nicht vertreiben! In den Seen treiben im August Eisberge, man will kaum glauben, dass zur gleichen Zeit unten am Fjord reife Kirschen an den Bäumen hängen. Und trotzdem wagt sich an den häufiger sonnenbeschienenen Hängen eine Minivegetation aus Gräsern und Flechten aus dem Boden, Polsterpflänzchen beginnen zu blühen, ein gelbes Hornveilchen guckt trotzig auf nur einen Meter entfernte Eisbrocken.
Kaum haben wir einige Höhenmeter verloren, tauchen die ersten Sennhütten auf, zwischen den Schneefeldern weiden Schafe, Büsche und Bäume

beleben wieder das Bild. So, wie wir zum Lærdalsfjord hinabsteigen, kehren Frühling und Sommer zurück.
Im letzten Stück sind wieder 8 % Gefälle angezeigt, und wie aus einem Wintertraum erwachend tauchen wir ein in das sommerliche Grün. Um uns herum rauscht und braust all das, was weiter oben still und starr in den Armen des Winters lag, munter zu Tal. Die Rinnsale vereinigen sich schließlich zu zwei grandiosen Wasserfällen, gemeinsam bilden sie einen dicken, breiten, schäumenden Sturzbach, der uns lautstark begleitet.

Noch ein paar Serpentinen, und wir haben den **Lærdalsfjord** vor uns. An seinem Ufer angekommen, biegen wir rechts Richtung LÆRDAL. Bereits nach 600 m schön angelegter Picknickplatz links der Straße:

(111) WOMO-Picknickplatz: Lærdalsfjord

GPS: N61° 06' 12.2" E7° 25' 53.0"
Max. WOMOs: 3-4. **Ausstattung/Lage:** Tisch & Bank, ruhig/außerorts; Camp. verboten.

Nach 3 km, am Ortsbeginn von LÆRDAL, umrunden wir einen Kreisverkehr. Eigentlich müssten wir hier links Richtung KAUPANGER/SOGNDAL abbiegen. Die besterhaltene Stabkirche Norwegens, die von BORGUND, können wir aber keinesfalls auslassen! Also fahren wir geradeaus weiter Richtung OSLO/BERGEN. Der Fjord endet, der **Lærdalselva** jedoch ist ein guter Ersatz.
Das breite **Lærdal** hat einen ebenen, fruchtbaren Talgrund, in dem Obst und Gemüse gedeihen. Die Felder liegen, vor den Unbilden der Winde geschützt, zwischen steilen, fast vegetationslosen Felswänden; an der Hangkante leuchten bereits Schneefelder; aus ihnen stürzen Wasserfälle, die den Talgrund bewässern. Auf den letzten Kilometern vor der Stabkirche verengt sich das Tal zusehends, wird zur Schlucht, zur Klamm; kaum bleibt mehr Platz für Straße und Fluss.
Die Neubaustrecke besteht fast nur aus Tunneln! Wir schwenken vor dem ersten (Selta-)Tunnel in die alte Trasse ein!
Bei allem Respekt vor dem Gegenverkehr sollte man einen Blick über den Fluss werfen. Dort schlängelt sich der antike Handelsweg oberhalb des Wassers entlang, auch als **Königsstraße** bezeichnet, wurde sie doch bereits im Jahre 1023 von König Olav dem Heiligen benutzt. Der ruhige **Picknickplatz Galdane** (mit WC) unterhalb des **Sjurhaugsfoss** [**112:** N61° 03' 33.8" E7° 43' 42.8"] ist etwas für optische Feinschmecker.
Vindhella steht auf dem nächsten Hinweisschild: Während man dort besonders gut erhaltene Teile des alten Königsweges besichtigt, entdeckt man auch einen Gedenkstein an den ersten Automobiltouristen, der Norwegen im Jahre 1901 bereiste – bereits 878 Jahre nach Olav dem Heiligen!

Die Stabkirche von BORGUND [**113:** N61° 02' 49.0" E7° 48' 45.9"] ist wirklich schön, sie mag sogar die schönste von ganz Norwegen sein! Deshalb hier die genauen Öffnungszeiten (Mai - September 10-17 Uhr, 11.6.-21.8. 8-20 Uhr).
Nebenan lohnt sich ein Besuch im **Stabkirchenmuseum.**

Die Besonderheiten der Stabkirche:
Prächtige, geschnitzte Drachenköpfe an den Dachtraufen, weitere typische Schnitzmuster am Portal sowie 30 Runeninschriften; im Inneren eine Kanzel aus dem 16. Jahrhundert und eine Altartafel von 1620.
Neben der Stabkirche von HEDDAL soll die von BORGUND die typischste Vertreterin dieser Kirchengattung sein, seit ihrem Bau um 1150 blieb sie so gut wie unverändert.

Zurück in LÆRDAL, besuchen wir hinter dem Kreisverkehr rechts das **Norwegische Wildlachscenter** (offen: 9-19 (21) Uhr).
Dort erfahren Sie alles über das Leben und Lieben der Lachse, den Gefahren, denen sie durch Angler und Parasiten ausgesetzt sind – und können den Prachtburschen auch von Angesicht zu Angesicht gegenüberstehen: Eine Stromschnelle, Lachsgumpen und die Lachstreppe sind durch unterirdische Fenster oder vom Freigelände aus zu beobachten. Filmvorführungen (auch in deutsch) über die Lachswanderungen und den Lachsfang runden das Programm ab.
Die riesigen Parkplätze sind mit den uns bereits bekannten Verbotsschildern garniert, denn gegenüber wartet der **Campingplatz** auf großzügig zahlende Kunden (dass es auch preiswerter geht, werden Sie bald in KAUPANGER erfahren).
Dann schauen wir doch lieber wieder in die Röhre!
Nein, nicht in den mobilen 12-V-Farb-TV, sondern in die des 6600 m langen **Fodnes-Tunnels**. 1500 m nach seinem Ende sind wir bereits an der Fährstation FODNES, lassen uns über

den Beginn des Årdalsfjords nach MANHELLER schippern. Genießen Sie die Aussicht, denn unmittelbar nach dem Ausschiffen verschwinden wir bereits in der nächsten Röhre, die uns erst oberhalb KAUPANGERS wieder ausspuckt.

Nach 4,5 km geht's scharf rechts hinab in den Ort; sofort nach dem Ortsschild biegen wir in einen Schotterweg zur 200 m entfernten **Stabkirche** von KAUPANGER (Foto), zu einer der größten Stabkirchen überhaupt. 1862 wurde sie außen weiß angestrichen, nach der letzten Restaurierung hat sie ihr altes, naturbraunes Aussehen zurückerhalten. Schmückende Stilelemente am Baukörper lässt sie vermissen; wir können über den Friedhof spazieren, die Kirche von allen Seiten begucken, ohne dass uns ein Zaun oder gar ein Kassenhäuschen daran hindern würde (Kirche geöffnet: 10-16 Uhr; Gebühr).

Wenn Sie unterhalb des Friedhofes rechts biegen und am Fjord neben das Gelände des Holzlagerplatzes fahren, dann haben Sie bei der falunroten Fischerhütte unser Lieblingsaussichtsplätzchen in KAUPANGER entdeckt [N61° 10' 59.8" E7° 14' 19.4"].

Für den geruhsamen Nachtschlaf dürfen wir auch mal wieder einen "Campingplatz" empfehlen!

Rollt man hinab in den Ort, vorbei am **Sognefjordbåt-Museum** und der Fährstation nach GUDVANGEN (an beiden Stellen große Parkplätze) und noch 1000 m am Fjord entlang, so kommt man zum **Badeplatz** und zum **Selbstbedienungs-Campingplatz "Amlasanden"**.

(114) WOMO-Campingplatz-Tipp: Kaupanger/Amlasanden

GPS: N61° 10' 37.0" E7° 15' 54.0"; Amla Nedre. **Max. WOMOs:** > 5.

Ausstattung: Liegewiese, Klo, Wasserhahn, Feuerholz.

Ausweichplatz: Fährhafen.

Der Aufenthalt kostet pro Tag 100 NOK, die man in einen Umschlag steckt (den man mit dem Autokennzeichen versehen hat) und in einen Briefkasten wirft. Der Komfort ist dem Preis angeglichen, absolute Ruhe ist jedoch garantiert!

TOUR 10 (290 km / 3-4 Tage)

Kaupanger – Solvorn – Gaupne – Nigardsbreen – Skjolden – Jotunheimen (Karte siehe Touren 9 + 11)

Freie Übernachtung:	Molden (W-Parkplatz), nördl. Nigardsbreen, Fabergstølsbreen, Austdalsvatn, Sognefjell, Jotunheimen.
Campingplätze:	Solvorn, Gaupne, Nigardsbreen, Skjolden.
Ver-/Entsorgung:	Kaupanger, Sogndal.
Besichtigungen:	Stabkirche Urnes, Jostedalsbreen, Saga-Säule, Sognefjell.
Baden:	Solvorn, Skjolden.
Wandern:	Molden (1118 m), Jostedalsbreen, Galdhøppigen (2469 m).

Wir verlassen KAUPANGER, registrieren am Ortsende eine Shell-Tankstelle links mit Entsorgungsstation (geschlossen). Die >5< übersteigt den Höhenrücken zum **Sogndalsfjord**. SOGNDAL liegt an der Brücke, die die Engstelle zwischen dem **Sogndalsfjord** und dem **Barsnesfjord** überspannt. Hinter dieser Brücke halten wir uns rechts nach GAUPNE/LOM, tauschen also die >5< gegen die >55< ein (Entsorgung hinter der Brücke gegenüber Statoil, 700 m später rechts **Picknickplatz**).

Kaum haben wir das linke Ufer des **Barsnesfjords** verlassen, zieht die Straße bergan – Tunnel! Zwischen der ersten und der zweiten Röhre rechts und nach der zweiten links je ein **Picknickplatz**, der zweite schöner an einem kleinen See, beide jedoch direkt an der Straße!

Wir könnten einen Schlafplatz gebrauchen, einen ruhigen! Den aber suchen wir uns, wenn's geht, nicht gerade an einer Hauptstraße!

Während unter uns der **Hafslovatn** im Abendlicht schimmert, bringt uns das Hinweisschild: **"Stabkirche URNES 4 km"** auf die passende Übernachtungsidee. Nach einem weiteren Kilometer schwenken wir nach rechts in die 3 km kurze Stichstraße, die nach SOLVORN am **Lustrafjord** hinabkurvt.

Die Stabkirche von URNES, wohl die schönste überhaupt, liegt jedoch auf der anderen Fjordseite. Üblich ist es, das Fahrzeug in SOLVORN stehen zu lassen, überzusetzen und die 20 Minuten zur Kirche zu Fuß zu gehen. SOLVORN hat also genug Parkraum, auch für Wohnmobile. Die erste Fähre legt 7 Uhr (So 10 Uhr) ab, die letzte 16.40 Uhr an – also könnte kein Verkehr den Nachtschlaf stören. Geht man nach links am Ufer entlang, so findet man einen kleinen **Badeplatz** mit Sandstrand und Schwimminsel. Das wäre doch ein Übernachtungstip, oder!? Leider haben die geplagten Solvorner inzwischen ein **Camping-Verbotsschild** aufgestellt, so dass wir nach einem Ausweichplätzchen gesucht haben!

Fährt man an der Abzweigung nach SOLVORN vorbei (links

Campingplatz), so entdeckt man 4800 m später rechts die Wegweiser Mollandsmarki/Molden in einen bequem geschotterten Fahrweg, der durch den Wald aufwärts nach 2,4 km zum idyllisch gelegenen **Molden-Wanderparkplatz** führt:

(115) WOMO-Wanderparkplatz: Molden

GPS: N61° 19' 59.9" E7° 16' 16.4"
Max. WOMOs: 3-4.
Ausstattung/Lage: Mülleimer, Wanderweg auf den Molden (nachmittags ist der beste Foto-Termin!)/außerorts.

Außer ruhigem Nachtschlaf könnten wir Ihnen von dort aus folgendes Abenteuer-Arrangement anbieten: Schlafen bis 2 Uhr, Wanderung bis 4 Uhr auf den Molden (1118 m) mit Blick auf die hinter den Jotunheimengipfeln aufgehende Sonne ...
Und da Sie gerade so schön am Wandern sind – geht's am nächsten Morgen zu unserer zweiten Gletschertour!
Der **Jostedalsbreen** (eine seiner 24 Zungen ist der leicht zu erwandernde **Nigardsbreen)**, ist mit seinen 470 qkm der größte des europäischen Festlands.
Wir kehren zur >55< zurück, setzen unseren Weg nach rechts Richtung GAUPNE/LOM fort, rollen hinab zum **Lustrafjord**, besser gesagt seiner westlichen Nase, dem **Gaupnefjord**. Der Fjordkontakt ist nur kurz, bereits 400 m nach dem Ortsschild von GAUPNE (Entsorgung bei Statoil) biegen wir links auf die >604< ins **Jostedal** zum 37 km entfernten **Nigardsbreen**.
Das **Jostedal** wird beherrscht vom **Jostedalselva**, der milchig-weiß mit bläulichem Stich im Talgrund dahinrollt. Jetzt, in der Sommerzeit, liegen breite, weiß schimmernde Schotterbänke frei, zeugen von der wilden Flut, die sich während der Schneeschmelze hindurchwälzt. Schöner **Picknickplatz** links bei »km 12,5«, auch zum Fluss kann man gegenüber hinabrollen..
Gemütlich schlendert die Straße am Flusslauf entlang; wir lassen uns erschrecken von einer einspurigen Tunnelröhre, aus der mit warnendem Hupen ein Sattelschlepper herausdröhnt. Wir warten, wagen uns hinein – und lenken unseren dicken Kasten um einem PKW herum, der sich ängstlich in eine Nische gedrückt hat.

Nach gut 32 km verlassen wir die >604<, biegen links zum **Nigardsbreen**. Und da ist er schon: Wie ausgeschüttetes Milchpulver quillt die weiße Masse zwischen zwei Felsklammern zum Talgrund hinab. Versäumen Sie nicht, an der Abzweigung links die Ausstellung im **Breeheim-Senter** (Foto) zu besuchen. Liebevoll und trotzdem hochmodern präsentiert, erzählt sie alles Wissenswerte über Gletscherentstehung und -veränderung, Flora und Fauna (kostenloser Internetzugang im Eintrittspreis inbegriffen, Übernachtung erlaubt).

Dem "Original" darf man sich auf der Privatstraße erst nähern, nachdem man 500 m weiter seinen "Bompenger" entrichtet hat (vor der Mautstation **Campingplatz**; Sparsame marschieren (langweilig!) – oder radeln – vom Breeheim-Senter aus zum Gletscher!).
Die Stichstraße führt 2,5 km zwischen grünen Birken und blühenden Weidenröschen auf das ewige Eis zu, kaum einen Blick schenken wir den vielen **Picknickplätzchen** (Camping verboten) am Wegrand. Am Ende der Straße freilich liegt ein großer **Parkplatz** (Camping verboten), trotzdem drängen sich die Gletscher-Touristen-Autos wie Heringe.
Der Fußweg zur Gletscherzunge ist eine lustige Kletterei über die glattgeschliffenen Felsen des Berghanges, allerdings sollte man auch bei trockenem Wetter griffiges Schuhwerk tragen. Schon deshalb, weil auch die Ausläufer von zwei Wasserfällen auf Wackelsteinen zu durchqueren sind. Der Anblick der glitzernden Eismassen ist bei Sonnenschein natürlich besonders schön. Aus der Ferne wirkt die Oberfläche zunächst hässlich grauweiß von den jahrelangen Ablagerungen, aber in den Sprüngen und Falten tritt ein blendendes Weiß zu Tage, das an den dünnsten Stellen von einem strahlenden Blau abgelöst wird.
Wanderer bringen kein Geld in die Kasse, sagte man sich am **Nigardsbreen** und richtete flugs einen Bootspendelverkehr ein, der über den Gletschersee den Fußweg von 35 auf 15 Minuten abkürzt (die Strecke ändert sich allerdings ständig, da der Gletscher wächst oder abschmilzt). Wer den Gletscher nicht nur begucken, sondern auch erwandern möchte, kann, ja sollte sich einer geführten Tour anschließen. Die Menschenkette mit der Sicherheitsleine sieht zwar aus, als würde gerade ein Sklaventransport übers Eis getrieben – aber Sicherheit geht vor (denken Sie an **Ötzi**, der lag hunderte von Jahren im Eis).

Ein Gletscherspaziergang würde Ihnen gefallen – aber ohne Menschentrauben (und einen praktischen Übernachtungsplatz vermissen Sie auch noch?).
Gemach, gemach, jetzt kommt das Insiderprogramm:
Wir rollen an der Abzweigung zum **Nigardsbreen** vorbei (»km 0«), überqueren den Gletscherfluss, passieren bei »km 3,3« den Weiler FÅBERG und präsentieren Ihnen bei »km 3,6« rechts den großen, idyllischen, von Birken umgebenen ersten

Übernachtungsplatz [**116:**N61° 40' 16.7" E7° 19' 09.7"].
Bei »km 5,0« durchqueren wir einen Tunnel und bei »km 8,6« haben Sie den Wanderparkplatz für Ihren Privat-Gletscher, den **Fåbergstølsbreen**, erreicht:

(117) WOMO-Wanderparkplatz: Fåbergstølsbreen
GPS: N61° 42' 24.8" E7° 20' 12.4"; 472 m. **Max. WOMOs:** >5.
Ausstattung/Lage: Wanderweg zum Fåbergstølsbreen, Hinweg 45 - 90 min, Rückweg 40 - 90 min. (je nach Witterung, Wegzustand usw.)/außerorts.

Hinweis: Die gemütliche Wanderung zum Fåbergstølsbreen führt auf einem Schotterkiesgeröllfelspfad, mit Steinmännchen markiert, nur mäßig steil rechts des Gletscherbaches bergan. Erst nach der Hälfte der Tour sieht man die Gletscherzunge. Die Vegetation beschränkt sich auf Zwergweiden und Krüppelbirken. Wir waren bei unserem Besuch die einzigen Gäste! Jahreszeitlich bedingt kann der Weg unpassierbar sein.

Aber das **Jostedal** ist noch nicht zu Ende! Bald sichten wir die nächste Gletscherzunge. Dann schwenkt der Fahrweg nach rechts, steigt steiler an und endet nach 20 km unterhalb der Staumauer des **Styggevatn**.

(118) WOMO-Wanderparkplatz: Styggevatn
GPS: N61° 45' 43.2" E7° 28' 00.4"; 1159 m. **Max. WOMOs:** >5.
Ausstg./Lage: Wanderweg über die Staumauer 20 min., um den See 3-4 Std./außerorts.

Hier können Sie parken, so lange Sie Gas für Ihre Heizung haben ...
Ein zweites Mal bestaunen wir das **Jostedal**, biegen in GAUPNE in die >55< ein, überqueren den **Jostedalselva**; dahinter links haben Sie in den Supermärkten letztmals die Gelegenheit, sich mit der Wanderkarte "1 : 50.000 Nr. 1518 II Galdhøpiggen" einzudecken, denn unser nächstes Ziel ist das größte, das erhabenste, was wir Ihnen in Norwegen bieten können: Vom 2469 m hohen **Galdhøpiggen** können Sie auf alles in Norwegen hinabblicken – wir besteigen mit Ihnen den

höchsten Berg des Landes!
Ein paar Höhenmeter soll uns aber das WOMO abnehmen, schließlich sind wir in GAUPNE auf Meeresniveau! Auf dieser Höhe bleiben wir auch noch eine Weile, rollen gemütlich am **Lustrafjord** entlang. Zwei **Picknickplätze** warten gleich am Anfang, rechts neben der Straße, bei LUSTER gar ein kleiner **Badeplatz** neben der Straße, fünf weitere **Picknickplätze** (und einige **Campingplätze**) verteilen sich auf den Rest des Fjords, rechtzeitig durch entsprechene Symbole angekündigt. Am besten hat uns der letzte **Picknickplatz** gefallen, dort, wo wir den Fjord verlassen: Ein Wiesenstück, Tische und Bänke, Bademöglichkeit – und auf der anderen Straßenseite ein Bolzplatz!
Ab SKJOLDEN beginnt der Aufstieg der >55< zum **Sognefjell**, einer Hochebene, die die günstigsten Einstiegsmöglichkeiten ins **Jotunheim-Massiv** bietet, in dem die bizarrsten und höchsten Gipfel Norwegens beisammenstehen, als hätten sie Wichtiges zu besprechen.
Falls Sie Ihr WOMO bis vor die Stabkirche von URNES fahren möchten, müssten Sie nun, ab SKJOLDEN, auf der Südseite des Fjordes 31 km zurückrollen.
Die >55< passiert einen türkisfarbenen See (am Beginn Campingplatz), dahinter rauscht eine breite Wasserfahne den schwarzen Fels hinab, eine zweite stürzt in mehreren Stufen zu Tale. Dann, ab FORTUN, steht das Gebirge wie ein Klotz vor der Straße. Serpentine auf Serpentine nimmt sie die Herausforderung an, folgt dabei, wie üblich, dem Wege eines Sturzbaches. Einige mächtige, stumpfe Kegel schieben sich als Vorhut ins Blickfeld, lauter Zweitausender.
Am Hotel **"Turtagrø"** (gegenüber großer **Picknick- und Wanderparkplatz** [**119:** N61° 30' 14.9" E7° 48' 11.1"; 896 m]) macht die Straße einen Rechtsknick, die ersten schroffen, so hohen Zacken, dass Gletscher sie nie erreichen und abschleifen konnten, blicken hochnäsig auf uns hinab.
„Wartet nur!“ denke ich.
Am Rande eines breiten Trogtales, das die Eiszeitgletscher wie eine Schüssel ausgeschliffen haben, ziehen wir weiter hinauf. 1000 m über dem Meer sind erreicht und immer noch kein Ende. Längst haben wir die letzten Bäume zurückgelassen, in schattigen Mulden lagert noch der Schnee vom letzten oder vorletzten Winter. 1100 m, 1200 m, die Straße (und mit ihr das WOMO) verschnaufen eine Weile auf einer Hochfläche. Bei 1300 Meter ein **Picknickplatz** (mit Toilette) – das Außenthermometer zeigt 6,8°C.
In 1400 m Höhe hat der Winter die Landschaft wieder voll im Griff, Schneeflächen bedecken über die Hälfte des Bodens,

rechts und links der Fahrstraße türmen sich meterhohe Schneeberge, auf den blauschwarzen Seen schwimmen Eisberge, und kurz nachdem wir die Grenze zur **Opplandsfylke** überschritten haben – nomen est omen – haben wir bei 1434 m die höchste Stelle der Bergstraße erreicht, den **Fantestein-Pass** – näher kann ein motorisierter Urlauber den Berggöttern von **Jotunheimen** nicht kommen (Foto)!

Neben der Straße folgen einige Skifahrer, mit freiem Oberkörper, einer schmalen Loipenspur. Warum haben Sie keine Skier dabei?

Schon kündigt sich der Abstieg an! Einige Serpentinen, 8 % Gefälle, im **Breiseterdal** ist schon wieder Frühling! Wasserfälle schießen rauschend unter unserer Straße hindurch, zwischen den Weidenbüschen kauen Kühe und Schafe, massenhaft **Picknickplätze** in gewaltiger Umgebung, kaum besucht.

Nochmals sinkt die Straße, 7% Gefälle, in Schleifen bergab. Uns ist nicht wohl dabei – das müssen wir alles, zu Fuß, wieder hinauf!?

Wir erreichen das **Leirdal**, bereits dicht bewaldet. Auch hier malerische **Picknickplätze** am rauschenden Fluss. Bei der Häusergruppe **Elveseter** legen wir einen kurzen Stopp ein. Neben den alten, gepflegten Gebäuden steht die riesige **Saga-Säule**, einst zur Erinnerung an die Reichseinheit Norwegens gefertigt und wegen politischer Querelen nicht in OSLO, son-

dern hier (privat) aufgestellt.
Die Straße "**Galdhøpiggvegen**" zum Galdhøpiggen-Sommerski-Senter zweigt 4400 m später rechts ab. Bitte merken Sie sich diese Stelle genau, wir kommen aus wichtigem Grund nochmals auf sie zu sprechen!
Jetzt müssen wir aufpassen! Genau 4 km später zeigen zwei Schilder nach rechts. **Visdalen** und "Gaststätte-Restaurant-Hotel Spiterstulen 18 km" lesen wir und folgen in eine Schotterstraße.

Die Straßenräuber des Mittelalters waren gegen die Besitzer der Visdalenstraße harmlose Almosensammler! Wir sind es ja schon gewöhnt, auf Privatstraßen zur Kasse gebeten zu werden, was uns auf dem Weg zum Ausgangspunkt unserer tollsten Bergtour widerfährt, lässt uns jedoch fast den Kragen platzen! Ein hübsches Holzschild, gleich hinter der Abzweigung, verheißt die Preise: 50 NKr soll ein Auto kosten, ein LKW (so vermuten wir) ist 150 NKr "wert". 3,5 km später, an der "Bomstasjon", finden wir das Schild nicht mehr so lustig, denn der LKW soll ein WOMO darstellen! Zähneknirschend zahlen wir 150 Kronen, rollen 15 km bis zum **Restaurant Spiterstulen**, haben noch nicht fertig eingeparkt, da kommen zwei freundliche junge Männer (warum wohl gleich zwei?) und verlangen von uns 30 Kronen "Campinggebühr" (pro Person, versteht sich)!
Auf meine Frage, wo denn hier der Campingplatz sei und vor allem, wie weit er reiche, weist die Hand mit dem Rechnungsblock in die Runde: „Ringsum!“
Ich schweige, drehe den Zündschlüssel um, rolle fast 2 km die Fahrbahn zurück, wo ich am Wegrand bei der Herfahrt bereits verdächtig viele Autos und Zelte gesichtet hatte: Hier bleiben wir, hier fühlen wir uns wohler als bei den "Straßen-Wikingern" (Camping verboten!).

Erstmals wird abends der Wecker gestellt, die Bergstiefel werden dick eingefettet, die Grödel (Spikes für die Bergschuhe) werden ausgepackt und angepasst, Proviant wird gerichtet und verstaut – wir nehmen den **Galdhøpiggen** ernst!
Am nächsten Morgen, gegen 6 Uhr, rollen wir bis zum **Restaurant Spiterstulen**, dort schläft alles noch. Genau um 6.15 Uhr überqueren wir den

Visabach auf dem schmalen Holzbrückchen, kurz darauf geht es hinauf, steil, fast senkrecht, im Zickzack, 1 1/2 Stunden lang. Wir sind nicht gerade Anfänger, wollen keinen Rekord aufstellen, gehen die Sache bedächtig an – aber wer hier nicht ins Schnaufen kommt ....
Ein erstes Plateau ist erklommen, dieses ist völlig verschneit. Die Spuren der letzten Wanderer sind jedoch als tiefe, schmutzbraune Rinne zu erkennen. Ein heller Schimmer zieht über den Horizont – die Sonne erwacht zwischen den Bergen. Nach 30 Minuten haben wir das Schneefeld durchquert (der Schnee ist so kalt und trocken, dass die Stiefel keinerlei Nässespuren zeigen), kraxeln über eine Geröllhalde, die zum **Svellnosi** (2053 m) hinaufführt. 40 Minuten später haben wir eine Abbruchkante erreicht, vor der wir schaudernd zurückweichen, in respektvollem Abstand geht es weiter, sehr steil bergauf, wieder ein Schneefeld, wieder ein Geröllband. Seltsam die runde Schleifspur im Schneehang, sie hat genau die Form eines menschlichen Gesäßes....
Nun geht es fast eben auf der Kuppe der **Keilhausspitze** (2351 m) weiter, dann sinkt die Spur steil hinab zum **Piggletscher**, einem Sattel, der uns noch von unserem Ziel trennt. Der Abstieg ist total vereist; jetzt bewähren sich die kleinen Kegelspitzen der Grödel, die sich schnell anschnallen und wieder ablegen lassen. Der Sattel, lockerer Schnee, wieder hinauf, steil noch einmal, sehr steil, dann, nach insgesamt vier Stunden und zehn Minuten, stehen wir auf dem König der norwegischen Berge, sind die ersten am 17.7.1992.

Galdhøpiggen (2469 m) mit Volehytta

Stolz schauen wir in die Runde, blicken über die Zacken von hunderten von schneebedeckten Bergen. Wir haben ein "würdiges Wetter" für diesen erhabenen Augenblick: Kein noch so kleiner Dunstschleier trübt den Blick, mühelos erkennen wir durch das Peilrohr auf der Orientierungsscheibe den 100 km entfernten **Snøhetta** im **Dovrefjell**, **Rondslottet** im **Rondane-Massiv** und natürlich den nur wenige Meter kleineren Nachbarberg, den vergletscherten **Glittertinden**.
Neben dem Gipfel, ins Geröll geschmiegt, liegt die **Volehytta**, eine Schutzhütte, in der man von 12-18 Uhr auch einkehren kann. Kaffee, Limo, Brühe gefällig oder eher ein Galdhøpiggen-T-Shirt? Ein Gipfelbesteigungs-Zertifikat?
Wir schießen unsere Erinnerungsfotos vom einsamen Gipfel, rechtzeitig, bevor die lange Schlange tschechoslowakischer Bergfreunde ihn überflu-

Gletscherhahnenfuß *(Ranunculus glacialis)*

tet, die mit uns im Tal übernachtet hatten.

Da kommt wirklich ein Paar aus Norden auf den Gipfel zu! Locker schlendern sie herbei, müssen die eine Kondition haben!? *„Wir kommen von der* ***Juvasshytta*** *beim* ***Sommerskicenter****, haben den* ***Styggebreen-Gletscher*** *überquert; für die 600 Höhenmeter braucht man knapp 2 1/2 Stunden....“*

Wir sind sprachlos über so viel Dummheit (von uns!). Warum sind wir nicht gleich zum **Galdhøpiggen-Sommerski-Senter** abgebogen? Die sehr steile 14-km-Zufahrt ist zwar auch mautpflichtig, WOMOs wird aber keine Wuchergebühr abverlangt und preiswerte Park- und Übernachtungsplätze [N61° 39'53.5" E 8° 21' 45.7"] gibt es direkt vor der **Juvasshytta** (1840 m).

Nun, Sie wissen es jetzt – wählen Sie selbst. Wir werden das nächste Mal auf dem **Sognefjell** übernachten!

Falls Sie Bedenken wegen des Gletscherfeldes haben: Uns wurde es als völlig harmlos beschrieben. Von der **Juvasshytta** werden aber jeden Tag (10.00 und 11.30 Uhr) geführte Überquerungen durchgeführt, logischerweise rät man von einer Tour ohne Führer dringend ab.

Unser Rückmarsch ist auch keine Kleinigkeit! Viele Passagen sind so steil, dass die Knie beim schnellen Lauf ins Zittern kommen. Die Gesäßspur am steilen Schneehang haben wir natürlich auch ausprobiert. Ob es daran lag, dass wir für den Rückmarsch "nur" 3 Std. und 55 Minuten gebraucht haben?

KARTE TOUR 11-13
20 km
N
Romsdalen
nach Dombås
nach Otta
E136
Åndalsnes
Trollstigvei
Trollvegg (Trollwand)
Gudbrandsjuvet
TOUR 13
Valldal
Linge
Eidsdal
Ørnevei (Adlerweg)
Geiranger
Dalsnibba
Grotli
Tora bru
OTTADALEN
Videdalen
Sommerski-Center
Klamm
Pollfoss
Dønfoss bru
Bismo
Steinsenter
Lom
Saga-Säule
2469 m
2452 m
JOTUNHEIMEN
SOGNEFJELL
Bøvertun
von Skjolden
TOUR 10
JOSTEDALSBREEN
BRIKDALSBREEN
TOUR 11
Strynsvatn
Museum
Stryn
Hornindalsvatn
Nordfjordeid
Fjordhestsenter
Stordal
Sjöholt
Skodje
Skodje bru
Stranda
E39/E136
Autogas
Gebühr
Ålesund
Hareid
Remøy
Leinøy
Notøy
Vogelinsel Runde
Kvalsvik
Gurskøy
TOUR 12
Kierringa (Westkap)
Leikanger
Årvik
Koparnes
Åheim
Selje
Refvik
Vågsøy
Kanne-stein
Måløy
Florø
E39
15
55
60
61
63
650
5
120
121
122
123
124
125
126
127
128
129
130
131
132
133
135-7
138
139
140
141
142
143
144
145
146
147
148

TOUR 11 (300 km / 2-3 Tage)

Lom – Ottadal – (Videdal) – Dalsnibba – Stryn – Nordfjordeid – Måløy – Kannestein – Refvik

Freie Übernachtung:	Ottadal, Videdal, Dalsnibba, Stryn, Hornindalsvatn, Nordfjordeid, Refvik (Refviksand).
Campingplätze:	Lom, Ottadal, Strynsvatn, Stryn, Nordfjordeid, Refvik.
Ver-/Entsorgung:	Bismo, Stryn.
Besichtigungen:	Lom (Stabkirche, Steinsenter), Dønfoss bru, Strynsvatn (Museum), Vågsøy (Kannestein).
Baden:	Dønfoss bru, Nordfjordeid, Refviksand.

Voll der herrlichen Gebirgseindrücke holpern wir zurück zur 55, biegen dort rechts, rollen durchs **Bøverdal** hinab nach LOM, rechts neben uns wälzt sich der breite **Bøvra** zwischen Sandbänken dahin. Schöne Picknickplätze bietet der Straßenabschnitt nicht, nur zwei Parkplätze ohne jegliche Einrichtungen, etwa auf gleicher Höhe rechts und links der Straße; sämtliche Zufahrten zum Fluss sind verbarrikadiert – vielleicht gibt es hier Schotterdiebe?

Unser erster Weg führt mich in LOM zum **Touristenkontor** (Ortsbeginn, kostenloses Internet). Ich muss meinen Ärger über den **Visdal-Bomveg** loswerden. Die junge Dame ist mitfühlend, ja fast schuldbewusst und verspricht mir, alle Touristen vor den Straßenräubern zu warnen (dieser Abschnitt unseres Buchs wurde beim Fremdenverkehrsverband vorgelesen, daraufhin wurde der Wohnmobil-Preis für die Visdalen-Mautstraße von 150 NKr auf 100 NKr gesenkt!). Sozusagen als Entschädigung preist sie mir die Sehenswürdigkeiten LOMs in glühenden Farben – und wir werden ihren Eifer bald verstehen:

Zunächst fahren wir am Kreisverkehr rechts und kommen nach 50 m zur Esso-Tankstelle, dort ruht die erste Attraktion des Ortes 10 m rechts der Dieselzapfsäule unter dem Pflaster. Auf Wunsch kommt der Tankwart mit einem kleinen Sender herbeigeeilt, wie durch Zauberkraft bewegt sich ein Metalldeckel zur Seite – und gibt eine Entsorgungsstelle für WOMOs frei, die hiermit allen Interessenten empfohlen sei!

Auf der gegenüberliegenden Straßenseite liegt die Zufahrt zum Steinmuseum (offen 9-17 Uhr).

Das „Steinsenter“ mit dem **Steinmuseum** ist eine Idee von Torgeir T. Garmo. Er verband gucken und kaufen zu einer für Touristen und

Verkäufer gleichermaßen befriedigenden Synthese. Auch wir durchqueren zunächst ohne Aufenthalt den Verkaufsraum, lassen uns blenden von der reichen Sammlung, einer der größten Privatsammlungen Norwegens, die auch noch kostenlos zu besichtigen ist. Herr Garmo hat sie aus der näheren Umgebung, aus Norwegen ja der ganzen Welt zusammengetragen.
Dann statten wir der "Verkstad" einen Besuch ab. Wir bekommen gezeigt und erklärt, wie die Funde gesägt und stundenlang geschliffen werden müssen, um ihre Schönheit erst richtig zu entfalten.

Thulit

„Darf ich auch meine eigenen Funde bringen?“ interviewe ich kurz darauf Herrn Garmo. *„Sicher, wir führen jede unserer Arbeiten auch für Kunden durch, ein Steinschnitt kostet zwischen 5 € und 10 €. Schauen Sie in meiner Regionalsammlung, was hier in der Umgebung zu finden ist, es lohnt sich!“*
Bescheiden reicht er mir ein kleines Büchlein, den "Natur- und Kulturführer von Lom", in dem nicht nur die besten Fundorte für Mineralien, sondern auch alle anderen Attraktionen der Region und des Ortes beschrieben sind – lesenswert.
Bei unserem zweiten Besuch in LOM sind wir schon "alte Freunde", die natürlich auch gerne eingeladen werden. Da trifft es sich gut, dass Herr Garmo einen Bruder hat, dem das benachbarte "Fossheim Turisthotell" gehört. Dort wird von 12.30 - 15.30 Uhr norwegischer Lunch gereicht, ein umfangreiches, kalt-warmes Brunchbuffet, das wahrlich alle norwegischen Spezialitäten vom Rentierschinken über diverse Lachsspezialitäten bis zu Nachtischdelikatessen reicht. In ihnen kann man für 45 €/Person bis zum Abwinken schwelgen.
Habe ich Ihnen den Mund wässrig gemacht? Dann folgen Sie der Einladung der Brüder Garmo, die Ihnen Schmuck und Lunch beim Vorzeigen des WOMO-Führers mit 10 % Rabatt anbieten (grüßen Sie bitte von uns!).
Voll der herrlichen Delikatessen tragen wir einige schöne und gar nicht teure Schmuckstücke zum WOMO, jetzt ist die Stabkirche dran (zurück zum Kreisverkehr, dann rechts auf die 15 Richtung STRYN, 150 m später wieder rechts).

Nun haben wir bereits eine ganze Reihe von Kirchen dieses Typs bewundert, aber die von LOM ist wirklich ganz besonders sehenswert, speziell auf den herrlich geschnitzten Altar und auf die Deckenmalerei im Chor sei hingewiesen.
Neben der Kirche residiert eine lokale Handwerks- und Kunstausstellung, und Parkplätze gibt's hier auch reichlich (von 22-8 Uhr Parkverbot). Aber für den ruhigen Nachtschlaf wissen wir auch was besseres für Sie!

Wir verlassen LOM auf der >15< Richtung STRYN, unsere Straße zieht durchs weite **Ottadal**, Platz ist für viel Landwirtschaft, den gemächlich dahinströmenden **Otta-Fluss** und eine breite, schnelle Straße. Ein ruhiges Übernachtungsplätzchen jedoch kann man am Straßenrand nicht erwarten – dafür gibt es einsame Seitenstraßen!

Wo wir geschlafen haben?

Hinter LOM hatten wir zunächst den **Ottavatn** rechts neben uns, einen langgestreckten, ruhigen See, in dem sich die gegenüberliegenden Berghänge spiegeln. Bald nach Ende des Sees wechselt die >15< die Flussseite und 900 m nach der Brücke führt ein schmales Brückchen wieder zurück über den Fluss. Hinter ihm links hinter der kleinen Sägemühle (mit Caféstube "Kveinnstugu" und Raftigcenter) findet man Übernachtungsplätze:

(120) WOMO-Stellplatz: Ottadal/Kveinnstugu

GPS: N 61° 52' 55.4" E8° 18' 24.9" **Max. WOMOs:** 2-3.

Ausstattung/Lage: Tisch & Bank, Mülleimer, Caféstube/bei Einzelgebäude.

Am nächsten Morgen rollen wir weiter auf der >15<. Bei BISMO (Entsorgung bei Statoil, mehrere Campingplätze) hatte sie auf die linke Flussseite gewechselt, hinter NORDBERG (neben der Kirche großer **Wiesenparkplatz** mit Infotafel unter einigen Kiefern) überlegt sie es sich wieder anders: Die "Dønfoss bru" überspannt den **Otta** neben einem schäumenden **Katarakt**, dem **Dønfoss**. Und weil diese Stelle so malerisch ist, wurde sie für den Tourismus "hergerichtet".

Es muss ein Künstler am Werk gewesen sein, der dieses gepflegte Gelände angelegt hat: Hinter der Brücke kommt zunächst ein großer **Parkplatz** mit Tischen und Bänken daneben, wo man sein WOMO tagsüber abstellen und picknicken kann, daneben liegen Kiosk und **Schwimmbad**. Aber nicht einfach ein Badeplätzchen am Ufer, sondern ein angelegtes, pieksauberes Schwimmbecken neben dem reißenden Fluss. Um den Pool führt ein Aussichtsweg; von ihm aus kann man entweder die Badenixen, den schäumenden Katarakt oder einen tiefen "Riesentopf" begucken.

Riesentöpfe entstehen im Strudel, wenn das Wasser bei seinen kreisenden Bewegungen harte Steine (Reibesteine) schleifend am Flussgrund bewegt. Die größten und vor allem tiefsten Riesentöpfe liegen natürlich am weitesten unten, unser "Riesenbabytopf" ist nur während der Frühjahrsüberschwemmungen "in Betrieb".

Wer sich in das Gelände verliebt hat, sollte für die Nacht auf den **Campingplatz** hinter dem Kiosk überwechseln.

Hinter der **Dønfoss bru** (»km 0«) hört die Besiedlung des **Ottadals** schlagartig auf; statt Landwirtschaft begleitet uns lockerer Kiefernwald, die steiler werdenden Hänge sind zum größten Teil bereits kahl. Bei »km 3,5« ein schöner **Picknickplatz** mit Blick auf weitere Stromschnellen.

Wenn Sie jedoch weiterlesen, werden Sie ihn kaltlächelnd ignorieren, denn kurz darauf erweitert sich der reißende Fluss zu einem lieblichen See – und an seinem Ufer, man traut seinen Augen kaum – entdeckt man die romantischsten und ruhigsten Urlaubsplätzchen, die man sich vorstellen kann: Genau 1600 m nach dem ersten **Picknickplatz** führt eine Piste nach links von der Straße, durch Birken- und Kieferngebüsch, verzweigte Stichsträßchen verlieren sich, unsichtbar, im Ufergesträuch. Da und dort schimmert WOMO- oder Wohnwagenblech, Angeln hängen im Wasser, über einem Lagerfeuer schmoren Steckerlfische – ein Idyll!

(121) WOMO-Stellplatz: Ottadal/»km 5,1«

GPS: N 61° 56' 26.0" E 8° 1' 17.0". **Max. WOMOs:** 2-3.
Ausstattung/Lage: Infotafel, Toilette/außerorts.
Zufahrt: 1600 m nach dem Stromschnellen-Picknickplatz links.

Wieder ein Stück reißender Fluss, dann der nächste, spiegelglatte, türkisfarbene See, in dem die Berggipfel Kopfstand üben. Kleine Birkeninselchen oder -halbinselchen, ein einsamer Kahn – man müsste Kunstmaler sein!
Bis zur **Gaststätte Pollfoss**, bei der unser Fluss einen besonders gewaltigen, beeindruckenden **Katarakt** bildet, gibt es noch eine ganze Reihe von Möglichkeiten, zu den Seen hinabzufahren, aber die erste war die schönste.
Der **Pollfoss** markiert nur das östliche Ende einer Kette von schäumenden Sturzbächen, die bei unserer Weiterfahrt neben der Straße hinabtosen; eine ganze Reihe von **Picknickplätzen** bietet Rast- und Fotografiergelegenheit.
Übernachtungsgeeignet?
Der Autoverkehr wird Sie sicher nicht stören, das Brausen des Flusses übertönt alle anderen Geräusche! Aber der Lärm ist nicht überall gleich stark und manche Plätze liegen an verschlungenen Wegen so weit von der Straße entfernt, dass sie lärm- und sichtgeschützt sind (zwischen **Pollfoss** und GROTLI insgesamt 18 (!) Picknickplätze).

*Ab GROTLI haben wir inzwischen auch die nur 3 km längere Alternativstrecke durchs **Videdal** ausprobiert (den Gamle Strynefjellsvegen Nr. 258). Es ist eine äußerst reizvolle, einsame, z. T. ungeteerte Gebirgsstraße, die am **Stryn Sommerskicenter** vorbeiführt. Dort kann man mit dem Sessellift* *fahren und auf dem Gletscher ein paar Schritte tun – oder mit gemieteten Langlaufskiern "Winter spielen". Nach dem Skicenter geht's steil hinab zum Hotel Videseter (mit dem gewaltigen Videfoss); wenig später trifft man wieder auf die >15<.*

Wer auf der Hauptstraße, der >15< bleibt, erlebt folgendes: Hinter GROTLI begleitet uns linkerhand eine Seenkette, von denen der größte der **Breidalsvatn** ist, rings um sie schneebedeckte Berge; wir rollen auf der 900-m-Höhenlinie dahin. Am Ende der Seen, vor einer gewaltigen, senkrechten Felswand, der sechste und letzte **Picknickplatz** nach GROTLI. Diesen Platz [**122:** N62° 00' 48.3" E7° 24' 08.2"; 944 m] sollten Sie unbedingt anfahren!

An der Info-Tafel erfährt man, warum auch uns der Straßenabschnitt zwischen LOM und diesem Picknickplatz so gut gefallen hat: Er erhielt 1988 vom Generaldirektor der Straßenverwaltung den Preis "Schöne Straße". Wir gratulieren hiermit dem Herrn Generaldirektor zu seiner (auch WOMO-freundlichen) Entscheidung!
Weiter sollten Sie nicht lesen, sonst vergraulen Sie sich vielleicht Ihren Aufenthalt: **Hier spukt's!**
In einer der Straßenwärterhütten am Wegrand haust ein Gespenst. Aber es soll gutmütig sein, weshalb man es dem Schutz der Autofahrer anempfohlen und wegen seiner nächtlichen Umtriebe ein Warnschild aufgestellt hat.
Also: Fahren Sie vorsichtig, vor allem zwischen 0.00 und 1.00 Uhr, Gespenster sind heutzutage auch nicht mehr so häufig wie früher!

200 m nach diesem **Picknick- und Informationsplatz** haben Sie die Wahl: Geradeaus, auf der >15<, im Tunnel Richtung STRYN verschwinden oder nach rechts, auf der >63<, einen Abstecher zum Aussichtspunkt **Dalsnibba** machen!

Lassen Sie das Wetter entscheiden! Bei guter Sicht sollten Sie uns nach rechts Richtung GEIRANGER folgen. Wir sind nun am Beginn des **Ørneveien**, des **Adlerweges**, einer Bergstraße, die auf der Pariser Weltausstellung 1900 wegen ihrer genialen Technik einen Preis erhielt.
Leider können wir Ihnen nur 7 km Adlerweg gönnen – aber dafür einen geradezu "adlermäßigen" Blick auf ihn hinab, vom **Dalsnibba** aus. Auf diesen 7 km herrscht Winter, die Berge sind weiß, in den Seen treiben Eisberge und neben der Straße weidet ein Rentier, ein richtiges, lebendiges Rentier! Wir reiben uns die Augen – es ist immer noch da! Allerdings angepflockt neben einem Verkaufsstand für Lappenartikel: Felle, Geweihe, Kunstgewerbe.
Nach genau 7,6 km **Ørnevei** müssen wir 4,9 km auf Schotter zum Aussichtspunkt hinaufserpentinen und dürfen dafür auch noch 85 NOK "Bom" berappen.
Der Parkplatzkreis des **Dalsnibba** liegt genau 1476 m hoch, und man kann, gutes Wetter vorausgesetzt, wirklich die Serpentinen des **Adlerweges** bis hinab nach GEIRANGER am Fjord verfolgen. Falls Ihre Kinder dem Blick in die Tiefe nichts abgewinnen können: Steinmännchenbauen ist hier "in", der Parkplatz ist umringt von hunderten steinerner "Erinnerungsmänner".
Übernachten hier? Warum nicht? Der Parkplatz ist riesig, Durchgangsver-

kehr gibt es nicht – und wer wird schon nachts zu einem Aussichtsplatz [N62° 2' 52" E7° 16' 14"] fahren (Camping verboten).
Wir rollen die 7,6 km **Ørnevei** zurück. Das Wasser im kleinen See ist so klar, dass wir uns davon überzeugen können: Die Eisberge schauen wirklich nur zu 1/9 heraus (im Meer zu 1/7)!

In die >15< reihen wir uns nach rechts ein, verschwinden nach 500 m im Tunnelloch, namenlos und doch über 4 km lang. Dahinter rechts gleich ein **Picknickplatz**, ein Stück Alm-Landschaft, dann schon der nächste 4-km-Tunnel, wieder ländliches Treiben. Das Verkehrsschild "Husdyr" braucht man wohl nicht zu übersetzen, um so mehr, als man an den vielen **Picknickplätzen** Ziegen und Schafe streicheln kann.
Der dritte Tunnelrachen gähnt uns an – diesmal sind es nur 2,5 km – und nach dieser dritten Gebirgsröhre hat man einen freien Blick über Wasserfälle und den Kaskadenbach.
Die alte Gebirgsstraße >258< (unsere Alternativstrecke) vom **Videdal** und vom **Sommerskicenter** mündet von links herein, dann schwingen wir in weiten, gut ausgebauten Serpentinen und Schleifen hinab zum **Strynsvatn** und zählen dabei weitere fünf aussichtsreiche **Picknickplätze**, von denen der dritte eine "Umwegpiste" um einen Hügel herum hat, lärm- und sichtgeschützt für die Nacht. Vom vierten, eher unauffällig links der Straße, hat man einen atemberaubenden Blick hinab in eine 80 m tiefe Klamm!
Die >15< führt links am See vorbei, zunächst durch einen Tunnel. Kaum haben wir ihn verlassen, will jemand durch unser Dachfenster einsteigen!?
Ach nein, der Fallschirmspringer hängt an einer Strippe und lässt sich über den See ziehen – Para-Gliding!

Ab der Mitte des Sees zählen wir bis zum Seende sieben **Picknickplätze**, der schönste ist vor dem **Jostedalsbreen Nasjonalparksenter** [**123:** N61° 54' 38.5" E7° 02' 58.3"], (offen: 9-18 Uhr). Diese Ausstellung widmet sich vorrangig der Fauna und Flora des Gletschergebietes. Während die Tiere nur ausgestopft beguckt werden können, präsentiert man die Pflanzen anschaulich in einem kleinen botanischen Garten (Foto).
Nicht ohne Grund liegt die

Gletscherausstellung am **Strynsvatn**! Zwischen der Abzweigung **Dalsnibba** und STRYN führt unsere Fahrt nördlich des Gletschergebiets des riesigen **Jostedalsbreen** entlang; den **Nigardsbreen**, eine seiner südlichen Zungen, kennen wir ja bereits.
Falls Sie noch gletscherhungrig sind: Ab STRYN, 12 km weiter westlich, führt die >60< zurück nach Südosten, nach 11 km kommen Sie nach LOEN und können von dort aus bis zum Fuße des **Kjenndalsbreen** abzweigen (20 km); nach 17 km wären Sie in OLDEN, wo die Stichstraße (24 km) zum **Briksdalsbreen** beginnt ....
Wir biegen hinter dem lebhaften Städtchen STRYN (Entsorgung am Ortsende zwischen Esso und Stadthalle "Strynehallen" mit riesigem Parkplatz [**124:** N61° 54' 14.4" E6° 42' 58.2"]) rechts; auf unserer >15< geht's weiter Richtung MÅLOY, das Meer hat uns wieder, der **Innvikfjord** begleitet uns. Die Straße ist schnell, wir ziehen weit oberhalb des Fjordufers mit Höchstgeschwindigkeit dahin, machen einen weiten Bogen um einen Sommerskiläufer, der sich vom Verkehr nicht einschüchtern lässt.
Nun kurven wir hinüber zum **Hornindalsvatn**. Er unterscheidet sich kaum von einem "richtigen" Fjord, nur die Verbindung zum offenen Meer fehlt. So trägt er mit 514 m Tiefe wenigstens den Titel "tiefster Binnensee Europas". Eigene, umfangreiche Badewannenversuche haben bewiesen, dass ein Stein im Wasser pro Sekunde ungefähr 1 m sinkt. Dann würde er im **Hornindalsvatn** 8 1/2 Minuten bis zum Grund unterwegs sein. Welche Zeit schätzen Sie für Ihr WOMO?
Neun **Stellplätze** und vier Tunnel zählen wir am südlichen Seeufer. Die alte Straße neben den Tunnelröhren ist noch befahrbar. Dort könnte jeweils eine ganze WOMO-Karawane parken und übernachten. Gepflegt wird die alte Straße natürlich nicht! Ob sie frei ist von Steinen usw. können wir nicht garantieren – beim ersten (Kongenes-Tunnel [**125:** N61° 55' 32.0" E6° 20' 45.0"]) und zweiten (Breisvor-Tunnel) sah es noch gut aus.
Nur ein kleiner Hügelrücken trennt den **Hornindalsvatn** vom **Eidsfjord** und an seinem Ende liegt NORDFJORDEID. Alle großen und kleinen Kinder: **Aufgepasst!**

Gleich sind wir beim größten Fjordpferde-Center Norwegens. Dort kann man Pferde streicheln, Kutsche fahren – und natürlich reiten!

Genau 1 km nach dem Ortsschild von NORDFJORDEID, dort, wo es links zum Ortszentrum geht, biegen wir rechts zum "Fjordhest-Senter". 1600 m später stehen wir auf dem Parkplatz vor dem großen Reitstall. Dort kann man jeden Tag (9-21 Uhr) reiten oder Kutsche fahren; gucken und Pferde streicheln ist kostenlos. Natürlich gibt es auch eine Gaststätte für wartende Eltern und einen **Übernachtungsplatz** (mit Tisch & Bank), falls Sie am Abend anreisen und am nächsten Morgen reiten wollen [**126:** N61° 54' 51.4" E6° 00' 11.4"]!

NORDFJORDEID hat zudem einen abseits und damit ruhig gelegenen **Badeplatz**, der, wenn das Wasser zu kalt ist (und wann ist es das nicht?), immer noch einen prima Picknick- und Übernachtungsplatz abgibt. Man fährt (vom Reitstall aus) über die >15< ins Zentrum. Die Straße endet an einem freien Platz vor dem Hafen (Einkaufsmöglichkeiten). Dort halten wir uns links, fahren immer am Ufer des Fjords entlang und entdecken nach 900 m das Hinweisschild zum **Badeplatz Osvika**:

(127) WOMO-Badeplatz: Osvika

GPS: N61° 54' 00.5" E5° 58' 51.1"; Osvegen. **Max. WOMOs:** 2.
Ausstg./Lage: Kiesstrand, Toilette; Camping verboten/Ortsrand. **Ausweichplatz:** Parkplätze beim Hærmuseet mit Tisch & Bank links der Zufahrt zum Badeplatz.

Wir verlassen NORDFJORDEID auf der >15< nach Westen Richtung MÅLOY, jetzt wollen wir wieder norwegische Fjordlandschaft erleben! Wir lassen die schroffen Berge, die Schneefelder hinter uns, vor uns liegt das Meer, über uns blitzt der blaue Himmel!

Der **Eidfjord** erweitert sich zum **Nordfjord**. Wir rollen an seinem Nordufer entlang, die Straße ist breit und bequem. Wir sichten zwei **Picknickplätze** und vor dem ersten und zweiten Tunnel die Zufahrt zur alten Straße (Sie kennen ja den Trick!). Aber wir rollen weiter – der westlichste Zipfel Norwegens, das **Vestkapp** wartet auf uns!

Eine elegant geschwungene Spannbetonbrücke führt uns über den **Ulvesund** hinüber nach MÅLOY, und damit Sie bei Ihren begeisterten Blicken nicht über das Geländer geweht werden, haben die Brückenbauer eine elektronische Windanzeige montiert (und nicht solch einen schlaffen Windsack wie an deutschen Autobahnbrücken).

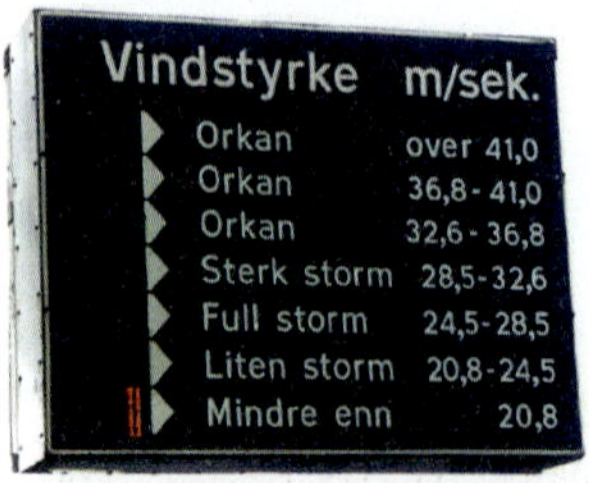

MÅLOY wird von zwei Bergen überragt, die verblüffend an ein abgelegtes Bikinioberteil erinnern. Noch auf den letzten Metern der Brücke, angesichts der Kirche, biegen wir links nach OPPEDAL, zum **Kannestein**.

Die Insel VÅGSØY hat zwei steinerne Wahrzeichen: Das eine ist **Kråkenes fyr**, der Leuchtturm an der Nordwestspitze der Insel, das andere ist der **Kannestein**.

Nur ein schmales (?) Sträßchen führt uns an der Südküste entlang, und wir müssen die Ausweichstellen häufig anfahren, um den Gegenverkehr vorbeizulassen. In VÅGSVÅG verlassen wir die Küste, schneiden auf einem noch schmaleren Teerwegle ein felsiges Kap ab. In OPPEDAL ist das Gekurve zu Ende.

Kurz vor Ende der Stichstraße liegt links ein netter **Picknickplatz** (Übern.verboten) [**128:** N 61°58'12.2" E5° 04' 08.3"] und unterhalb, an der Brandung, steht die Hauptperson, der etwa fünf Meter hohe **Kannestein**. Es ist ein von den Flutwellen und vor allem vom hin- und herprasselnden Geröll der Brandung becherförmig abgeschliffener Fels, oben dick, unten mit schlankem Stiel. Mich erinnert er ein bisschen an korsische Macchiebüsche, unten von den Ziegen abgefressen, weiter oben breit wuchernd ....

Hier könnten wir übernachten, hier ist kein Durchgangsverkehr. Wir haben Sie jedoch nicht nur wegen dem Steinle nach VÅGSØY geschleppt! An der Nordküste wartet ein wahrer Traumstrand auf uns.

Vor dem Traum kommt aber nochmals der Alptraum der "Einbahnstraße", die wir mit viel Geduld hinter uns bringen (Abstecher 19 km). Dann fahren wir unter der Sundbrücke hindurch, durchqueren MÅLØY auf der Hauptstraße nach Norden. Der Hauptort der Insel hat nur diese eine Hauptstraße, an ihr liegen außer Geschäften auch eine ganze Reihe von Fischfabriken.

An der Ostküste, am **Ulvesund**, rollen wir bis RAUDEBERG. Die Fischzuchtkäfige im Wasser sind hier quadratisch und die Lachse darin springen, als wollten sie fliegen lernen. Auch RAUDEBERG ist ein Fischerort. Riesige Netze hängen an

Seilwinden und werden dadurch mechanisch entwirrt.
13 km sind es von MÅLØY bis VEDVIK, immer an der Küste entlang. Dort schneiden wir wieder, hügelauf, hügelab eine kleine Halbinsel ab – und dann klappt selbst uns alten "Mittelmeer-Sandstrand-Profis" der Kiefer herunter – vor uns liegt **Refviksanden**, das Strandwunder von REFVIK: Breit, flach, blendend weiß in einer ruhigen Bucht vor saftig grünen Wiesen – nichts wie hin!
800 m nach dem Ortsschild von REFVIK biegen wir rechts zum Sandstrand.
Das Negative: Dieser prächtige Platz, der alles bietet, wovon ein WOMO-Urlauber träumt, hat im Sommer Wassertemperaturen von 13-16°C, ist also kein Badeplatz im eigentlichen Sinne.
Das Positive: Super-Sandstrand, an den man bis an die Sandkante heranfahren kann.

(129) WOMO-Badeplatz: Refviksand/Naturcamping
GPS: N62° 00' 06.0" E5° 05' 09.3" **Max. WOMOs:** >5.
Ausstattung/Lage: herrlicher Sandstrand, Liegewiesen, Toiletten, Duschen, Waschbecken, Steckdosen (Gebühr 120 NOK, mit Strom 150 NOK)/außerorts.

Insel Vågsøy; Sandbucht Refviksand

Die Besucherdichte ist gering, diese Ecke Norwegens ist offensichtlich unbekannt. Die meisten kommen immer wieder hierher, haben Bootchen und Angel dabei, um aus dem Meer die eintönige Konservenkost aufzufrischen; man lobt die Ruhe und die gute Luft. Wir können uns diesem Lob nur anschließen, parken unser WOMO auf einem kleinen Wiesenhügel ein und beenden den Tag mit einem langen, langen Strandbummel auf dem herrlichen **Refviksand**.

TOUR 12 (220 km / 2-3 Tage)

Måløy – Selje – Vestkapp – Gurskøy – Runde
(Karte s. Tour 11)

Freie Übernachtung:	Selje, Westkap, Ervik, Insel Notøy, Insel Remøy.
Campingplätze:	Selje, Insel Runde.
Ver-/Entsorgung:	Insel Notøy (Lanternen Kro).
Besichtigungen:	Westkap, Vogelinsel Runde.
Baden:	Selje, Ervik.
Wandern:	Vogelinsel Runde.

Wir fahren durchs Landesinnere zurück Richtung MÅLOY, in RAUDEBERG treffen wir wieder auf die Ostküste. Dann turnen wir einen bekannten Streckenabschnitt: Måløy – Ulvesundbrücke – Eldevik auf der >15< zurück.

Direkt hinter dem ersten Tunnel schwenken wir nach links auf die >618< Richtung SELJE. 38 km führt dieses Sträßchen durch eine urgewaltige Landschaft aus Meer und Fels, folgt immer dem Küstenverlauf, zieht um jede Bucht, schlingt sich um jedes Kap. Die menschliche Besiedlung hält da und dort nur einen schmalen Brückenkopf zwischen dem brausenden Meer und den unbewohnbaren, steilen, fast vegetationslosen Felsen, die gleich neben der Straße ansteigen; Picknickplätze am Ortsende von FLATRAKET und in NORDPOLL (Foto).

Am lebendigsten geht es wieder in den großen Lachszuchtkäfigen in den Fjorden zu. Inseln und Inselchen verwirren den Betrachter: Welches ist eine Insel, welches ein Kap?

Der **Moldefjord** wird umrundet, SELJE erreicht. 500 m nach dem Ortsschild müsste man rechts Richtung **Vestkapp** abzweigen. Wir halten jedoch nochmals die gleiche Strecke geradeaus und landen im Hafen.

Hier geht ein Bootchen hinüber zur **Insel Selja** mit den Ruinen eines **Benediktiner-Klosters** aus dem 11. und 12. Jahrhundert sowie den Ruinen der **Sunniva-Kirche** (Abfahrt im Juli: 10, 13, 16 Uhr, August: 13 Uhr). St. Sunniva, eine irische Königstochter, erlitt dort den Märtyrertod. Man kennt noch die Höhle, in der sie starb ....

Falls Ihnen mehr nach Diesseitigem der Sinn steht: Am Beginn des Hafengeländes liegt nicht nur ein **Parkplatz**, die Touristeninformation (mit Internet für Besucher) und ein Sanitärhäus-

chen mit Dusche, WC und Waschgelegenheit, sondern davor auch ein schöner, langer, weißer **Sandstrand** (Foto) und dahinter ein gepflegter Park.
Wer die Einsamkeit am Ende der Welt sucht – oder etwas ähnliches – der fährt hinter diesem Park am Fjord weiter nach Norden. 4,6 km später, in SKÅRBØ (drei Häuschen), endet die Straße mit einem Wendeplatz:

(130) WOMO-Stellplatz: Skårbø

GPS: N62° 04' 37.2" E5° 18' 38.2"
Max. WOMOs: 2-3.
Ausstattung/Lage: Tisch & Bank, Mülleimer, Auslauf am Fels- und Geröllufer/außerorts.
Zufahrt: siehe Text.

Wir überqueren ab SELJE die Halbinsel **Stadland** nach SANDVIK, um dort, am **Vanylvsfjord**, links zum **Vestkapp** abzubiegen. Wer die vielgestaltige Küstenlandschaft schon immer mal aus der Vogelperspektive begucken wollte, der bekommt diesen Wunsch während der Überquerung erfüllt!
Unser Sträßchen serpentint sich in kürzester Zeit auf einen steilen Hügelrücken hinauf, von dem aus Sie eine prächtige Sicht nach beiden Seiten haben. Auf dem kurzen, ebenen Stück warten einige kleine, einsame Seen darauf, dass Sie ihnen eine Weile Gesellschaft leisten; **Picknickplatz** rechts der Straße!
Wieder unten an der Küste angekommen, biegen wir links, noch 24 km sind es über LEIKANGER bis zum **Westkap**, der 496 m hohen **Klippe Kjerringa**. Unterwegs, direkt hinter der Info-Tafel am Ortsbeginn von LEIKANGER, ein kleiner **Parkplatz** und ein Streifen feiner Sandstrand unmittelbar neben der Straße.
Die Straße führt am Ortszentrum vorbei. Wer die Tankstelle aufsuchen **muss**, wird feststellen: Sie ist eine der teuersten ganz Norwegens! Auch im hohen Norden gilt: Warte mit dem Tanken nie, bis du in einsamer Umgebung bist. Nur in Großstädten herrscht Konkurrenz!
Die letzten Kilometer lassen wirklich das Gefühl aufkommen, man käme ans Ende der Welt. Im fast schwarzen Wasser der Seen spiegeln sich eigentümlich grün bemooste Hänge. Dann

zieht die schmale Straße, Schleife auf Schleife, langsam bergan. Nur noch eine dünne Erdschicht bedeckt den Felsboden. Kahler Fels, Gras, Moos, müde Schafe, das sind die trostlos wirkenden letzten Meter (Zufahrt Gebühr?).

Beim Aussteigen am **Vestkapphus** reißt mir der Sturm die Tür aus der Hand. Er fegt, mit ungebremster Wucht, von den schäumenden Wogen am Fuße der Klippe zu uns hinauf, rüttelt an den Wänden der Gaststätte.

Die Innenräume sind geschickt geplant, zum Teil in den Fels hineingebaut, optisch eine Augenweide. Wir gönnen uns zur unvergleichlichen Sicht von unserem Fensterplatz aus das "Vestkapp-Menü" und, das wichtigste, ich erfahre endlich, warum das **Vestkapp** das **Westkap** sein soll, liegen doch nach meiner Karte eine ganze Reihe norwegischer Halbinseln noch weiter westlich: Die **Klippe Kjerringa** ist das westlichste Fjellplateau Norwegens! Und für Norweger zählt eben nur, was ein Gebirge ist – und nicht irgend ein angeschwemmter Sandhaufen, basta! Wer wie wir, aus 500 m Höhe, bis nach Kanada zu schauen glaubt, hat dafür vollstes Verständnis.

Ein Bildschirm im Restaurant überträgt die aktuellen Daten der Wetterstation auf der Klippe. Die Windgeschwindigkeit wird mit 18,2 m/s angegeben, das entspricht etwa 8 Beaufort. Ein Baum auf der Klippe würde dabei sofort seine Äste abliefern – aber Bäume gibt es hier nicht ...

... jedoch einen großen, ebenen **Parkplatz**, etwa 300 m vor der Gaststätte – und wer schon lange keine stürmische Nacht mehr erlebt hat, der sollte hier sein WOMO festzurren. Wir ziehen die Windjacken fest, lassen uns vom Wind übers Plateau treiben, genießen das Heulen und Pfeifen, den Blick übers weite,

WOMO-Badeplatz Erviksand

sturmgepeitschte Meer und freuen uns dann um so mehr auf einen heißen Kaffee im gemütlichen WOMO, das sich behäbig in der Federung wiegt [N 62° 11' 20.6" E 5° 7' 40.9"; 480 m].
Statt sturmumtoster Klippe hätten Sie lieber einen lieblichen Sandstrand? Haben wir für Sie!
Rollen Sie mit uns 4,7 km vom Westkap zurück, bis Ihr WOMO fast ins Wasser fällt. Dort schwenken Sie rechts nach ERVIK und parken neben der St. Svithuns Minnekapell (errichtet zum Gedenken an das Schiff der Hurtigroute, das im II. Weltkrieg von den Engländern irrtümlich versenkt wurde).

(131) WOMO-Badeplatz: Erviksand

GPS: N62° 10' 00.9" E5° 07' 02.1" **Max. WOMOs:** 2-3.
Ausstattung/Lage: Tisch & Bank, Sandstrand 100 m, Camping verboten/außerorts.
Lesertipp: Am linken Ende der Bucht weitere schöne Stellplätze.

Jetzt kehren wir der stürmetrotzenden **Klippe Kjerringa** mit ihrem überraschenden Sandstrand den Rücken, verlassen die einsame Halbinsel über LEIKANGER, SANDVIK, fahren auf ÅHEIM zu, müssen vorher auf zunächst schmalem Sträßchen den tief ins Land ragenden Ausläufer des **Vanylvsfjords** umkurven. Hier ist absolute Windstille, ohne eine einzige Welle spiegelt, einem Smaragd gleich, das Wasser die Bergspitzen und den Himmel.
Kurz nach dem Scheitel des Fjords betreten wir die **Møre og Romsdal-Fylke** und wenig später, vor ÅHEIM, wechseln wir von der >620< auf die breitere >61<, biegen links Richtung HAREID. Die >61< führt uns im Bogen um ÅHEIM herum, so dass wir von dem Ort überhaupt nichts zu sehen bekommen. Anschließend begleitet uns der **Syltefjord**, ein **Aussichts-Picknickplatz mit WC** lädt zum Verweilen ein. Bei FISKÅ verlässt die >61< den Fjord, schwenkt nach rechts ins Landesinnere, schneidet die Halbinsel **Vanylven** ab. Wenige hundert Meter später rechts ein völlig neu angelegter **Picknickplatz** mit Toiletten und fließendem Wasser; noch ein **Picknickplatz** links, dann sind wir schon wieder an der nächsten versunkenen Flussmündung, dem **Syvdsfjord**, an dem wir bis zur Fährstation KOPARNES entlangrollen.
Die Fähre überquert mit uns den **Rovdefjord**, trägt uns hinüber zur Insel Gurskøy, die gegenüberliegende Fährstation heißt ÅRVIK. Nach links setzt die >61< ihren Weg mit uns fort, zunächst am Fjord entlang, ab LARSNES wieder "über Land". Die Straße muss ganz schön steigen, bis sie zur nächsten Meeresbucht wieder hinabkurven darf. Trotz der mühsamen Arbeit haben es sich die Straßenbauer nicht nehmen lassen, an den aussichtsreichsten Punkten – vor und hinter dem Kamm, je einen **Picknickplatz** anzulegen.

Am Wasser, bei GURSKEBOTN, verlassen wir die >61<, biegen links Richtung MOLTUSTRANDA, GJERDSVIKA und HAUGSBYGDA.
Werften, und seien sie auch noch so klein, haben hier einen guten Namen. Viele Norweger schwören auf solide Handwerkerarbeit und zahlen lieber einen höheren Preis – "das Boot" ist Hobby Nr. 1 in Norwegen. Kräne überragen die Werften, Schiffe und Schiffchen, neu oder verrottend, säumen die Ufer, auch riesige Frachter werden überholt.
Die Kirche von HAUGSBYGDA liegt am Straßenrand, der Friedhof hat einen großen, übernachtungsgeeigneten **Parkplatz** – und einen WOMO-gerechten Wasserhahn.
Die Fischer von GJERDSVIKA haben ihren Hafen mit einem gewaltigen Steinwall vor den anbrausenden Wellen geschützt. Entwurzelte Bäume rechts und links der Straße machen deutlich: Keine überflüssige Maßnahme. Aber nicht nur der Wind macht den Bäumen zu schaffen! Bei näherer Betrachtung weisen viele deutliche Krankheitssymptome auf, einige sind bereits abgestorben. Nun, die Kohlekraftwerke Englands sind so weit nicht entfernt, saurer Regen ist auch in Skandinavien kein Fremdwort mehr.
Ein kleiner Leuchtturm mit roter Kappe steht einsam auf einer Klippe, wenige Meter später werden wir an der Gemeindegrenze von Herøy begrüßt; 50 m davor, hinter einem Felsen, ein **Picknickplatz**.
400 m später sollten Sie Ihren Blick links der Straße entlangschweifen lassen. Sehen Sie die Kuppen aus kindskopf- bis koffergroßen Steinen, Durchmesser etwa 25 Meter, die in der Mitte eine kegelförmige Vertiefung haben. Diese "Vulkantrichter" sind ausgeraubte Grabhügel aus der Wikingerzeit.
Hinter MOLTUSTRANDA erkennen wir schon von weitem die langgezogene Brückenkonstruktion, die unsere Insel Gurskøy über das Inselchen Notøy mit der Insel Leinøy verbindet. Damit ist das Inselspringen jedoch keineswegs zu Ende, die nächsten Brücken führen über Remøy zu unserem Ziel, der **Vogelinsel Runde** (Wegweiser zunächst: FOSNAVÅG).
Hinter der ersten Brücke führt eine Stichstraße nach links zum Küstenmuseum auf dem Gehöft Herøy, wir kommen auf den abseits der Durchgangsstraße gelegenen, geradezu einsamen **Parkplatz** des Museums noch einmal zu sprechen. 300 m nach dieser Abzweigung links die Gaststätte "Lanternen Kro" mit großem **Parkplatz** [**132:** N62° 18' 50.9" E5° 42' 30.7"] und **Entsorgungsstation**.
Die zweite der Brücken, die **Herøy brua**, eine elegante Spannbetonkonstruktion, hat eine Länge von über 500 m. Am Ende der Brücke finden Sie links einen **Picknickplatz** für einen

Fototermin. Ab der nächsten Straßengabelung ist der Weg zu unserer **Vogelinsel Runde** bereits ausgeschildert.
Der Anblick der dritten Brücke nimmt einem schon fast die Luft weg, so filigranhaft zerbrechlich spannt sie sich über den Sund. Das zierliche Gebilde ist nur einspurig mit einer Beule in der Mitte, zwei Ausweichstellen für den Gegenverkehr. Jetzt sausen wir, zur Abwechslung, durch eine 1 km lange Tunnelröhre. Danach trennen uns nur noch ein letztes, fast halbkreisförmig gebogenes Einbahnstraßenbrückchen und ein Damm von unserem Ziel, der **Vogelinsel Runde**.

Sie besteht aus einem schmalen, flachen Streifen, der sich um die Ostspitze herumzieht, der größte Teil der Insel jedoch ist Fjell, also Hochebene, umgeben von den typischen, bis zu 300 m hohen Felswänden, in denen Jahr für Jahr mehr als eine Million Seevögel brüten, auf jeden der etwa 200 Einwohner Rundes kommen also 5000 Dreizehenmöven, Papageientaucher, Trottellummen, Tordalken, Baßtölpel, Austernfischer – über 200 verschiedene Arten.
Wir kommen nach 1 km im Dörfchen Runde am **Runde-Camping** vorbei, wo täglich Bootsfahrten zu den Vogelfelsen angeboten werden. Diese sind sehr zu empfehlen, vom Meer aus kommt man den Vögeln einfach näher!
Der **Parkplatz "Rundefjell"** [**133:** N62° 24' 11.3" E5° 37' 52.2"] nach 3,8 km hinter dem Tunnel, direkt am Ufer, ist fast leer, wir registrieren eine Toilette mit warmem und kaltem Wasser, sind aber zu müde, uns noch weiter umzuschauen; morgen ist auch noch ein Tag (Camping verboten).
Mitten in der Nacht reißen uns eine brüllende Stimme und wütendes Klopfen am WOMO aus dem Tiefschlaf. Ein zornrotes Gesicht hält mir einen "Ausweis" vors Gesicht, gibt mir fünf Minuten, mich "zu verziehen". Ratlos stehen fünf WOMO-Chauffeure beisammen, ein sechster hat schon den Diesel an – Aufbruch. Wir sind viel zu müde zum Nachdenken, im Scheinwerferlicht erspähe ich einen Feldweg – Motor aus, Licht aus, schlafen.
Natürlich stehen am nächsten Morgen die gleichen WOMOs wieder auf dem Parkplatz, und der nächtliche Zauber entpuppt sich als 1-Mann-Show des **Campingplatzbesitzers Goksøyr** aus dem zweiten Runde-Dörfchen. Amüsiert über unsere nächtliche "Tapferkeit" schnüren wir die Bergstiefel. Rucksack, Fotoapparat mit Teleobjektiv und Fernglas dürfen auch nicht fehlen, los geht's, Millionen von Vögeln warten auf uns!
Vom Parkplatz bis zum **Campingplatz Goksøyr** sind es nur dreihundert Schritte. Weitere 300 Meter läuft man auf der Fahrstraße bis zum Beginn des steilen Fußweges aufs **Fuglefjell**. Neben dem Pfad hocken zwei grasgedeckte Hütten direkt auf dem Sturzbach – uralte Mühlen, die wir erst mal angucken müssen. Die untere scheint noch funktionstüchtig zu sein: Im Bachbett sieht man die "Turbinenschaufeln", im Häuschen die zwei Mühlsteine und die Schütte.

Nach kurzem Aufstieg stapfen wir bequem über saftiggrüne Schafweiden. Rechts des Weges entdecken wir an kurzen Holzpfosten farbige Markierungen. Marschieren Sie hier weiter geradeaus, quer übers Fjell, dieser Pfad führt auf kürzestem Wege zu den steilsten Klippen im Nordwesten der Insel! Unglaublich, was uns dort erwartet: Tausende und Abertausende von Seevögeln sausen hin und her, stürzen sich in die Tiefe, tauchen, schnellen

wieder aus dem Wasser, lassen sich vom Wind herauftreiben, hocken einzeln, paarweise, in kleinen, meist jedoch großen Gruppen auf winzigen Felsvorsprüngen und vollführen ein ohrenbetäubendes Gezeter.
Die Sieger bei unserem Sympathiewettbewerb werden eindeutig die putzigen Papageientaucher, die so wenig in den kalten Norden zu passen scheinen, man würde ihnen, mit ihren knallroten Schnäbeln und Füßen, viel eher einen Urwaldbaum am Amazonas als Brutplatz wünschen als einen kalten, glitschigen, norwegischen Felsvorsprung. Aber sie scheinen sich wohl zu fühlen, sind sich ihrer Schönheit bewusst und in alter Dressman-Manier putzen und stolzieren sie vor mir auf dem Felsen, lassen mich immer näher kommen, bis ich fast selber fliegen lerne.
Wir schauen und schauen, suchen die bizarren Felstürme, an denen sich nie die schleifenden Gletscher der Eiszeit vergriffen haben, nach weiteren, seltenen Arten ab, sichten wirklich ein Basstölpelpaar, das sich aus 20, 30 Metern Höhe, noch durch Flügelschläge angetrieben, senkrecht ins Wasser stürzt ....
Fast zwei Stunden verbringen wir, ab und zu den Standort wechselnd, an der Kante des Vogelfelsens, dann ist unser Vogelbedarf gesättigt, und wir treten den Rückmarsch an: Fjell – Abstieg – Fahrstraße – WOMO.
Was sollen wir Ihnen, liebe Leser, für Ihren Runde-Aufenthalt empfehlen? Einerseits sollte man sich nicht einschüchtern lassen, andererseits will man ja nicht Ärger um jeden Preis! Wir haben für Sie Ausweich-Plätze gesucht, falls Sie abends anrollen wollen, um früh morgens auf "Vogeljagd" gehen zu können:

* Übernachtung beim Küstenmuseum (Kyst-Museum) auf der ersten, kleinen Insel Notøy. 500 m nach der ersten, der flachen Brücke führt nach links ein Teersträßchen zum 1600 m entfernten, ruhig gelegenen **Parkplatz** [**134:** N62° 18' 43.9" E5° 40' 56.9"]; Camping verboten.
* Übernachtung auf der Insel Remøy hinter dem Tunnel und unmittelbar vor der Runde-Brücke. 50 m hinter dem Seitenwind-Warnschild geht es rechts hinter einem Felsen zu einem großen **Parkgelände** (Privat, aber Schranke offen) hinab [**135:** N62° 22' 36.9" E5° 37' 48.7"].
* Am Inselbeginn von **Runde** links in einen holprigen Schotterweg bis zu seinem Ende; dort **Parkmöglichkeiten** [**136:** N62° 23' 10.3" E5° 36' 53.1"].
* 400 m nach dem Inselbeginn Runde links oberhalb der Straße **Wiesenparkplatz** beim kleinen Friedhof [**137:** N62° 23' 22.0" E5° 38' 28.9"].

Die beste Lösung jedoch: Im Laufe des Vormittags kommen, im Laufe des Nachmittags wieder fahren – denn bereits auf der nächsten Insel haben wir zwei prima Plätzchen für Sie!

TOUR 13 (300 km / 3-4 Tage)

Hareid – Ålesund – Stordal – Trollstigvei – Trollvegg – Åndalsnes – Molde (Karte siehe Tour 11+14)

Freie Übernachtung:	Hjørungavåg, Brandal (Eismeermuseum), Ålesund (2 Plätze), Åndalsnes (Hafen), Molde (2 Plätze).
Campingplätze:	u. a. Ålesund (Bobil-Platz), Åndalsnes, Molde.
Ver-/Entsorgung:	Ålesund, Linge.
Besichtigungen:	Brandal (Eismeermuseum), Hjørungavåg, Ålesund (Aksla, Stadtbild, Aquarium), Skodje bru, Stordal (Rosenkirche), Gudbrandsjuv, Trollstigvei, Trollveg, Molde (Varden).
Baden:	Hjørungavåg, Ålesund, Skodje, Åndalsnes, Molde.
Wandern:	Molde (Varden).

Wir kehren **Runde** den Rücken und über alle Brücken zurück zur Insel **Gurskøy**. Dort fahren wir jedoch nicht geradeaus nach MOLTUSTRANDA, sondern biegen links nach HAREID, unserem nächsten Fährhafen.

Die **Dragsund brua** verbindet die beiden Inseln **Gurskøy** und **Hareid-Landet** (gleich hinter der Brücke rechts ein ausgedehntes **Picknickgelände** ohne Hinweisschild (!) mit von der Straße sichtgeschützten Stellplätzen). Eigentlich wollten wir die Insel schnurstracks, von links unten nach rechts oben durchqueren, wir hatten nichts "Interessantes" über sie in Erfahrung gebracht. Aber es kam ganz anders!

Zunächst passierten wir ULLSTEINVIK, schön in Terrassen am Hang eines großen Naturhafenrunds angelegt, ein Wald von riesigen Kränen weist auf seine Bedeutung als Werftenort hin. Überragt wird das Städtchen vom supermodernen **Ullstein-Hotel**, Sonderangebot pro Bett und Nacht: 395 NKr!

Ein paar Kurven hinauf, dann senkt sich die Hauptstraße >61< zur Nordostküste mit dem **Sulafjord** hinab. Wir erreichen den Fährhafen HAREID, und gleichzeitig legt die Fähre ab – ohne uns! „Gelegenheit für ein zweites Frühstück", sagen wir uns, schwenken ohne groß nachzudenken nach Süden ab, also nach HJØRUNGAVÅG (2,5 km). Dort entdecken wir, sofort hinter dem Ortsschild, völlig unerwartet zwei Attraktionen auf einem Platz: Auf einem Landsporn ragt ein riesiges **Denkmal** in die Höhe, ein Wikingerdenkmal zur Erinnerung an eine Seeschlacht zwischen Norwegern und Dänen vor der Küste; eingeweiht wurde das gewaltige Monument 1986 von König Olav V.

Nun wissen wir nicht, ob der norwegische König ein WOMO-Fan ist. Der **Badestrand Overåsanden**, der neben dem Monument angelegt wurde, spricht jedoch dafür:

(138) WOMO-Badeplatz: Hjørungavåg/Overåsanden

GPS: N62° 21' 34.0" E6° 04' 29.6"; **Hjørungavågvegen.** **Max. WOMOs:** 3-4.
Ausstattung/Lage: Glänzender, weißer **Sandstrand** mit Wasserhahn am linken Ende, golfplatzgleiche Liegenwiesen, Toiletten, Duschen und ein großer **Parkplatz** (mit stets offener Schranke)/außerorts.

Wir genießen den Blick auf Strand und Meer, kehren wieder zur Fähre zurück und das blöde Spiel wiederholt sich – sie legt vor unserer Nase ab. Wenn Sie jetzt glauben, wir würden aus Schaden klug – weit gefehlt! Wir rollen nun nach Norden, bis BRANDAL (3,5 km). Dort parken wir im Hafengelände neben dem gelben Gebäude des Eismeermuseums, dem **Ishavs-Museet**.

(139) WOMO-Stellplatz: Brandal/Ishavsmuseet

GPS: N62° 23' 57.0" E6° 00' 42.4"; Brandalsvegen. **Max. WOMOs:** 3-4.
Ausstattung/Lage: Tisch & Bank, Museumsbesuch (täglich 12-17 Uhr)/im Ort.

Neugierig schlüpfen wir ins Erdgeschoss hinein – keine Menschenseele ist zu erblicken, aber ein Eisbär, eine Robbe, ein Seehund, Seevögel (alle natürlich ausgestopft), die komplette Funkkabine eines Schiffes, ein Eskimokajak....
„Wie schön, dass Sie unser neues Museum gefunden haben!“ Erschrocken drehen wir uns um, werden freundlich von Herrn Magnus Sefland begrüßt; er spricht perfekt deutsch (wie es sich für einen Deutschlehrer gehört), ist ehrenamtlich im Museum tätig und beweist uns schnell – er ist ein Kenner der Materie.
Wir erfahren fast nur unbekanntes: BRANDAL war früher Ausgangspunkt für arktische und antarktische Expeditionen; es sollten Überwinterungsmöglichkeiten für Robbenfänger, Pelztierjäger, Grubenarbeiter u. a. auf Grönland und Spitzbergen untersucht werden. Fast alle der speziell für diese Zwecke gebauten oder umgerüsteten Schiffe sind noch erhalten – als Modelle im ersten Stock! Fotos aus der Zeit, weitere Dokumente und Gerätschaften runden das Informationsangebot ab. Die wichtigste "Einrichtung" des Museums aber ist Herr Sefland. Bei seinen Worten fangen die Modelle an, ins riesenhafte zu wachsen, Männer schlagen auf die Robben

Brandal; Ishavs-Museet

ein, schleppen sie zu den Schiffen. In BRANDAL wurde das Fleisch verwertet, Tranfabriken lieferten das Öl für die Lampen unserer Urgroßeltern. Das erste Schiff verließ BRANDAL 1890, ein reines Segelschiff ohne verstärkten Rumpf, 1918 ging es im Eis verloren, aber noch vor wenigen Jahren fuhren zwei Robbenkutter bis ins Eismeer....
Besonders stolz ist man auf die "Aarvak" aus dem Jahre 1912, die neben dem Museum im "Trockendock" liegt. Dieser Robbenkutter ist ebenfalls im Besitz des Eismeermuseums und soll als besonders attraktive "Außenstelle" eingerichtet werden.
Das schöne **Ishavsmuseet** möchten wir Ihnen ganz besonders ans Herz legen. Der ruhige **Parkplatz** neben der "Aarvak" ist nachts speziell für müde WOMO-Besatzungen reserviert!
Man kann von BRANDAL noch knapp 2 km weiter bis zur Nordostspitze der Insel fahren, dort liegen Reste des Atlantikwalls aus dem II. Weltkrieg.
„Du bist hier unerwünscht, Dein Großvater und Dein Vater waren schon hier!" Ein alter Mann verwehrt uns dort die Weiterfahrt, weist uns von seinem Grundstück. Ich bin entsetzt über die Trauer in der Stimme des Greises, welches Leid werden die Deutschen ihm oder den Seinen wohl zugefügt haben!?
„Ich habe damals ja noch gar nicht gelebt!" „Man muss doch einmal vergessen oder vergeben!?" und schließlich gar: „Auf Ihre Vorfahren, die grausamen Wikinger, habe ich auch keine Wut!" sind meine Argumente im Gespräch, das doch noch zustande kommt. „Das ist 1000 Jahre her, in 1000 Jahren bist Du hier willkommen!"
Wir kommen uns nicht näher, trotzig verabschiede ich mich und muss doch immer wieder an den alten Mann aus BRANDAL denken ....

Diesmal haben wir Glück im Fährhafen von HAREID! Kaum in die Autoschlange eingereiht, rollen wir schon auf der Südseite der **Insel Sula** weiter nach Osten; die 61 schlägt einen weiten Bogen nach ÅLESUND, der **Jugendstil-Stadt**:

Das Stadtbild von ÅLESUND, ja der Anblick vieler einzelner Häuser wird Ihnen unvergesslich sein, das versprechen wir Ihnen! Der Grund dafür ist ein durchaus betrüblicher: Am 23. Januar 1904 brannte die Stadt fast vollständig ab. Kaum, dass Reste der Häuser übrig blieben, denn norwegentypisch waren fast alle aus Holz. Geschockt beschlossen die Bürger, diesmal in Stein zu bauen. Wie zu allen Zeiten üblich, baute man "modern" – und modern war damals der **Jugendstil**, dessen besonders auffallende Merkmale Dekorationen und von Pflanzenmotiven ausgehende Ornamente in auffälligen Farben sind. Nun sind während der (kurzen) Zeit des Jugendstils nicht gerade viele Städte komplett abgebrannt, folglich gibt es auf der ganzen Welt kein lebendigeres **Jugendstilmuseum** als die Stadt ÅLESUND!

Kurz vor unserem Ziel mündet die >61< in die >E 39<, und dort, wo diese sich (nach rechts) mit der >E 136< vereinigt, knicken wir nach Westen ab, halten auf die Stadt der drei Inseln im **Ålesund** zu.

Unübersehbar sind nacheinander zwei Abfahrten von der Einfallstraße, erst lesen wir **Museer**, dann **Aksla** (Fjellstua) auf den Wegweisern. Wir schauen auf die Uhr, es ist früher Nachmittag. Jetzt bekommt man im Zentrum noch keinen Parkplatz. Also biegen wir zunächst Richtung **Museum**:
Als erstes erreichen wir das **Sunnmøre-Museum** (offen: 11-16 Uhr, Sa/So 12-16 Uhr). Hier sind im Freigelände über 50 alte Häuser aus Sunnmøre, der Region um ÅLESUND, wiedererrichtet und ausgestattet worden. Drei Bootshallen zeigen eine umfangreiche Holzbootsammlung, u. a. auch eine 18-m-Kopie des Kvalsundschiffes, eines Wikingerbootes.
100 m später entdeckt man die Abzweigung zum **Middelaldermuseet i Borgundkaupangen**. Dort, auf dem Areal des mittelalterlichen Handelsplatzes Borgund, wurden umfangreiche Grabungen durchgeführt. Das Museumsgebäude sitzt direkt auf einem Teil des Ausgrabungsfeldes (offen: 11-15 Uhr, Sa/So 12-16 Uhr).
Die **Borgundkirche**, ein paar Schritte weiter, geht auf einen romanischen Bau aus dem 12. Jahrhundert zurück. Besonders sehenswert sind die außergewöhnlich schönen Holzschnitzereien und die Deckenmalereien (offen: 10-14 Uhr, Mo zu). Vor der Kirche ruhige, ja einsam gelegene **Parkgelegenheiten** [**140:** N62° 27' 56.6" E6° 13' 58.0"].

An der nächsten Abzweigung von der >E 136< steht u. a. **Fjellstua** auf dem Wegweiser. Dies ist ein Restaurant auf dem **Aussichtsgipfel Aksla**, von dem man einen so tollen Blick auf die Stadt der drei Inseln und die Fjordlandschaft hat, dass man eigentlich nicht darauf verzichten kann. Gute 4 km sind es bis hinauf – der Blick über hunderte von Inseln und direkt in die Schornsteine von ÅLESUND hinein ist wirklich überwältigend.

Die **Gaststätte Fjellstua** ist ab 22 Uhr geschlossen. Ob man hier oben allerdings ungestört übernachten kann? Zumindest sollte man den nächtlichen Blick über die Stadt genießen – dann kann man immer noch 1200 m bzw. 1500 m hinab zu großen **Parkplätzen** neben dem oberen [**141:** N62°

28' 32.5" E6° 11' 09.3"] bzw. dem unteren Fußballstadion rollen!
Neben der **Fjellstua** führt eine Treppe mit genau 418 Stufen hinab in den Stadtpark von ÅLESUND. Deshalb sollten Sie das WOMO hier oben stehen lassen – und die Stadt "per pedes" erobern (immerhin kommt man an 22 Aussichts- und Ruhebänkchen vorbei)!

Sie wollen mitten ins Zentrum hinein? Wenn Sie sich angestrengt haben, nach 17 Uhr einzutreffen, ist die Parkplatzsuche kein Problem. Direkt am Hafen entdecken Sie zwei Wegweiser: Geradeaus geht es weiter zum Aquarium (3 km), rechts (WOMO-Symbol) zum Bobil-Platz (700 m).
Wenn Sie rechts schwenken, können Sie bereits nach 200 m, auf dem **St. Olavs-Plass**, wohl dem zentralsten Punkt der Stadt, das WOMO abstellen und unseren Kaiser besuchen!

Ausnahmsweise ist nicht der Altnationalspieler Beckenbauer gemeint, sondern Kaiser Wilhelm der Zweite. Richtig, der mit dem Kriegsschiffspleen, der alles immer besser wusste als Reichskanzler Bismarck ....
Seine Sommerferien verbrachte der Kaiser gerne mit eigener Jacht und Gefolge in den Fjordgewässern Norwegens, kaiserlicher Besuch bei den königlichen Gletschern sozusagen. Als ÅLESUND abbrannte, schickte Kaiser Wilhelm sofort Hilfsgüter aus seiner Privatschatulle, half auch beim Wiederaufbau der Stadt. Die Bürger dieser Stadt haben ihm das nicht vergessen, über zwei Weltkriege hinweg trug und trägt die größte Straße seinen Namen, im Stadtpark steht sein Denkmal.
Wendet man vom Nordende des Parkplatzes seine Schritte genau nach Osten,

so trifft man auf die Fußgängerzone **Kongensgate**. Eine kreisförmige Treppe (neben einer roten Telefonzelle und einem Reh aus Bronze) führt hinauf zur **Lihauggata** und zum **Stadtpark**. Gleich am Anfang, rechterhand hinter einer für nordisches Klima geradezu sensationell großen Araukarie, steht die Bronzestatue von Rollon (norwegisch: Gangerolv), dem angeblichen Gründer der Normandie. Er kam (ebenfalls nur vermutlich) auf der Insel Giske nördlich ÅLESUND zur Welt: Seit 911 gibt's die Normandie, seit 1911 das Denkmal, ein Geschenk der Normandie-Stadt ROUEN.

Wendet man sich nach links, so entdeckt man, etwas versteckt, an einer roten Sandsteinsäule, Wappen und Relief unseres Kaisers.
Zwischen beiden Denkmälern kommt die bewusste Treppe vom **Aksla**, dem Aussichtsberg ÅLESUNDS mit dem **Fjellstua-Restaurant** herab. Falls Sie noch nicht oben waren – Jogging ist gesund!
Wir schlendern ein wenig durch den schön angelegten Park, verlassen ihn nach Süden, spazieren die **Parkgata** nach Osten, schwenken von dort nach Süden in die **Buholmgata** und an der nächsten Ecke, wieder nach Westen, in die **Keiser Wilhelms Gate** (korrekte norwegische Schreibweise!), die uns zum Zentrum zurückführt.
Wir sind begeistert vom einheitlichen, gepflegten, jugendlichen Bild der Stadt, vom Anblick mancher Häuser kann man sich kaum losreißen: Da gibt es Türmchen und Erker, Fassaden aus rotbackigen Äpfelchen, aus verschlungenen Blumenranken, wir schlingen die Eindrücke in uns hinein. Schließlich kommen wir durch die **Lorkenesgata** wieder zurück zum Hafen.
Am Ende dieser Straße rechts das Gebäude der **Arbeiderforeningen,** ein besonders sehenswerter Bau, quer übers Wasser guckt die **Apotek** mit ihren spitzen Türmchen. Die **Apotekergata** und die **Kirkegata** dahinter rechts und links quellen geradezu über von liebevoll erhaltenen Jugendstilfassaden; am Hafen entlang schlendern wir dann zurück zum WOMO.

Sie möchten länger in ÅLESUND verweilen und suchen einen Platz für Ihr WOMO?
Am Hafen vorbei werden Sie von Schildern mit dem WOMO-Symbol zu einem großen, ruhigen, kostenpflichtigen Betonplatz am Kai mit schöner Aussicht geleitet:

(142) WOMO-Stellplatz: Ålesund/Bobilplatz

GPS: N62° 28' 35.7" E6° 09' 30.8", Sorenskriver Bulls gate **Max. WOMOs:** 30.
Ausstattung/Lage: WC, Dusche (kostenlos), Ver- und Entsorgung; Gebühr (160 NOK) am Parkautomat per Kreditkarte oder Münzen/Ortsrand. **Zufahrt:** siehe Text.

Eine der neuesten Attraktionen ÅLESUNDS ist das neue Aquarium (Atlanterhavsparket), etwas außerhalb auf der westlichsten Insel der Stadt am Ende einer Stichstraße gelegen! Merken Sie schon etwas? Genau! Dort ist es nachts ganz ruhig:

(143) WOMO-Stellplatz: Ålesund/Aquarium

GPS: N62° 27' 57.3" E6° 06' 01.6"; Tuenesvegen.
Max. WOMOs: >5.
Ausstattung/Lage: 150 m geradeaus zum tollen Aquarium (offen: 10-19 Uhr); 100 m rechts zum kleinen Sandstrandrund mit Sitzbänken und einer halbzahmen Robbe; im Hinterland umfangreiche Bunkeranlagen/außerorts.

Wir verlassen das jugendliche ÅLESUND auf der gleichen Straße, wie wir es betreten haben, nach Osten führt die >E136< Richtung ÅNDALSNES (bei der Abzweigung nach GÅSEID Shell-Tankstelle mit Autogas).
Erst in SPJELKAVIK, wo die >E39< mit in die >E136< einmündet, endet das bebaute Gelände, wir knicken auf der >E39/E136< nach links ab. Der **Brusdalsvatn** begleitet uns rechterhand, wir haben jedoch Mühe, einen Blick auf den Wasserspiegel zu erhaschen, denn die Straße zieht durch Wald und Fels, oft sind Passagen in die Felsen hineingesprengt.
Dürfen wir Sie zu einem kleinen Umweg verführen, der eigentlich gar keiner ist?
Dann verlassen Sie mit uns die >E39/E136< auf die >661< nach links Richtung VATNE/BRATTVÅG (Sie müssen die erste Abzweigung nehmen, die lediglich mit den Begrenzungsangaben H: 3,70 m / B: 2,30 m / 3,5 to gekennzeichnet ist).
Bereits 2 km nach der Abzweigung rollen wir über eine neue Brücke (Maut) neben zwei sehr eleganten Steinbrücken, kombiniert aus Natur- und Ziegelstein, technisch perfekte und doch ästhetische Bauwerke – die **Skodje bru**. Nach all den Hightech-Bauwerken aus Stahlseilen und Spannbeton zeigen sie uns, dass sich auch zu Beginn des Jahrhunderts gute Ingenieurleistung nicht in statischen Berechnungen erschöpfte. Hinter der zweiten Brücke lädt ein Parkstreifen zum Verweilen und Schauen ein.
Der **Badeplatz** von SKODJE heißt **Murvika**! Schwenkt man in der Ortsmitte rechts und bei einer Gärtnerei nach 300 m nochmals rechts, so erreicht man ihn nach weiteren 600 m:

(144) WOMO-Badeplatz: Skodje/Murvika

GPS: N62° 30' 05.3" E6° 40' 38.6"
Max. WOMOs: 2-3.
Ausstattung/Lage: Kiesstrand, Liegewiese, Mülleimer; Camping verboten/außerorts.
Zufahrt: siehe Text.

Wir fahren weiter zur >E39/E136< (direkt an der Einmündung, linkerhand, ein großer **Parkplatz**) ziehen bis STORDAL am

linken Ufer des **Storfjords** entlang. Unser E-Zwilling verlässt uns allerdings am Ende von SJØHOLT nach links, wir bleiben am Wasser auf der >650< Richtung STORDAL/GEIRANGER – die gewaltigste Bergstraße Norwegens, der **Trollstigvei**, fehlt noch in unserer "Serpentinensammlung".
Zunächst konzentrieren wir uns jedoch auf die Fjordflankenstraße bis STORDAL. Sie ist "den Umständen entsprechend" gut ausgebaut, nur für Picknickplätze war beim besten Willen kein Platz. Eile ist ohnehin angebracht, denn in STORDAL wartet ein besonderer Schatz auf den Kunstkenner – die **Rosekirke**. Nun ist die Rosenmalerei, eine Art Bauernmalerei, in der die Abbildung von blühenden Rosenzweigen in allen Variationen und Abstraktionsgraden dominiert, in Norwegen nicht gerade selten, die Rosenkirche von STORDAL stellt aber zweifelsohne einen der Höhepunkte dar, ist ihr Inneres doch über und über mit Rosen geschmückt.

Die **Rosekirke** ist nicht die erste Kirche von STORDAL, die wir schon vom Fjord aus sehen, sondern die zweite am Wege, die **Stordal gamle Kirke**, 500 m später links der >650<. Es ist ein kleiner, achteckiger Zentralbau mit zweistöckigem Türmchen, schindelgedeckt (offen: 11-16 Uhr). Wir kommen natürlich zur Unzeit und müssen uns mit einem Blick durch die Fenster begnügen. Falls Sie ein bisschen Zeit zum Warten mitbringen: Neben dem **Kirchenparkplatz** sind Tische und Bänke zum Picknick aufgestellt.
Unsere Straße schlängelt sich nun durchs **Stordal**, wird begleitet vom **Stordalselva** und dicken Hochspannungsdrähten, die die Kraft eines fernen Wasserfalles weiterleiten, aber noch viele seiner Brüder rauschen frei und ungebändigt rechts und links die Hänge hinab.
Wir passieren die Einmündung der Straße von der Fährstation STRANDA. Den **Parkplatz** hier sollte man für eine herrliche Aussicht auf den **Norddalsfjord** nutzen; ein zweiter Aussichtspunkt 1700 m später.
Zwischen zwei Tunneldurchfahrten erspähen wir die zwei Fähren, die zwischen EIDSDAL und LINGE hin- und herpendeln. Sie verbinden zwei Teile der >63<: Der südliche ist der

Ørnevei, den wir bereits vom Aussichtspunkt **Dalsnibba** bestaunt haben, der nördliche ist der **Trollstigvei**, den wir heute angehen werden.
Zunächst sind wir noch in einer der geschütztesten Fjordlagen des Landes, Kirsch-, Apfel- und Birnenbäume stehen am Wegrand, auch Johannisbeeren und Stachelbeeren werden angebaut. Wir sind nun auf der >63<, hinter VALLDAL (rechts Picknickplatz und Entsorgung bei Texaco) beginnt der Gebirgsaufstieg.
Die Straße geht es gemütlich an, zunächst begleiten uns satte Wiesen, Kartoffelfelder, ja sogar Erdbeerplantagen; an den Straßen gibt's "Jordbær" direkt vom Busch. Hinter den Feldern aber zeigen glatte, steile Felshänge und die ersten Schneefelder, was auf uns zukommt.
Kiefern und Birken lösen die Wiesen und Felder ab, ein Sturzbach poltert neben uns durchs immer schmaler werdende Tal. An einer besonders engen Stelle, der **Skjærsura**, überquert die **Gudbrands bru** aus dem Jahre 1919 den Sturzbach. Hier sollten Sie auch bei begrenztem Parkangebot eine Pause machen; rechtzeitig vorgewarnt werden Sie vom Hinweisschild **Gudbrandsjuvet**.

Der Sturzbach hat gar malerisch an verschiedenen Stellen den Durchbruch zwischen den Felsen erzwungen, hat Klüfte und Höhlen ausgewaschen, durch die er hindurchsprudelt, direkt neben der Brücke schäumt und brodelt er in einem riesigen, runden Topf.
Übrigens: Beste Parkmöglichkeit 50 m **hinter** der Brücke!
Nochmals treten die Hänge zurück, machen Platz für ein paar schmale Wiesen, dann begleitet uns wieder der tosende, blauweiß schaumiggeschlagene Milchbrei des Sturzbaches, Wasserfälle speisen ihn von links und rechts. Die Straße macht dazwischen geradezu sanfte Schleifen, erreicht ihren Scheitelpunkt bereits in 852 m Höhe. Das Angebot an Park- und Picknickmöglichkeiten unterwegs ist auffällig dürftig. Liegt es daran, dass ohnehin alle diesem höchsten Punkte zueilen?
Immerhin – auf einer kleinen Hochebene vor dem Sattel ein großer **Picknickplatz** [**145:** N62° 24' 59.8" E7° 38' 26.2"], ein kleiner See und Gedenksteine an die Reisen von Olav dem Heiligen und König Håkon.

Wir passieren den **Pass**, auch hier ein **Picknickplatz**, rings herum hunderte von zusammengetragenen Steinmännchen als "Platzhalter" für ein Wiedersehen, dann schlängelt sich die Straße zwischen glattgeschliffenem Fels wieder hinab.
Keine Angst! Der Platz der Plätze, **der** Aussichtspunkt schlechthin in Norwegen, der **Parkplatz Trollstig** kommt noch – aber erst ungefähr 2,5 km später!
Sie werden ihn sicher nicht verpassen, denn am **Parkplatz Trollstig** [**146:** N62° 27' 16.9" E7° 39' 54.4"; 718 m] herrscht ein Gedränge wie auf dem Oktoberfest.

Ein bestens geteerter Fußweg, der Publikumsmenge durchaus angemessen, führt oberhalb eines Wasserfalls zu **dem** "Utsiktspunkt", von dem aus das Geschlängel vom **Trollstigvei**, der wie eine epileptische Bandnudel an die Wand geklebt ist, aus der Adlerperspektive zu begukken ist: „Möönsch, dieser Bus, der kommt doch da nie 'rum!" „Guck' mal, da traut sich einer mit dem Wohnanhänger...." „Wenn die sich begegnen, das wird spannend!" Zungen aus aller Herren Länder diskutieren das Verkehrsgeschehen auf der schmalen Serpentinenstraße wie Kinder, die mit ihrer Modelleisenbahn hantieren. Wir prägen uns die neuralgischsten Punkte ein, schießen unsere Photos und diskutieren auf dem Rückweg über ein Verbotsschild: „Das Mitführen von Fallschirmen und Drachenseglerausrüstung ist auf dem Trollstigvei verboten!" Auch hier eine Unmenge von Steinmännchen. Wollten sich die Autofahrer ein letztes Denkmal setzen, bevor sie sich in die Tiefe wagen?

Es geht hinab! 10 % Gefälle! Die Straße ist frei! Kurve auf Kurve nehmen wir! Meine Beifahrerin späht zum nächsten Serpentinenstück hinab – immer noch frei! Dann, mit einem Schlag – Schluss!
Vor uns, oder besser gesagt drei Serpentinen unter uns quält sich ein Riesenbus mit einigen WOMOs herum, hinter beiden lange Schlangen. Wir haben Glück, schlüpfen in eine Parkbucht neben dem stäubenden Wasserfall, warten in Ruhe ab, bis sich der Gordische Knoten auch ohne Alexanders Schwert gelöst hat.
Sechs Kilometer später können wir an einem Picknick- und Aussichtsplatz durchschnaufen, ab hier hat die Straße wieder Mittelgebirgscharakter. 10 km weiter, an der **Sogge bru**, trifft unsere >63< auf die >E 136< aus ÅLESUND, die wir bei SJØHOLT verlassen hatten. Vor der Brücke besetzt ein **Cam-**

pingplatz das idyllische Gelände. Fährt man über die Brücke und dahinter links, so findet man einen **Picknickplatz** [**147:** N62° 31' 58.1" E7° 44' 04.5"], "verziert" mit Bauschutt.

Wir biegen jedoch hinter der Brücke rechts, halten auf der >E 136< Richtung DOMBÅS, um ein Stück des **Romsdals** kennenzulernen.

Aber was heißt Tal? Hohlweg. Schlucht! Klamm!! Cañon!!!

Flankiert von den höchsten und steilsten Felswänden Europas ist das **Romsdal** eine Urlauber- und Bergsteigerattraktion ersten Ranges, denn **Trollvegg**, die Felswand an der Bergkette **Trolltindane**, die 1800 m emporragt, bietet auch einige der schwierigsten Klettertouren der Welt.

Erinnern Sie sich an das Fallschirm- und Flugdrachenverbot? Hier bekommt es Sinn! Aber warten Sie nur ....

Wir unterqueren die Bahnlinie und haben vor uns das markante **Romsdalshorn**, das tief in seinem Inneren ein Elektrizitätswerk verbirgt. Drei Plätze haben wir für Sie ausgesucht, von denen aus Sie die prächtigste Aussicht auf die spitzen Zacken und senkrechten Mauern der Gebirgswand haben:

Die ersten beiden sind Stationen des Gryttenkraftverks (1,9 km und 4,0 km nach der Brücke) und die dritte der große **Touristenparkplatz Trollvegg**, genau 6 km nach der Brücke und unmittelbar zu Füßen der gewaltigen Steilwand.

Während die ersten beiden Plätze völlig einsam, lauschig, schön angelegt, etwas entfernt der Straße liegen, herrscht am letzten Trubel. Dort [**148:** N62° 29' 20.9" E7° 45' 36.2"] finden Sie Souvenirläden, eine Cafeteria, Picknicktische und -bänke, Toiletten, Info-Tafeln, Schaukeln (daneben Wasserhahn) – und ein Campingverbotsschild!

Versäumen Sie nicht, links der Cafeteria die Fotomontage der **Trollvegg-Wand** mit den wichtigsten Klettertouren zu beachten. Hineinmontiert wurde im gleichen Maßstab ein Foto des Eiffelturmes, ein fingergroßer Däumling, Menschenwerk!

Erstmalig 1958 bestiegen, ging man seit 1980 den umgekehrten Weg, stürzte sich am Fallschirm in die Tiefe; erst nach sechs Jahren war den Verantwortlichen die Zahl der Todesfälle hoch genug, um die Todessprünge zu verbieten.

Wir wenden am **Trollvegg-Parkplatz**, rollen auf der >E 136< nach ÅNDALSNES – der "Alpenstadt am Fjord". Kurz nach der Esso-Tankstelle (mit Entsorgung) kann man rechts zum **Badeplatz Kvammen** abzweigen. Nach 1000 m hat man den entlegenen Schotterplatz [**149:** N62° 33' 50.5" E7° 40' 14.5"] erreicht; leider muss man zu Sandstrand und Liegewiese 200 Meter marschieren.

ÅNDALSNES liegt an der Mündung der **Rauma**, am Ende des **Romsdalsfjords** – und ist auch noch Endstation der **Raumabahn**, der wir während unseres Abstechers ins **Romsdal** bereits begegnet sind. Trotzdem herrscht hier keineswegs solch ein Trubel wie z. B. in FLÅM – und einen ausgewiesenen

(kostenlosen) **WOMO-Parkplatz** gibt's auch (**vor** der Bahnlinie rechts [**150:** N62° 34' 00.0" E7° 41' 30.9"])!
Biegt man **hinter** der Brücke über die Bahnlinie rechts (bei der Post), und rollt bis zum Kai, so findet man einen weiteren (und schöner gelegenen) **Parkplatz** [**151:** N62° 34' 03.7" E7° 41' 31.3"] für WOMOs; daneben liegt die Touristeninformation.
Ein Blick auf das Hafengelände, ein gemütlicher Stadtbummel mit Einkauf, dann kehren wir zurück zum Kreisverkehr, schlagen einen Dreiviertelkreis nach links, verschwinden auf der >64< in einem Tunnel Richtung MOLDE.
Wir ziehen eine weite Schleife um den **Isfjord**, den östlichsten Finger des **Romsdalsfjords** herum, blicken noch einmal übers Wasser zu den schneebedeckten, scharfkantigen, bizarren Gipfeln. Genau gegenüber von ÅNDALSNES gibt es am **Isfjord** zwar keinen eingerichteten Picknickplatz, aber eine ganze Reihe von **Parkbuchten**. Von hier aus ist das Panorama besonders eindrucksvoll: Das **Romsdalshorn**, ja der ganze **Trolltindane-Gebirgsstock** beherrscht die "Alpenstadt am Fjord", die geduckt zu seinen Füßen liegt.
Unsere Straße macht einige Schlenker durchs Landesinnere, zieht an zwei Seen vorbei – und hat schon wieder einen neuen Fjord als Begleiter, den **Rödvenfjord**. Zwei **Picknickplätze** liegen an seinem Ufer; von ihnen aus können Sie feststellen, wie schnell sich in Norwegen die Szene von Hochgebirgszacken zu Mittelgebirgshügeln wandelt.
Die Fähre von ÅFARNES nach SØLSNES scheint nur auf uns zu warten: Wir rollen aufs Deck, sie tuckert los!
MOLDE, die Stadt der Rosen und des Jazz, liegt auf einer Halbinsel. Aber "halb" heißt in Norwegen nur, dass man ohne Fähre **auch** hinkommt. Ich habe ab ÅFARNES mal den Umweg ausgerechnet, er beträgt genau 105 km, auf schmalen Berg- und Nebenstraßen. Da fahren wir doch gerne über den **Langfjord** und den **Fannefjord**!?
Was aber macht unsere >64< am **Fannefjord**? Sie endet nicht, wie erwartet, bei einer Fährstation, sondern schwingt sich kühn, auf einer neuen Spannbetonbrücke, zum nahen Inselchen **Bolsøya** hinüber. Vor der Brücke können Sie sich über einen **Picknickplatz** (mit Kinderspielplatz, Toilette sowie warmem und kaltem Wasser) freuen und hinter ihr ein zweites Mal über eine aufgehobene "Bomstasjon"; denn mit dem Beitrag der Passanten wurden die Brückenkosten – und nur die – bezahlt, seitdem ist die Brückenbenutzung kostenlos!
Wie aber sollen wir nun nach MOLDE hinüberkommen? Eine gigantische Brücke müsste das sein, der Meeresarm ist hier fast 2 km breit!
Bevor wir uns versehen, geht's in den Untergrund! Der **Fan-**

nefjord-Tunnel, ein neuer **Unterwassertunnel** mit genau 2743 m Länge, schluckt uns. Steil sinkt die Straße ab, die Luft wird feucht, von den Wänden tropft das Wasser – ob Neptun uns wieder freilässt? Eine ebene Passage, dann beginnt der Aufstieg, wir atmen auf – Tunnel durchs Gebirge erscheinen uns sicherer!
Kaum wieder an der Erdoberfläche mündet unsere >64< in die >E 39<, die uns nach links auf MOLDE zuführt. 1800 m nach der Einmündung liegt linkerhand ein großer Jachthafen, an jedem zweiten Bootssteg mit einem Wasserhahn versehen!
Vorher kann man links zu einer neuen Picknickanlage mit Sandbadestrand abzweigen:

(152) WOMO-Badeplatz: Molde/Jachthafen
GPS: N62° 44' 21.4" E7° 12' 55.2"
Max. WOMOs: >5.
Ausstattung/Lage: Sandstrand, Tisch & Bank, Liegewiesen/außerorts.
Hinweis: Toiletten beim Jachthafen, Shell mit Autogas hinter dem Jachthafen.

MOLDE ist von der Natur reich beschenkt, aber Katastrophen blieben auch nicht aus: 1916 zerstörte ein Brand über 100 Häuser – und 1940 kamen die Deutschen! Sie wollten den norwegischen König, der sich mit seiner Familie nach MOLDE geflüchtet hatte, zur Kapitulation zwingen. Die Luftwaffe zerstörte den gesamten Stadtkern, der König musste zuschauen – und gab danach erst recht nicht klein bei!
MOLDE wurde neu und wie man sagt, schöner aufgebaut. Wir werden auch hier eine ganz besonders gute Gelegenheit haben, dies zu begucken. Aber der Reihe nach!
100 m vor dem spitzen Kupferdach der neuen **Domkirche** entdecken wir zum ersten Mal die Wegweiser nach rechts zum **Aussichtsberg Varden**; eine Info-Tafel neben der Kirche weist uns den Weg zu den anderen Sehenswürdigkeiten, z. B. zur **Strandgata** unterhalb des Doms, der **Bummelmeile** von MOLDE.

Fährt man von der **Domkirche** aus genau nach Westen, zunächst den **Parkveg** entlang (Hauptstraße knickt ab!), dann den **Glommstuveg** weiter, immer nach Westen, so kommt man zur **Königsbirke** (Wegweiser: "Rotes Kreuz", hinter dem Kran-

kenhaus "Kongebjørka"). An diesem Platz stand der norwegische König Olav V. während des deutschen Bombenangriffs, 1955 wurde hier eine Erinnerungstafel eingeweiht.
Nun kommt **Varden** an die Reihe! Von der Domkirche aus folgen wir den Wegweisern den Hang hinauf, an zwei Stauseen mit Parkplatz [N62° 45' 11.8" E7° 10' 17.0"] vorbei, immer weiter und weiter empor. 2 km Teerstraße, 2,6 km gute, breite Erdbahn, dann stehen wir auf dem Aussichtsplateau – phantastisch! Man blickt über das langgestreckte MOLDE, über den Fjord mit seinen vielen kleinen Inseln, und am Horizont leuchten sage und schreibe 87 schneebedeckte Gipfel – die **Romsdalsalpen** oberhalb ÅNDALSNES!

(153) WOMO-Stellplatz: Molde/Varden

GPS: N62° 44' 57.4" E7° 07' 47.7"; Vardevegen. **Max. WOMOs:** 3-4.
Ausstattung/Lage: Aussicht, Gaststätte, Wanderwege/außerorts.

Das **Parkplatzangebot** hier oben ist groß und eine ruhige Übernachtung wohl garantiert. Von 12-22 Uhr kann man auch vom Restaurantfenster die Aussicht genießen: Die **Varde-Stua** macht von außen den Eindruck einer gewöhnlichen, dunkelgebeizten Holzhütte mit dem üblichen Grasdach, unterlegt von nässeableitender Birkenrinde. Von Innen jedoch bekommen wir einen Schnellehrgang in nordischer Wohnkultur – so würden wir auch gerne hausen: Wuchtige Baumstämme tragen das Dach, die Wände sind ebenfalls aus massiven Holzstämmen errichtet. Ein einziger Raum, von der Küche mal abgesehen, große Fenster nur nach Süden, zum Panorama hin, sehr chic!
Nicht nur zum Schauen hat MOLDE den **Varden**. Jogger kommen in die **Stua**, zünftig gekleidete Wanderer. Entscheiden Sie selbst, wie Ihr Varden-Programm aussehen soll!

TOUR 14 (130 km / 2-3 Tage)

Molde – Trollkyrkja – Eide – Atlanterhavsveg – Kvernes – Kristiansund – Tingvoll

Freie Übernachtung:	Molde (Skigebiet), Atlanterhavsveg, Søbstad, Myrset (Roksetskaret), Kristiansund (2 Plätze), Tingvoll.
Campingplätze:	u. a. Molde, Tingvoll.
Ver-/Entsorgung:	Eide, Kårvåg, Kristiansund.
Besichtigungen:	Trollkirche, Atlanterhavsveg, Søbstad (Felsritzung), Kvernes (Stabkirche), Kristiansund (Stadtbild, Museen), Tingvoll.
Baden:	Kristiansund (Badeplatz Skjerva).
Wandern:	Molde (Skigebiet), Trollkirche, Bremsnes (Steinzeitweg).

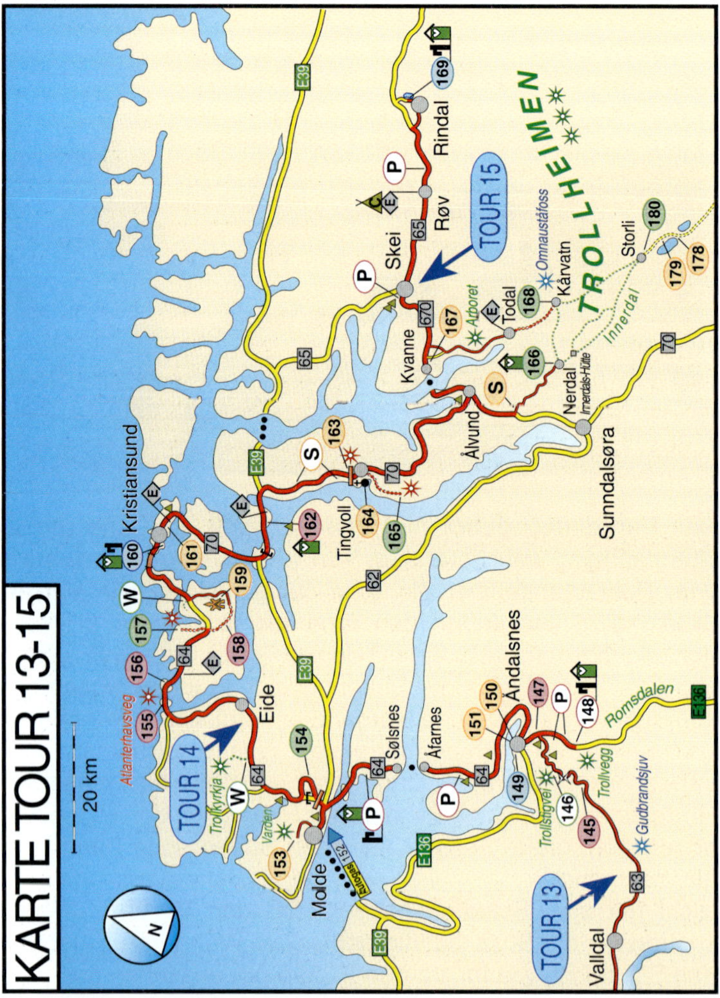

Wir verlassen MOLDE nach Osten, so wie wir hergekommen waren, fahren am **Jachthafen** mit dem Badeplatz vorbei und auch an der Abzweigung zum Unterwassertunnel; erst 1 km später biegen wir nach links auf die >64< Richtung EIDE.
Kurz darauf ist wieder ein **Bomveg** angezeigt, ein Tunnel muss abbezahlt werden. 15 NKr wären es zwar nur, aber wir haben Zeit und leisten uns den Umweg über die alte >64<, fahren durchs **Skigebiet** Moldes, den **Skaret Friluftspark**. Hier gibt es eine ganze Reihe von Sportmöglichkeiten, vom Skispringen, Langlauf über Wasserskilauf bis zu den üblichen Sommersportarten. Für den durchreisenden Touristen dürften in erster Linie die vielen leeren **Parkplätze** in idyllischer **Wanderlandschaft** von Interesse sein, zum Beispiel der **Wanderparkplatz** beim Skistadion [**154:** N62° 47' 26.2" E7° 18' 54.1"] oder 1,5 km später der **Picknickplatz** bei der Skarstua. Nebenan, im Klokkargarden arbeiten neun lokale Handwerker (u. a. Rosenmaler, Weber, Holzschnitzer, Silberschmied).
Trollstigvei und **Trollvegg**, Gebiete, in denen man mit nordischen, heidnischen Unholden rechnen musste, haben wir weit hinter uns gelassen und **Trollheim**, die Heimat der Riesendämone, steht erst später auf unserem Programm. Was aber soll die Bezeichnung **Trollkyrkja** auf unserer Autokarte bedeuten? Sollte es wirklich zur Bekehrung einiger der gottlosen Riesen gekommen sein?
Etwa 4 km nach der Abzweigung ELNESVÅGEN rollen wir links unserer >64< auf einen **Parkplatz** [N62° 52' 0.5" E7° 16' 28.9"] (Wegweiser: **Trollkyrkja**). Etwa 3 km Fußmarsch, für einen Riesen sicher eine Kleinigkeit, stehen uns bevor. Aber wie heißt es so schön auf der Info-Tafel: „Experience outside the usual – take a hike to the Trollchurch!“

Wir empfehlen Ihnen folgende Ausrüstung: Gummistiefel (oder Bergschuhe, je nach Wetter), Anorak oder Windjacke, alle vorrätigen Taschenlampen, Fotoapparat mit Blitzlicht und – langen Atem.
Allradspezialisten und VW-Bus-Schinder werden natürlich versuchen, den ersten Teil des Weges auf Rädern zurückzulegen – mal sehen, wo wir deren Schrott dann finden werden! Nach kurzer Feldwegstrecke mit zwei Furteinlagen, in denen sich die Gummistiefel erstmals bewähren, zieht der matschig-holpersteinige Pfad steil durch Jungfichtenwald nach oben. Die Fichten lassen sich von Birken ablösen, nur wir müssen selbst weiterschnaufen ....
Dann sind auch die letzten Birken unter uns zurückgeblieben; wir klettern über kahlen Fels, an dem die Wasserfäden eines Bächleins herunterrinnen, schmatzend ziehen wir die Stiefel aus Moor- und Sumpfpassagen.
Fast ist uns der Spaß vergangen, nur die Neugierde treibt uns noch voran. Endlich, nach einer Stunde und zehn Minuten, haben wir ein großes Loch in der Felswand erreicht, etwa so groß wie die Rückfront unseres WOMOs. Noch etwas missmutig knipsen wir unsere Taschenlampen an, stolpern in den weiten Gang hinein, ein Bächlein begleitet uns gluckernd unter dem Geröll des Höhlenbodens.

Zugegeben, die Wände bestehen wirklich aus Marmor, blendend weiß sogar. Wir stapfen weiter, schlagen uns den Kopf an, rechts 'rum geht's, der Höhlengang erweitert sich – und ehe wir uns versehen, sind wir Paten in einer "Trolltaufe": Ein Wasserfall schießt von oben in die Naturkirche hinein, krachend prallen die Fluten vom Höhlenboden zurück, wir stehen starr.
Doch dann fühle ich förmlich, wie sich mir die Nackenhaare sträuben: In halber Höhe der Marmorwand erscheint ein Strahlen, ein göttliches Licht!? Nein, es ist nur ein menschlicher Höhlenbesucher mit einer rotgelb rußenden Fackel, der durch das Loch in der Wand zu uns hinabgrinst.
Wir verrenken unseren Hals, spähen weiter nach oben, sehen eine Edelstahlleiter in der Marmorröhre lehnen, unerreichbar. Aber es gibt nicht nur einen Höhleneingang! Der Berg, Ende der letzten Eiszeit von Schmelzwässern ausgewaschen, ist durchlöchert wie ein Käse, nur ein kleiner Teil des Labyrinths ist bisher erforscht.
Vom Höhleneingang steigen wir weiter empor, erklimmen die Stelle, an der der Wasserfall in die **Trollkirche** hinabrauscht. Hier ragt die nächste Säulenhalle nach oben, ein Sturzbach braust in einer Falte der Wand, erscheint zu unseren Füßen. Weiter steigen wir, seitlich der Höhle, hinauf, sind schließlich ganz oben, sozusagen auf dem Glockenturm. Von dort aus reicht der Blick nicht nur hinab in die Grotte, sondern auch weit übers Land, bis zu unserem winzigen WOMO an der Straße und weiter, über Hügel und Seen bis zu den Schneebergen im Landesinneren. Ein 5-Minuten-Weg zu einem kleinen See wird angepriesen; wir verzichten, verschnaufen, schauen – und kehren dann, sehr zufrieden mit unserem Ausflug, zum WOMO zurück (Rückmarsch 1 Std.).

*„Kinder! Falls Eure Eltern nicht wollen – schleift sie hinauf! Die **Trollkyrka** ist ein Erlebnis, viel schöner als eine langweilige richtige Kirche, in der man immer still sein muss! Und vergesst nicht: Gummistiefel, Taschenlampen oder noch besser Fackeln braucht man unbedingt! Unterwegs wachsen viele dicke Heidelbeeren. Am besten, man nimmt sich ein Gefäß mit, damit man im WOMO in Ruhe mampfen kann!"*

Der nächste Ort an unserer Strecke ist EIDE. Links der Straße liegt das Zentrum – und rechts bereits der **Kornstadfjord**; das Meer wird uns nun wieder eine ganze Weile begleiten ....
Blendend weiße Straßen führen nach links ins Gebirge. Sie sind keineswegs betoniert, sondern dick mit Kalkstaub eingepudert. Wenn ein LKW von einem der Marmorsteinbrüche in den Bergen herabpoltert, sieht man bereits aus großer Entfernung seine weiße Fahne.
Wir ziehen am Fjord nach Norden, wittern schon die Tangluft des offenen Meeres, freuen uns auf den berühmten **Atlanterhavsveg**, die **Atlantikküstenstraße**.
Noch ein paar Kilometer, dann geht das Inselspringen los: Erstes Brückchen, dahinter gleich ein **Picknickplatz** [**155:** N63° 00' 33.6" E7° 18' 25.8"] (Gebühr?) und wenige Meter später das **Info-Gebäude** mit WC und Babywickelraum. Dann schwingen wir uns über eine kühne Spannbetonbrücke, auf der die Angler dicht an dicht stehen (man braucht nur eine Schnur mit Blinker und Haken; die Makrelen beißen wie wild!). Der folgende **Picknickplatz**, links der Straße, ist der beste weit und breit: Geschmackvoll angelegt, alle Einrichtungen und sogar ein Kinderspielplatz!

(156) WOMO-Picknickplatz: Atlanterhavsveg
GPS: N63° 01' 06.0" E7° 21' 52.8" **max. WOMOs:** 3-4.
Ausstattung/Lage: Toilette, Tisch & Bank, Kinderspielplatz, Gebühr/außerorts.

Hier beißen sie auch bei Anfängern!

Lassen Sie Ihre Kleinen toben und ersteigen Sie den Hügel, um das Panorama zu erkunden: Wie eine Wasserschlange liegt das Straßenband auf Inseln, Inselchen, Schären und aufgeschütteten Dämmen, biegt sich über Meerengen, verbindet alles zu einer einmaligen Perlenschnur.
Bei schönem Wetter hätte man sicher einen völlig falschen Eindruck von dem kühnen Bauwerk. Wenn jedoch der Wind peitscht, die Wogen von beiden Seiten aufstachelt, das Menschenwerk zu bestürmen, dann versteht man, warum die Menschen an dieser gefährlichen Küste nicht einfach sagen: „Es wird heute stürmen!" sondern: „ER wird es heute stürmen lassen!"

Noch eine ganze Reihe von **Parkplätzen** hat man am Wegrand angelegt, alle wären u. E. übernachtungsgeeignet, dann führt eine letzte Brücke hinüber zur großen **Insel Averøy**, die dadurch eigentlich eine Halbinsel ist (in KÅRVÅG Entsorgung bei Statoil).
„Jetzt düsen wir schnell hinüber zur Fährstation BREMSNES, dann können wir uns heute noch KRISTIANSUND anschauen!" Mit dieser Überlegung durchquerten wir **Averøy**, wollten lediglich im **Steinmuseum** bei der Statoil-Tankstelle vor BREMSNES noch ein paar geschliffene Thulit-Steine als Andenken erstehen ....
Können wir etwas dafür, dass die Verkäuferin ihre Inselheimat in den schönsten Farben schilderte – und natürlich mehr wusste, als auf den Prospekten steht? Wir haben für Sie unsere Erlebnisse so zurechtgerückt, als hätten wir alles bereits vorher gewusst:
Vom **Atlanterhavsveg** kommend erblicken wir das Meer erst wieder in BÅDALEN, bei der Shell-Tankstelle; ein Schottersträßchen quert, links geht's nach FLATSET, rechts nach MYRSET.
Wir biegen links ab und empfehlen Ihnen, die Kilometrierung der Straße zu beachten. Nach genau 3,7 km kommt man an eine Weggabelung. Hier fährt man rechts, steil den Hügel hinab, an einzelnen Häusern vorbei. Nach 400 m sichtet man rechts und links das Meer, steuert den kleinen **Parkplatz** links am Ufer an.

(157) WOMO-Wanderparkplatz: Flatset/Hans-Petters-Plass
GPS: N63° 02' 20.2" E7° 32' 56.1" **max. WOMOs:** 2.
Ausstg./Lage: Tisch & Bank, Wanderweg (Markierung: Blaue Holzschilder)/außerorts.

Kurz vorher kam man an einem roten Stallgebäude vorbei. Hinter diesem führt ein Schotterweg (100 m), der zu einem Pfad verkümmert (100 m), rechts zum Wasser und der dahinter (10 m) im Fichtenwald aufragenden, schwarzen Felswand – wir haben unser erstes Ziel erreicht, eine ganz seltene **Felsritzung**, die im Gegensatz zu den vielen bereits beguckten Schiffen richtige Wale darstellt!
An dieser Stelle sei nochmals Dank dem kleinen Vegard Ellingvåg gesagt, der uns zu den Walen geführt hat – und seiner Mutter, die ihn uns vertrauensvoll "ausgeliehen" hat!

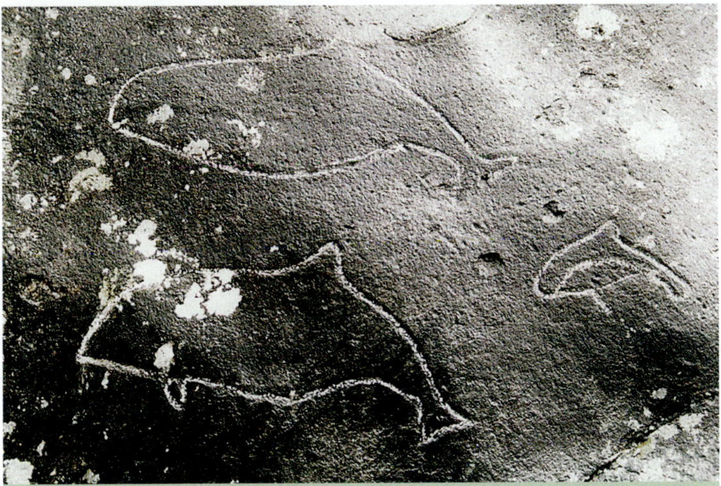

Die Felsritzung ist kaum bekannt und auch nicht für Touristen farbig nachgezogen. Wir holen dies mit (vergänglichen) Kreidemarkierungen nach, um auf unseren Fotos einen besseren Kontrast zu erzielen. Dann kehren wir zum WOMO zurück, stellen fest, dass der kleine **Parkplatz** eine lauschige Nacht mit uns verdient hätte, bringen unseren Führer zu seiner Mutter zurück und rollen wieder zur Teerstraße.

Auch die Richtung MYRSET, nach rechts, lohnt sich! Eigentlich sollte das Schottersträßchen nur eine Abkürzung zur Stabkirche von KVERNES, an der Südostecke der Insel sein....
Es führt jedoch, verflixt steil (**??**), die letzten 100 m 22 %, durchs **Roksetskar**, eine kleine Schlucht, hinauf zu einer malerisch gelegenen "Passhöhe" mit einem **Picknickplatz** in absoluter Waldeinsamkeit, so richtig etwas zum Ausspannen und ruhig Übernachten (benachbart ein kleines Moor mit Wollgras und der seltenen Moorlilie).

(158) WOMO-Picknickplatz: Roksetskar
GPS: N 62° 58' 54.4" E 7° 38' 27.2"; 200 m.
max. WOMOs: 3-4.
Ausstattung/Lage: Tisch & Bank, Mülleimer/außerorts.

Der Abstieg ist noch steiler (**???**) – aber Sie müssen ihn ja nur hinunter! Dann führt uns die Küstenstraße stangengerade nach KVERNES. Wir gucken uns fast die Augen aus bei der Suche nach der kleinen **Stabkirche** und finden das rote Kirchlein (offen: 12-17 Uhr) schließlich, versteckt, direkt hinter der großen weißen Hauptkirche des Ortes.
Die Stabkirche wird erstmals 1430 erwähnt, ist ganz und gar mit Weingirlanden ausgemalt und trägt, völlig untypisch, statt Turm

Stabkirche von Kvernes

nur einen kleinen Dachreiter. Die "Stützbalken" rings um die Kirche zeugen nicht von deren Baufälligkeit. Niemand weiß ganz genau, wann und warum sie angebracht wurden. Höhepunkt der Inneneinrichtung ist die Altartafel, eine herrliche Arbeit aus dem Lübeck des 15. Jahrhunderts.

Vom großen, ruhigen **Parkplatz** [**159:**N63° 00' 17.4" E7° 43' 16.0"] vor der neuen (der weißen) Kirche hat man einen herrlichen Blick über den **Kvernesfjord** bis hinüber zu der gewaltigen Hängebrücke, die von der **Insel Bergsøya** zum Festland führt – wir werden sie noch aus der Nähe bestaunen!

Wir halten nun, weiter an der Küste entlang, auf die Fährstation BREMSNES zu, passieren das „Bygde-Museum" von KVERNES, stoßen nach wenigen Kilometern auf die 64, nach rechts geht's weiter. Sehen Sie vor sich den wuchtigen Felsklotz, den **Bremsneshatten**? Schon in der Steinzeit war er besiedelt!

Nach 4,2 km auf der >64< parken wir auf dem großen Platz hinter der Statoil-Tankstelle, holen uns (reichliches) Steinzeit-Info-Material im **Steinmuseum** (erster Stock der Tankstelle) und beginnen unsere **Steinzeitweg-Wanderung** um den **Bremsneshatten**:

Über die Hauptstraße, einen Schotterweg hoch, an der Schule vorbei, ein Sträßchen halblinks überqueren, auf einem Pfad durch Heidelandschaft Richtung Bergkuppe, bis zum Fuße der steilen Felsen (7 min.). Dort stoßen wir auf den mit blauen Punkten markierten **Archäologielehrpfad**, biegen links ein. Knapp 10 Minuten später haben wir die **Steinzeithöhle** erreicht, unbeachtet liegen vor ihr Unmengen von rohem Thulitgestein herum, wir packen uns die Taschen mit schönen Stücken voll. Die **Bremsneshula** ist etwa 100 m lang und hat die Form eines sehr spitzen, fast 30 m hohen Dachzeltes; ein Steinwall, vielleicht von Menschenhand aufgeschichtet, schützt den Innenraum. Dort fand man eine Pfeilspitze aus Jaspis, die man in die jüngere Steinzeit datiert (vor 4000 Jahren). Am Ende der Höhle rechts

führt eine (neuzeitliche) Leiter hinauf zu einer podestartigen Vertiefung, dort schlief sicher der Häuptling mit seiner Lieblingsfrau.
Falls Sie wissen möchten, wie weit der Weitblick in der Steinzeit reichte – noch 15 Minuten dauert der Aufstieg zum **Bremsneshatten**, immer den blauen Punkten nach. Dort oben reicht die Sicht vom **Atlanterhavsveg** im Südwesten bis nach KRISTIANSUND im Nordosten. Folgt man der blauen Markierung weiter (Richtung KRISTIANSUND), so wird man, brav im Kreis, wieder zur Steilwand zurückgeführt, der Rest sind 5 Minuten zur Straße und zum WOMO.

Nun hat uns **Averøy** genug beschäftigt, beschließen wir auf dem Weg zur Fährstation BREMSNES. Aber welche Überraschung: Seit dem 19.12.2009 führt der 5.727 m lange Atlanterhavstunnel (Maut 85 NOK bis 6m oder 3,5 to) 250 m unter dem Meeresgrund hinüber nach KRISTIANSUND, der Stadt auf den drei Inseln **Kirkeland**, **Nordland** und **Innland**.
Auch KRISTIANSUND wurde 1940 bombardiert, brannte fast vollständig nieder. Wir können also keine altnorwegische Stadt mit Holzhäusern erwarten ....
Wir tauchen erst mitten in der Stadt aus Neptuns Reich auf, wenden uns am ersten Kreisel rechts (Hagelinveien), am zweiten links (Dalabrekka) und am dritten rechts (Wilhelm Dalls vei/Langvei) bis wir rechts zu einem Parkplatz im Grüngelände abbiegen können (Gebühr von 8-17 Uhr). Hier stehen wir unmittelbar neben der Fußgängerzone, der **Skolegata**. Sie führt nach Osten bis zum Hafen.
Fährt man den **Langvei** zurück bis zum Ende der Grünanlage, also noch ein Stück hinter der modernen Kirche, so wird man links zum **Varden** geschickt.

Dieser hübsche Aussichtsturm mitten im **Stadtpark** hat eine lange Tradition. Bereits während der Napoleonkriege beobachtete man von hier aus den Schiffsverkehr, aber erst 1983 wurde der heutige Turm, im Stil des alten, wieder eingeweiht (offen 11-15 Uhr, Eintritt frei). Fußfaulen muss ich leider mitteilen: Durch den Park führen nur Fußwege zum Turm, man muss das WOMO vor dem Park abstellen (Vuggavei, Hagbart Brinchmanns Vei oder Omvei) und einige Minuten "per pedes" gehen. Die Aussicht vom höchsten Punkt der **Insel Kirkelandet** (78 m) lohnt sich aber! Blickt man nach Süden, fast zu Füßen des Turmes, so entdeckt man **Vann-**

damman, einen künstlichen See, das Trinkwasserreservoir der Stadt. Stadtingenieur Brinchmann leitete 1912 den Bau einer Wasserleitung von BOLGA (auf der Insel Frei) bis hierher und den Bau des Reservoirs, der die Trinkwasserversorgung der Stadt sichert.

Fährt man den **Langvei** bis zu seinem Ende nach Süden und dann rechts, so wird man durch die Verkehrsschilder problemlos zur **Insel Innland** geleitet, über eine schlanke Spannbetonbrücke mit vielen dünnen Spinnenbeinen rollen wir hinüber. Biegt man gleich nach der Brücke links, so kommt man zu Lagerhallen und Bootswerften am **Sørsund**, dazwischen stehen die einzigen alten Holzhäuser der Stadt, die die Bombardierung überlebt haben.
Fährt man nach der Brücke bei der ersten Gelegenheit rechts und dann, wenn man ans Wasser stößt, wieder links, so kommt man zum **Badeplatz Skjærva**.

(160) WOMO-Badeplatz: Kristiansund/Skjærva

GPS: N63° 06' 06.1" E7° 43' 57.3"; Wessels gate 36. **max. WOMOs:** 3-4.
Ausstattung/Lage: Viel Grün zwischen glattgeschliffenen Felsen, die auch ins Wasser hineinreichen, WC, Wasserhahn und Waschbecken an der Außenseite des Sanitärgebäudes (gut anfahrbar) und, last not least, ebener, ruhig gelegener **Parkplatz**. Auffällig ist die steife Brise, die uns um die Ohren pfeift. Surfbrettständer neben der Liegewiese deuten daraufhin, dass dies auch schon andere gemerkt haben – und für ihren Sport zu nutzen wissen. Benachbart sind auch ein Fußballfeld und ein Volleyballplatz/Ortsrand.

KRISTIANSUND hat eine ganze Reihe hochinteressanter Museen, nur zwei von ihnen möchten wir Ihnen ans Herz legen:
Mellemverftet ist eine alte Schiffswerft, ein Teil von ihr ist Museum (das einzige Werftmuseum Norwegens), der andere Teil arbeitet noch und kann ebenfalls besichtigt werden (keine geregelten Öffnungszeiten, im Sommer ist tagsüber immer jemand da). Die Werft liegt nördlich unserer Fähranlegestelle, direkt an der **Vågen-Bucht**.
Der andere Tipp betrifft das umfangreiche **Nordmøremuseum**, und zwar

die Abteilung **Milnbrygga** (offen: 12-17 Uhr). Dort wurde 1992 das norwegische Klippfischmuseum eröffnet; ein 300 Jahre alter, wichtiger Wirtschaftszweig hat jetzt sein eigenes Museum und zeigt die alte Tradition der Konservierung (ursprünglich wurden die Fische, vor allem Kabeljau, entgrätetet und auf den glatten Klippen getrocknet). Das Klippfischmuseum liegt genau östlich unseres Fähranlegers, auf der anderen Seite der **Vågen-Bucht**, auf der **Halbinsel Gomaland**.

Wir besuchen die Museen, als wir KRISTIANSUND verlassen. Wieder sind wir auf dem **Langvei** nach Norden, auf der >70<, sie schlägt einen weiten Bogen über Ost nach Südost.
Bevor Sie über die Brücke von **Gomaland** nach **Nordland** fahren, müssen Sie nach rechts nur dem Wegweiser **Museum** folgen. Die Zufahrt ist schmal, der **Museumsparkplatz** liegt völlig einsam, in einer Sackgasse, am Ufer der **Vågen-Bucht**:

(161) WOMO-Stellplatz: Kristiansund/Klippfisch-museum
GPS: N63° 06' 56.4" E7° 44' 18.9"; Milnveien 30.
max. WOMOs: 3-4.
Ausstattung/Lage: Toilette, Tisch & Bank, Mülleimer; Vogelfelsen/im Ort.
Öffnungszeiten: 20. Juni – 8. August ganztägig 12-17 Uhr.

Hier könnte man nach dem Museumsbesuch gemütlich den Abend vertrödeln und dem Hafentreiben zuschauen. Direkt neben dem Parkplatz ragt ein **Vogelfelsen** auf, so dass man aus unmittelbarer Nähe das Brut- und Fütterverhalten der Möven studieren kann (Platz sehr vermüllt).
Wir überqueren nun die dritte der KRISTIANSUND-Inseln, **Nordland** (2 km nach der Brücke rechts Entsorgung bei Esso). Ein Beton-Stahlgitter-Brücken-Zwilling, dann haben wir – nein, noch nicht das Festland – sondern die große **Insel Frei** erreicht; die Hauptstraße >70< (Richtung SUNNDALSØRA) führt nach rechts zum brandneuen Unterwassertunnel, dem 5100 m langen **Freifjordtunnel** (Bomveg).
Mit 9 % Gefälle tauchen wir hinab – Neptun steh' uns bei – und zornig brummend schleppt uns der Diesel auf der anderen Seite wieder empor zur Insel **Bergsøya**. Kaum haben wir uns ans Tageslicht gewöhnt, erkennen wir vor uns gewaltige Türme, die die Spannseile einer Superbrücke, der 1257 m langen **Gjemnessund brua** bündeln. Die >E 39< führt auf ihr nach Südwesten zum Festland Richtung MOLDE. Wir biegen **vor** der Brücke Richtung SUNNDALSØRA, bleiben auf der >70<. **Bergsøya** hatte vor dem Tunnel- und Brückenbau nur eine schmale Ringstraße. Wir genießen folglich als Zugabe zur

Brücken- bzw. Tunnelmaut eine völlig neue, breite Straße entlang der Südküste von **Bergsøya**, erreichen schließlich die **Bergsøysund brua**.

Nun haben wir in Norwegen schon viele moderne Brücken befahren, so etwas haben wir aber noch nicht gesehen:
930 Meter schlittert eine ganz flache Metallkonstruktion übers Wasser! Gibt es hier denn keine Gezeiten? Und diese Elefantensockel! Keine Spur von Eleganz! Der direkt dahinter gelegene **Picknickplatz** (max. 6 h) mit Tisch & Bank, **Toiletten** und ruhigen Plätzen [**162:** N62° 59' 22.0" E7° 52' 56.4"] im weitläufigen Areal gibt uns Gelegenheit, das "seltsame Stück" näher unter die Lupe zu nehmen. Schließlich fällt der Groschen – eine hochmoderne Pontonbrücke (die erste der Welt dieser Art), und die "Elefantenfüße" sind die Schwimmer, die die Brücke jeder Wasserhöhe anpassen!

Auch der weitere Straßenverlauf ist völlig neu angelegt, Felsen, die den Weg versperrten, wurden weggesprengt, die 412 m lange **Straumsund brua** stellt die Verbindung zur alten Straßentrasse her, die vom ehemaligen Fährhafen KVISVIK vorbeiführt (vor der Brücke **Entsorgung** bei Statoil).

Die "alte" >70< zieht gemütliche Schleifen oberhalb des **Bergsøyfjords**, man sitzt im WOMO, als wäre man im Rang eines Naturtheaters. Genügend **Rastplätze**, wenn auch ohne Einrichtung, laden zum Verschnaufen ein, wenn man mal ein paar Minuten keine Tunnelröhre durchpfeifen möchte.

Kurz vor TINGVOLL, rechts der Straße, zwei schöne **Plätzchen** mit von der Straße abgeschirmten Übernachtungsgelegenheiten (bei »km 3,2« und »km 2,5«).

Noch ruhiger und einsamer kann man nur am **Heimatmuseum** von TINGVOLL stehen. Wir folgen dem Wegweiser **Bygdetun/ Museum** 1800 m links den Hang hinauf bis zur Höhe **Tingvollia**. Sieben bis zu 200 Jahre alte Gebäude stehen in der frischgrünen Gebirgslandschaft, jedes ist liebevoll eingerichtet, viel schöner, als wir es von OSLO in Erinnerung haben (offen: werktags 12-14 Uhr). Das Schönste jedoch ist der geruhsame Blick über Tal und Fjord, ein Kunstmaler würde hier seine Staffelei aufstellen! Ich rangiere das WOMO so, dass wir perfekten "Rundsitzgruppen-Blick" haben und bis die Dämmerung übers Land zieht, genießen wir (Camping verboten).

(163) WOMO-Stellplatz: Tingvoll/Museum

GPS: N62° 55' 28.2" E8° 11' 09.4" **max. WOMOs:** 1-2.
Ausstg./Lage: keine/außerorts bei Museumsgebäuden (Mo-Fr 12/14 Uhr Führung).

TOUR 15 (170 km / 3-4 Tage)

Tingvoll –Trollheim – Innerdal – Todal – Rindal
(Karte siehe Tour 14)

Freie Übernachtung:	Tingvoll (Honnhammar), Nerdal, Kårvatn, Rindal (Badeplatz).
Campingplätze:	Tingvoll, Ålvund, Skei, Røv.
Ver-/Entsorgung:	Todal.
Besichtigungen:	Tingvoll (Kirche), Honnhammar (Felsmalereien), Trollheimen-Projekt, Arboret.
Baden:	Rindal.
Wandern:	Honnhammar, Innerdal, Kårvatn (Omnauståfoss).

Die steinerne **Kirche** von TINGVOLL muss man vor der Weiterfahrt besichtigt haben! Reine Romanik aus der letzten Hälfte des 12. Jahrhunderts, keine Stabkirche natürlich, aber mit einem "Stabkirchendachstuhl" – man kannte es nicht anders! Die dicken Mauern bieten Raum für Geheimgänge; wir entdecken einen der Schleichgänge neben der zweitletzten Sitzbank links, er führt hinauf zur Empore, taucht hinter der Orgel wieder auf. Der Fachausdruck für eine solche Bauweise – Kistenmauer mit äußerer und innerer Schale – wird Ihre Kinder weniger interessieren ....

Das Innere des Gotteshauses ist reich ausgestattet, vor allem aus der katholischen Zeit. Die Wangen der vorderen Bankreihen sind reich geschnitzt, sie stellen die Evangelisten dar. Von der Decke herab hängt ein großes, detailgetreues Schiffsmodell aus dem 18. Jahrhundert mit 56 Kanonen. In einer Nische unterhalb der Kanzel wird eine deutsche Lutherbibel (gedruckt 1562 in Frankfurt) ausgestellt: "Die Propheten allteutsch von Martin Luther".
Zweifellos das älteste Stück der Kirche, hinter bzw. oberhalb des Altars, ist ein Runenstein vom Erbauer der Kirche:

„Im Namen Gottes bitte ich Euch, gelehrte Männer,
Schutzherren dieses Ortes und alle diejenigen, die mein Gebet deuten:
Gedenkt in heiligen Gebeten meiner Seele.
Ich hieß Gunnar und errichtete dieses Haus.
Valete.“

Die **Kirche** (offen: Di-Fr 9-14.30 Uhr) liegt außerhalb, westlich des Ortes, auf einem Landsporn im Fjord und hat einen großen, ruhigen **Parkplatz** [**164:** N62° 54' 42.5" E8° 11' 00.7"] (ebenso der kleine Jachthafen 400 m vorher).

Auf dem Parkplatz des Supermarktes (nebenan Info-Büro, unterhalb **Picknickplätze** beim Hafenbecken) steht eine blonde Fischersfrau. **Ferske Reker** (Gambas, Garnelen) lesen wir auf ihrem Lieferwagen und erstehen "ein Maß" (350 g), sehen sie schon, gut gewürzt, in der Pfanne schmoren, wie wir es mal im Norden Spaniens gelernt haben.
„Eigentlich habt ihr ja schon fast alles selbst entdeckt!" meint die blonde Ingrid in Info-Büro, als wir ihr vom Heimatmuseum, der Kirche und der blonden Fischersfrau erzählen. „Aber unsere Felsenzeichnungen kennt ihr nicht!?"
„Felsritzungen!?" verbessere ich fachmännisch – und blamiere mich gottserbärmlich! „Nein, hier in **Honnhammar** findet ihr ganz seltene Fels**malereien** aus der Steinzeit, vermutlich über 4000 Jahre alt!"
Wir lassen uns den Weg beschreiben: Bereits 1000 m nach dem Supermarkt verlassen wir die >70< nach rechts Richtung ORMSET/HONNHAMMAR. Nach 700 m passieren wir den **Campingplatz** von TINGVOLL; insgesamt zieht sich das mäßig gute, schmale Schottersträßchen genau 6900 m bis zur ersten Hinweistafel mit der Überschrift **Bergmalinger**.

Man kann gut parken, ein 5-Minuten-Pfad führt rechts hinab durch einen lichten Kiefernwald mit prächtig fruchtenden Heidelbeerbüschen. Der Pfad gabelt sich (rechts halten!); das letzte Wegstück, seilgesichert, führt am Steilhang **Honnhammarneset** entlang, feste Turnschuhe sind angeraten!

Das Ergebnis der steinzeitlichen Kunsterziehung, ausgeführt in rotbraun (vermutlich eisenerzhaltige Tonerde) an einer absolut senkrechten, glatten Felswand, ist nicht schwer zu deuten: Eine Gruppe von vier gut gefütterten Lachsen zieht von Nord nach Süd, dem steinzeitlichen Betrachter hat sicher der Zahn getropft!
Wir erinnern uns zufrieden an unsere frisch gekochten Garnelen – und sammeln auf dem Rückweg ein großes Glas Heidelbeernachtisch.
Übrigens: Falls Sie (misstrauisch, wie Touristen manchmal sind) am Alter der Malereien zweifeln: Kratzen Sie einfach ein Stück der Flechten weg, darunter sind Teile der Malerei verborgen. Wenn Sie jetzt noch Flechtenfachmann sind und die Lichenometrie beherrschen, dann werden Sie sicher einsehen, dass die freundliche Ingrid vom Fremdenverkehrsamt hier nicht nachgeholfen haben kann!

Zum zweiten **Parkplatz** am Ende der Piste rollen wir noch weitere 500 m. Das wäre mal wieder ein absolut ruhiger, beschaulicher, also typischer **WOMO-Picknick- und Übernachtungsplatz**!

(165) WOMO-Wanderparkplatz: Honnhammarneset

GPS: N62° 52' 12.9" E8° 09' 49.5"; Honnhammervegen. **max. WOMOs:** 3-4.
Ausstattung/Lage: Wanderweg/außerorts.

Der Fahrweg setzt sich als holperiger Traktorweg fort, nach drei Minuten verlässt man ihn nach rechts (fjordwärts), weitere vier Minuten auf schmalem Pfad durch den Wald führen uns wieder zu einer senkrechten Wand, die durch ein natürliches Steindach besonders gut vor der Witterung geschützt ist. Hier weidet eine ganze Rentierfamilie, eine Augenweide nicht nur für Steinzeitjäger! Das Besucherbuch liefert den letzten Beweis für die Ruhe der schönen Plätzchen, denn pro Tag haben sich maximal drei Steinzeit-Touristen eingetragen. Zweimal muss ich auf der Rückfahrt stoppen, denn die Gerten der Himbeerbüsche ragen fast zum Fenster hinein, wollen ihrer süßen Last entledigt werden.

Wir verlassen mit der >70< den **Tingvollfjord**, tauschen ihn gegen den **Stølvatn** ein, der nächste, kleinere See ist vollständig mit blühenden Seerosen und Fieberkleeblüten bedeckt. Ein Brettersteg führt zum kleinen Inselchen mit Moltebeeren ...
Dann senkt sich die Straße wieder, wir haben die Halbinsel Tingvoll überquert und nähern uns dem **Ålvundfjord**, rollen auf guter Straße an seinem rechten Ufer entlang (vier **Rastplätze** ohne Einrichtungen). Jetzt haben wir sie im Osten vor uns, die schneebedeckten Gipfel von **Trollheimen**, der Heimat der nordischen Bergriesen.
Am innersten Zipfel des Fjords, bei ÅLVUNDFOSS, müssten wir eigentlich nach links, auf die >670< Richtung SURNADAL abbiegen. Folgen Sie uns aber ruhig weiter auf der >70<, wir haben etwas besonderes mit Ihnen vor, in **Trollheim**, im **Innerdal**, im schönsten Tal Norwegens!
Genau 8200 m düsen wir noch auf bester Bahn nach Süden, dann folgen wir nach links dem Wegweiser **ÅLVUNDEID/ Innerdalen** (haben Sie sie gesehen, die kleine achteckige Kirche von ÅLVUNDEID, inmitten des Friedhofes; gegenüber großer **Parkplatz**)?
Im **Virumdal**, dem ersten Stück unseres Weges, steigen die Hänge noch sanft empor, sind bewaldet, am Bach warten viele schöne Plätzchen, aber unser Blick ist bereits nach vorn gerichtet zu den schroffen Felsen, die das wesentlich schmalere **Innerdal** flankieren. Über ihnen strahlt ein so unverschämt blauer Himmel, dass unsere Stimmung geradezu Höhenflüge macht: Wir wollen bei den Trollen übernachten, haben extra dafür eine komplette Ausrüstung (Rucksäcke, Minizelt, Isomatten, Schlafsäcke) mitgeschleppt.
Nach 11 km, bei NERDAL, endet das Teersträßchen mit einem großen **Wanderparkplatz** (Toilette, Info-Tafel, Wanderkarte), die folgende 4-km-Jeep-Piste bis zur **Innerdal-Hytte** ist Wanderern und dem Hüttenwirt Iver vorbehalten, der Proviant und Fußkranke vom Parkplatz abholt.

(166) WOMO-Wanderparkplatz: Nerdal/Innerdal

GPS: N62° 44' 17.3" E8° 42' 37.1" **max. WOMOs:** >5.
Ausstg./Lage: Toilette, Tisch & Bank, Wanderwegskarte, Wanderweg/außerorts.

Wir packen in Ruhe unsere Ausrüstung zusammen, verschließen das WOMO gut, marschieren munter los – und haben einen Kardinalfehler gemacht, der uns bei schlechterem Wetter sicher nicht passiert wäre! Aber immer der Reihe nach ....

Es ist gegen 16 Uhr. Die Piste schwenkt sofort schräg empor, felsig, mühsam, Schweißtropfen rinnen. Nach einer guten halben Stunde, Sie erkennen's an einem Viehgatter und einem kleinen Wasserfall, haben wir das Gröbste geschafft, es geht wieder abwärts und dann entlang des **Innerdalsvatn** über den Almhof **Renndølssetra** bis zur **Innerdalshütte** (insgesamt eine Stunde).

Innerdal mit Dalatårn

Wir folgen weiter den roten Klecksen im Talgrund (Wegweiser: "Bårdsgarden om Porken"). Es ist ein herrlicher Weg, die Natur ist grandios, wir singen vor Freude, umrunden in unseren bequemen Turnschuhen vorsichtig einige Wegpfützen ....

Nur wenige Wanderer begegnen uns, die Standardbegrüßung ist normalerweise "Hej". Heute jedoch deuten viele der Wanderfreunde auf unser Schuhwerk, schütteln geradezu mitleidig den Kopf, warnen uns gar vor dem Weitermarsch. Nach und nach begreifen wir:

Man darf in Norwegen – auch die bequemste Tour – nicht nur in Turnschuhen antreten!!

Das mindeste sind feste Trekkingschuhe oder Bergstiefel, so wasserdicht wie möglich; eine gute Alternative sind Turnschuhe & Gummistiefel auf dem Rucksack für Schnee- und Schlammpassagen; die beste (und teuerste) Lösung sind spezielle Kautschukstiefel mit festem Fußbett und Filzinnenschuh.

Wir sind schon zwei Stunden gewandert, inzwischen umrunden wir die Pfützen nicht mehr, denn das Moorwasser quietscht bereits fröhlich in den schlammverschmierten Schuhen. Wir erkennen an den Fußspuren, dass der Weg nicht immer so nass ist, aber es sind bis zum Ende des Tales eine Unzahl von Bächen, Rinnsalen, Sumpflöchern und Moorflächen zu durchqueren.

Wir lassen uns nicht unterkriegen, gewöhnen uns geradezu an das Fußbad, das mit der Zeit Körperwärme annimmt, sehen wieder das Positive: Der lieblich-lauschige Pfad führt durch Orchideenwiesen, Moltebeeren fruchten orangefarben bis gelb in großen Flächen, die weißen Birkenstämme, die lichtgrünen Blätter, der strahlendblaue Himmel, die grellweißen Schneefelder an den Berghängen, überragt vom gravitätischen Turm des **Dalatårnet** – es ist ein herrlicher Tag. Am Ende des **Innerdals** zeigt der Stundenzeiger auf acht, vier Stunden sind wir unterwegs. Der Weg nimmt im Zickzack den Hang, führt (scheinbar) zu einem Sattel hinauf. Wir erklimmen jedoch nur

ein weiter oben gelegenes Tal, neben dem Bach führt der Pfad, hier bereits viel trockener und angenehmer, weiter nach Osten.
Nach weiteren 1 1/2 Stunden, bereits in der Nähe des Grats, schlagen wir in einer flachen, aber ziemlich trockenen Wiesenmulde, umgeben von Schneefeldern, aus denen Schmelzwässer zum Bach rinnen, unser Zelt auf (Wanderzeit insgesamt: 5 1/2 Std.). Die kleine Hundehütte bietet Platz für uns und unsere Ausrüstung, in den warmen Schlafsäcken können wir schon wieder recht frech zu den Eisriesen um uns herum hinausgrinsen, deren größter der **Ottdalskamm** ist.

Iso-Matten sind jedoch gewöhnungsbedürftig, manches Mal erwachen wir, hören ein vertrautes Klopfen auf dem Zeltdach! Auch das noch – es regnet!
Am nächsten Morgen lassen wir uns Zeit, schlüpfen schließlich tapfer in die feuchtkalten Schuhe – Heimweg!
Der Grat lässt auf sich warten; erst nach einer halben Stunde lässt das Brausen des Baches nach, ein letztes Rinnsal gluckert aus dem höchsten Schneefeld, dann sind wir, bei einem mannshohen Steinturm, an der höchsten Stelle unserer Tour!
Von nun an rinnt das Wasser in unsere Marschrichtung, wir durchqueren eine Senke, verlassen das **Naturschutzgebiet Innerdal** (Hinweistafel mit Wanderkarte) und stehen 100 m später an der Weggabelung, wo wir im spitzen Winkel, nach links zurück, Richtung **Innerdalen om Renndal** wieder Kurs auf unser WOMO nehmen.

Das **Renndal** (oder: **Reindal**), parallel zum **Innerdal**, aber höher gelegen, ist noch fest im Griff des Winters. Wir passieren zunächst eine wellige Hochebene, vorerst leicht bergan, dann ebenso bergab zum **Langevatn**. An seinem rechten Ufer, über endlose, schräge Schneefelder und glitschige Geröllhänge, bei Nieselregen und Gegenwind, kämpfen wir uns voran, kein Weg für kleine Kinder mehr!
Am Seende queren wir über einen Damm hinüber zur linken Hangseite, steigen fast senkrecht hinab zum unteren Teil des **Renndals** mit einem zweiten See, dem **Reindalenvatn**. Dort ist die Stimmung frühlingshaft, weidende Schafe bimmeln an den Wiesenhängen, der Pfad wird moorig-glitschig-nass, das Wasser schmatzt wieder in unseren Turnschuhen.
Auch dieses Tal bricht steil ab, gegenüber einem Sturzbach mit Wasserfalleinlage "seilen wir uns ab", es ist mehr ein Rutschen als ein Absteigen.

Kniehohe, prallgefüllte Heidelbeerbüsche entschädigen uns für die Mühsal, bis wir bei der **Renndølssetra**, kurz vor der **Innerdalshytta**, wieder auf den Jeepweg stoßen; eine Stunde später kommen wir, mit weichen Knien, am Parkplatz und an unserem WOMO an (Rückweg: 6 1/2 Std.).

Der gesamte Abstecher, ab dem **Ålvundfjord**, hin und zurück, betrug 38,5 km – fürs WOMO ein Nichts, für unsere Füße eine Weltreise! Aber ein Erlebnis, ein lehrreiches noch dazu, ein unvergessliches Abenteuer.

Wir rollen auf der >670< am rechten Ufer des **Ålvundfjords** Richtung SURNADAL entlang, setzen von RYKKJEM nach KVANNE über den **Stangvikfjord**. Bald wird auch diese Fährstation verödet sein, plant man doch einen neuen 5600-m-Riesentunnel von ÅLVUNDFOSS nach TODALSØRA.

Wir wollen, knapp 6 km nach der Fähre, einen Abstecher in das (noch) völlig unberührte **Todal** machen. 2 km vorher sichten wir jedoch das Hinweisschild **Natursamling** (Trollheimenprojekt). Im Schulgebäude von STANGVIK ist eine kleine, aber herrliche, naturhistorische Sammlung geschaffen worden (offen: Di/Fr/Sa/So12-17 Uhr). In einer Umgebung, die natürlicher kaum sein könnte, wird die (ausgestopfte) Tierwelt des Trollheim-Gebietes nicht nur optisch präsentiert, sondern auch akustisch: Der Reihe nach werden die Tiere mit einem Scheinwerfer angeleuchtet und synchron ertönt ihr Zwitschern, Röhren oder Brüllen – erlebenswert! Zuspruch findet auch der Kinderspielplatz (mit Picknicktisch für die Eltern), der große **Parkplatz** [**167:** N62° 54' 09.4" E8° 35' 51.6"] ist übernachtungsgeeignet!

Wir kurven 2 km später rechts Richtung TODALEN, durchqueren einen dichten Kiefernwald und landen kurz darauf am **Todalsfjord**. 8 km nach der Abzweigung kommt das nächste Hinweisschild, diesmal ist die Botanik dran:

Im **Arboretum** von SVINVIK (offen: 8.5.-1.8. Do-So 12-17 Uhr), im steilen Geländestück oberhalb des Fjordspiegels, auf Pfaden und Treppen bequem zu durchwandern, liegt ein bestaunenswerter Park, in dem Nadelbäume und Rhododendren dominieren, ein Treibhaus beherbergt Kakteen und weitere Wüstenpflanzen.

Vom **Arboretum** rollen wir, an der Kirche von TODALEN vorbei (ruhiger **Parkplatz**, **Entsorgung** im ICA-Supermarkt-Gebäude), bis zum Seterhof KÅRVATN, einem weiteren Einstieg ins Trollheimen-Gebiet

(Abstecher einfach 24 km). Er liegt am Ende vom **Todal** und am Beginn vom **Gammelseterdal**.

(168) WOMO-Wanderparkplatz: Kårvatn
GPS: N62° 46' 51.4" E8° 52' 21.9"; 210 m. **max. WOMOs:** >5.
Ausstattung/Lage: Wanderwege/Ortsrand. **Hinweis:** 100 NOK Gebühr.

Von hier aus führen Wanderpfade zur **Innerdalshütte**, zur **Trollheimshütte**, auch zu unserem Wanderweg Richtung **Bårdsgarden**; alles sehr schöne (und anspruchsvolle) Touren, die man miteinander kombinieren kann. Natürlich kann man, so wie wir, auch gemütlich auf der Wiese am Fluss liegen oder einen kleine Wanderung zum (sehenswerten) **Omnauståfoss** machen (Foto), der am gegenüberliegenden Hang hinabrauscht (eine Strecke 20 min., Gummistiefelempfehlung wegen der moorigen Wege, lange Hosen und Hemdsärmel wegen der Bremsen).

Eines der Almgebäude, direkt am Fluss, ist die Hütte der **Trondheim Turistforening TT** (neben ihr, bei der Sitzbank, ein Wasserhahn). Genieren Sie sich nicht, treten Sie ein! In der Wohnküche sitzen immer ein paar erfahrene Wanderer, sind mit Rat, Trost und Wandervorschlägen behilflich.
Gudmund Kårvatn, der Jungbauer des Hofes, hat viel vor: Pensionszimmer, Museum mit Multimediashow, WOMO-Stellplatz; lassen Sie sich überraschen ...

Wir kehren zur >670< zurück, biegen rechts Richtung SKEI ein. Dort treffen wir auf die >65<; noch 126 km sind es auf ihr bis TRONDHEIM!

Das breite **Surnadal**, das wir auf bequemer Bahn durchbrausen können, bietet keine touristischen Höhepunkte, genau das richtige für unsere wandermüden Beine (kurz vor SKEI links der Straße **Picknickplatz** mit Info-Tafel; in RØV Wohnmobilentsorgung und **Campingplatz**). 5,5 km später schöner **Picknickplatz** am Fluss.

Eigentlich brauchen wir nur noch ein ruhiges, lauschiges Plätzchen, wo wir den Tag ausklingen, uns auf die "Metropole des Nordens", auf TRONDHEIM vorbereiten können. Kurz vor RINDAL verlassen wir die >65<, durchfahren den Ortskern zum **Rindal-Bygdemuseum**. Genau gegenüber liegt, rechts der Straße, ein **Badeplatz am Iglesjøn**, genannt **Igeltjønna**.

(169) WOMO-Badeplatz: Rindal/Igeltjønna
GPS: N63° 03' 29.0" E9° 12' 55.7" **max. WOMOs:** 3-4.
Ausstattung/Lage: Sandstrand, Liegewiese, überdachte Picknicktische, Toilettenhäuschen mit Wasserhahn an der Außenwand, Grillstellen, Rutschbahn, Sprungturm im Wasser, malerische Waldkulisse, blühende Seerosen, Bygdemuseum auf der anderen Straßenseite (offen: 11-17 Uhr, Museumscafé 12-19 Uhr)/Ortsrand.

Einst war hier "Camping verboten". Jetzt kassiert man lieber 100 NOK Gebühr!

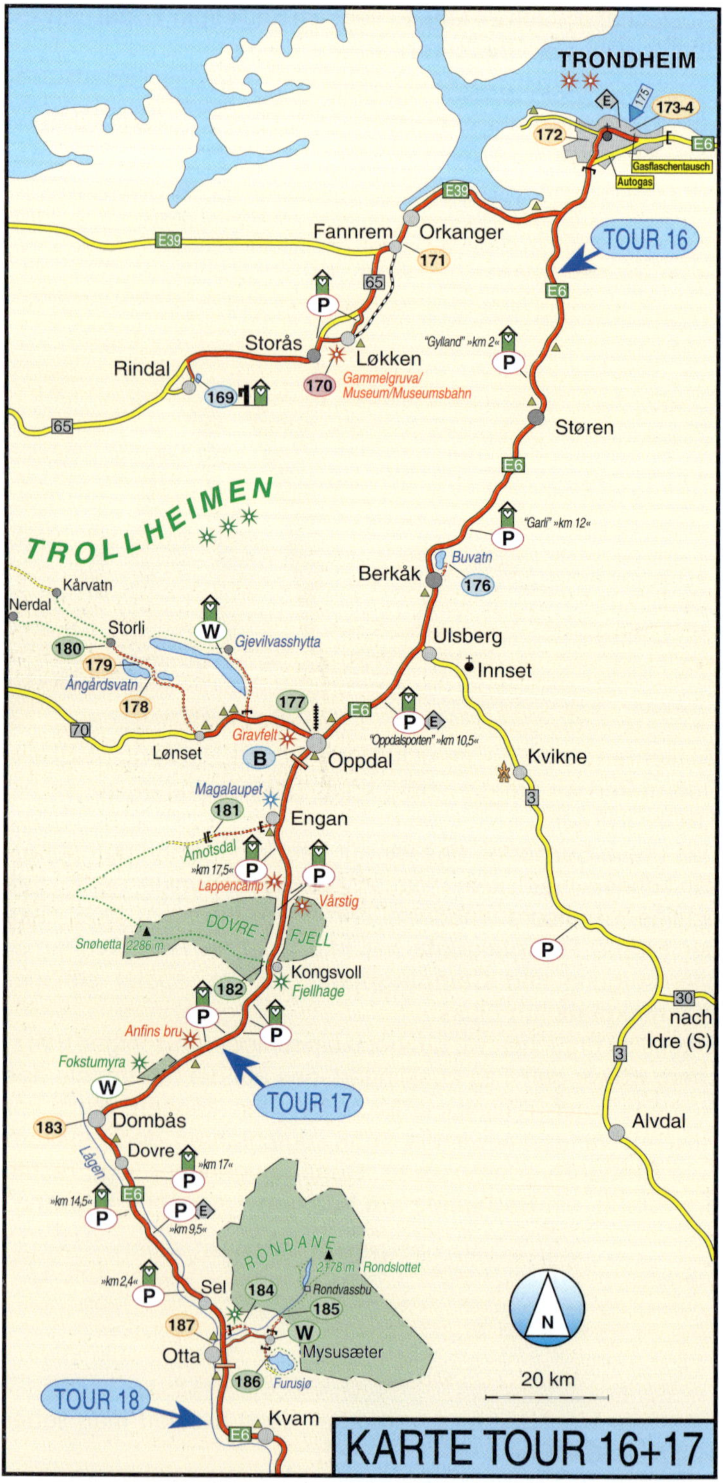
TRONDHEIM
173-4
175
172
E6
Gasflaschentausch
Autogas
E39
TOUR 16
Fannrem
Orkanger
171
65
E6
"Gylland" »km 2«
Storås
Løkken
170
Gammelgruva/
Museum/Museumsbahn
Rindal
169
65
Støren
E6
TROLLHEIMEN
"Garli" »km 12«
Buvatn
Berkåk
176
Kårvatn
Nerdal
Storli
W
Gjevilvasshytta
180
179
Ångårdsvatn
178
Ulsberg
Innset
177
E6
70
Gravfelt
Lønset
B
Oppdal
"Oppdalsporten" »km 10,5«
Kvikne
3
Magalaupet
181
Engan
Åmotsdal
»km 17,5«
Lappencamp
Vårstig
DOVRE - FJELL
Snøhetta 2286 m
Kongsvoll
Fjellhage
182
Anfins bru
Fokstumyra
W
TOUR 17
30
nach
Idre (S)
3
183
Dombås
Alvdal
Lågen
Dovre
»km 17«
»km 14,5«
E6
»km 9,5«
RONDANE
2178 m Rondslottet
»km 2,4«
Sel
184
Rondvassbu
185
187
W
Otta
Mysusæter
186
Furusjø
20 km
N
TOUR 18
Kvam
E6
KARTE TOUR 16+17

TOUR 16 (280 km / 3-5 Tage)

Løkken – Trondheim – Berkåk – Oppdal – Gjevilvatn – Ångårdsvatn

Freie Übernachtung: Løkken (Gammelgruva), Orkanger, Trondheim (4 Plätze), Berkåk (Badeplatz), Oppdal (Gondelbahn), Ångårdsvatn.

Campingplätze: Løkken, Trondheim, Støren, Oppdal, Lønset.

Ver-/Entsorgung: Trondheim, Oppdalsporten.

Besichtigungen: Løkken (Gammelgruva), Trondheim (Dom, Stadtbild, bot. Garten, Festung), Oppdal (Hovden, Gravfelt).

Baden: Trondheim (2 Plätze), Berkåk.

Wandern: Oppdal (Hovden), Gjevilvatn.

Rindal; WOMO-Badeplatz "Igeltjønna"

Wir fahren weiter auf der Straße, die uns zum Badeplatz von RINDAL gebracht hat; sie führt uns zur >65< Richtung TRONDHEIM zurück.

Das Band der **Surna** wird schmaler, verschwindet ganz; wir überqueren einen Hügelrücken, treffen in STORÅS auf die breite **Orla**, die mit uns nach Norden eilt.

1,8 km nach STORÅS links **Picknickplatz** mit **Toilette**. 900 m später verlassen wir die >65< Richtung LØKKEN VERK. Nach 4,5 km passieren wir die rote Holzkirche von LØKKEN mit Stellplätzen am See.

Sie haben sicher schon den großen Turm gesehen, der rechts vor Ihnen aus dem Wald herausragt!? Bis 1987 wurde dort auf modernste Weise kupferhaltiger Schwefelkies (Pyrit, FeS_2) gebrochen, man drang bis in 810 m Tiefe vor, was einer Lage von 485 m unter dem Meeresspiegel entspricht. Wesentlich antiquierter geht es in der **Gammelgruva** zu, der **Alten Grube**. Seit 1654 wurde hier Schwefelkies abgebaut.

Wir finden die Zufahrt zur alten Grube 1,3 km nach der Kirche rechts (Wegweiser: **Gammelgruva**).
Neben einem großen, ruhigen **Parkplatz** liegt das Info-Gebäude und der Eingang zur Grube (Führungen tgl. 12.30 + 14 Uhr, Di, Mi, Do, So auch 15.30 Uhr).

(170) WOMO-Picknickplatz: Løkken/Gammelgruva
GPS: N63° 07' 19.7" E9° 42' 06.8"; Løkkenbakkan. **max. WOMOs:** >5.
Ausstg./Lage: Tisch & Bank; Info-Stelle und Toilette im Kassenhäuschen/außerorts.

Heidi heißt die Studentin, die für uns, in perfektem "Heidelberger" Deutsch, eine Privatführung macht. Ihre Dienstuniform ist mit auffälligem Lederbesatz versehen. „Schwefelsäure!“ erklärt sie und deutet auf die Tropfen, die vor meiner Nase von der Stollendecke tropfen.

Wir wandern durch die oxydbraunen, roten und schwarzen Gänge, lassen uns von ihr das **Feuersetzen** erklären:
Vor der Wand wurden große Feuer entfacht, das Gestein wurde brüchig und ließ sich leichter loshacken. Später, mit dem Presslufthammer, war die Arbeit dagegen schon fast ein Kinderspiel. Jedoch erst in der neuen Løkken-Grube kamen riesige, dieselgetriebene Maschinen zum Einsatz....
Dies und viele andere Informationen um die Geschichte des Bergbaues erhält man 500 m weiter unten im Tal, im **Bergverksmuseet**. Ausrüstungsgegenstände, Fotos und Mineralien machen die Erklärungen anschaulich (offen: 10-18 Uhr; Internetanschluss fürs Publikum).
Wo aber wurden die Erze verarbeitet? Weit und breit ist kein Hochofen, kein Schachtofen zu sehen!

Die Antwort steht, auf 1000 mm breiter Spur, direkt neben dem Bergwerksmuseum. Seit 1908 transportierte die **Thamshavnbahn**, die älteste mit Wechselstrom betriebene Bahn der Welt, das Løkkenerz 25 km nach Norden, bis nach THAMSHAVN am **Orkdalsfjord**. Ein Teil der Schienenstrecke, Waggons und Loks sind noch in Gebrauch und finden als Museumsbahn regen Zuspruch, denn die Strecke bis FANNREM führt durch eine malerische Landschaft und die Wagen im "historischen Luxus der Jahrhundertwende" sind allein schon eine Reise wert (So 10.30, 13.00, 15.30 Uhr, Di/Mi/Do 15.00 Uhr).

Vom Bahnhof aus fahren wir nach Norden und gelangen auf der >700< (links der Straße **Picknickplatz** mit **Toilette**), neben einem Flüsschen mit verdächtig rotbraunem Flussbett, bei SVORKMO wieder auf die >65< Richtung TRONDHEIM zurück.

Vor FANNREM überqueren wir die breite **Orkla** von links nach rechts. Wenn man dahinter am Kreisverkehr rechts fährt und sofort wieder links, so kann man zum Flussbett der **Orkla** hinabfahren. Dort **Stellplätze** [**171**:N63° 15' 57.7" E9° 48' 06.0"] und Bänke für Angler.

Wenig später, bei ORKANGER, strömt das breite Flussband in den **Orkdalsfjord**, an dem wir weiterziehen. Kurz vor TRONDHEIM stoßen wir auf die >E 6<, aus OSLO kommend und schwenken mit ihr nach Norden ab, bis zum Zentrum sind es noch 14 km.

Angesichts des **Nidarosdoms**, des Wahrzeichens der Stadt, überqueren wir den **Nidelva**, fahren am Dom vorbei und schwenken unmittelbar dahinter in die **Bispegate**. Wir rollen bis zu ihrem Ende, biegen links und können direkt an der **Bybrua**, der malerischen, alten Stadtbrücke (Foto) über den **Nidelva** parken, denn auch in TRONDHEIM sind die meisten Parkplätze von 18-8 Uhr kostenlos und unbesetzt.

Wer allerdings den **Dom** von innen bestaunen möchte (Gebühr!), muss werktags zwischen 9-17.30 Uhr, Sa 9-14 Uhr oder So 13-16 Uhr antraben! Wir haben genug damit zu tun, uns das herrliche Bauwerk von außen zu begucken, dessen gewaltiger, himmelan stürmender Baukörper schon im Jahre 1070 in Angriff genommen wurde. Mehrmals durch Feuer zerstört, stammen die ältesten Teile aus dem 12. Jahrhundert und nur das Querschiff ist romanisch, der größte Teil also gotisch. Lassen Sie sich beeindrucken von der **Hauptfassade der Kirche** im Westen mit ihrer herrlichen Steinornamentik.

Jetzt können wir unseren kleinen Stadtrundgang starten: Nördlich des

Domes marschieren wir auf der **Munkegate**, wo WOMOs die meisten Parkplätze ergattert haben, Richtung Zentrum, steuern direkt auf die **Bronzestatue** des Wikingerkönigs Olav Tryggvason zu, dem Gründer der Stadt. Sie steht auf dem **Torvet**; dem zentralsten Platz der Stadt, wo sich unsere **Munkegate** mit der **Kongensgate** kreuzt. Am **Stiftsgården** vorbei, der königlichen Residenz in TRONDHEIM, einem bescheidenen Holzbau, steuern wir auf den Hafen zu. Dort, am **Fischmarkt Ravnkloa**, endet die **Munkegate**.

Der Fischmarkt ist wochentags von 8-18 Uhr geöffnet, hier legt auch das Schiffchen (10-18 Uhr jede Stunde) zum **Inselchen Munkholmen** im Hafen ab, einst Richtstätte, später Mönchsinsel, dann Festung und Gefängnis, heute Ausflugsort und Badeplatz.

Links, die **Fischhalle**, ist nur von 9-16.30 Uhr geöffnet. Rechts und links des Eingangs jedoch finden wir endlich einmal das reiche norwegische Fischangebot abgebildet und in allen Sprachen der Welt beschriftet – oder hätten Sie gewusst, dass der Knurrhahn auf japanisch Hobo no rui heißt?

Nach Osten schließt sich an die Munkegate die **Fjordgate** an. Hat Ihnen das Fischangebot Appetit gemacht? Ja, ich weiß, die norwegischen Preise .... Aber in TRONDHEIM gibt's in der Fjordgate Nr. 25 (nicht weit vom Fischmarkt entfernt), das vietnamesische Restaurant **Lille Saigon**. Dort haben wir gut und preiswert gespeist – und für alle WOMO-Leser einen 15-%-Rabatt ausgehandelt (Sie brauchen nur Ihr WOMO-Buch vorzuzeigen). Vielleicht erzählt Ihnen Nguyen Tan, der Kellner und Schwiegersohn des Besitzers, etwas von seiner Odyssee von Vietnam nach Norwegen und warum er so viel von den Deutschen hält ...

Wir marschieren die **Fjordgate** weiter nach Osten, stoßen auf das Ufer des **Nidelva** und marschieren nach rechts die **Kjøpmannsgate** zurück zu unserem WOMO, vorbei an den Reihen der alten **Speicherhäuser** am Fluss und der alten **Stadtbrücke**, einer ehemaligen **Zugbrücke** mit reicher Holzornamentik, die geradewegs zur Festung **Kristiansten** hinüberführt.

Jetzt brauchen wir nur noch einen ruhiges Plätzchen für die Nacht. Da wir Ihre Pläne für den nächsten Tag nicht kennen, bieten wir Ihnen drei zur Wahl an:

1. Fahren Sie über die neue Brücke beim **Dom** zurück über den **Nidelva**, dahinter sofort rechts Richtung **Trondheim Spektrum**, die **Klostergate** entlang bis vor den Sportplatz.

(172) WOMO-Stellplatz: Trondheim (Sportplatz)

GPS: N63° 25' 34.0" E10° 22' 56.4"; Klostergata. **max. WOMOs:** > 5.
Ausstattung/Lage: Fußgängerbrücke ins Zentrum, Gebühr (8-20 Uhr)/im Ort.
Zufahrt: Direkt vor der Nidelva-Brücke links (Wegweiser: Spektrum) und die Klostergate entlang bis zum Sportplatz, davor rechts.
Hinweis: Fährt man weiter die Klostergata bis zu ihrem Ende, so findet man hinter der Spektrumhalle eine Unzahl von freien Plätzen (WOMO verboten?).

2. Fahren Sie auf der >E 6< nach NARVIK. Nein, nicht so weit. Bereits 900 m nach Überquerung des **Nidelva**, vor der **Lademoen-Kirche** mit dem spitzen Kupferdach, biegen Sie links (Wegweiser: **Ringve**). Bei der nächsten Kirche (Ladekirke, links) fahren Sie weiter geradeaus; gleich dahinter liegt, inmitten des **Botanischen Gartens**, das **Ringve-Museum**.

(173) WOMO-Stellplatz: Trondheim (Ringve-Museum)

GPS: N63° 26' 42.8" E10° 27' 17.1"; Lade Alle/Haakon VIIs Gate. **max. WOMOs:** > 5.
Ausstattung: keine, Busverbindung ins Zentrum.
Zufahrt: Ab Zentrum Richtung E6/Narvik. 100 m nach dem Nidelva-Fluss links in den Mellomvei (Wegweiser Ringve)/Jarlevei/Lade Alle. Der riesige, öde Platz liegt direkt gegenüber dem Ringe-Museum rechts vom botanischen Garten.

3. Umrundet man das Areal des **Botanischen Gartens** gegen den Uhrzeigersinn, so findet man neben dem hinteren Eingang, von hohen Büschen abgeschirmt, einen feinen **Übernachtungsparkplatz** [**174:** N63° 26' 57.5" E10° 27' 23.0"], der aber nicht ganz ruhig liegt.
4. Biegt man bei der **Ladekirke** links in die **Olav-Engelbrektssons alle**, so findet man Stichstraßen zu ausgeschilderten Badeplätzen, die allesamt nachts menschenleer sind: Am besten hat uns der **Badeplatz Djupvika** [**175:** N63° 27' 20.7" E10° 27' 03.5"] gefallen (Camping verboten), etwas weiter östlich liegen **Ringvebukta** und **Fagerheimsbukta**.
Achtung! Überall in der 30-km-Zone unangekündigte Straßenwellen, an denen Ihnen der gesamte Hausrat um die Ohren fliegt, wenn Sie nicht schleichen wie eine Schnecke!

Wir sitzen, fast etwas traurig, am **Djupvika-Strand**, Waltraud hat die allerletzte Weinflasche herausgesucht, aufbewahrt für diesen Moment – wir sind am nördlichsten Punkt unserer Tour. Ein Sonnenuntergang, wie er schöner nicht sein könnte, leise plätschern die Wellen, Fjordwellen; morgen geht es im Landesinneren nach Süden, ohne Meer, ohne Fjordkurven. Wir wissen schon jetzt, dass uns etwas fehlen wird!

Den **Botanischen Garten** von TRONDHEIM muss man gesehen haben – und das aus mehreren Gründen! Zunächst einmal ist es ein Spaziergeh-Park, der den ganzen Tag kostenlos besucht werden kann.

In seinem zentralen Bereich liegt der eigentliche Botanische Garten, angelegt als Labyrinth. Mannshohe Büsche leiten den Besucher durch alle Abteilungen und schützen die Pflanzen vor starkem Wind, viele Bänke laden zum Verweilen und Schauen ein.
Der Höhepunkt des Geländes ist das Musikhistorische Museum, das **Ringve-Museum**. In ihm werden während der Führungen (offen: 11-18 Uhr) nicht nur Musikinstrumente aus den verschiedensten Perioden der Musikgeschichte gezeigt und erläutert, sondern auch vorgespielt.
Am nächsten Morgen erkunden wir für Sie noch einen praktischen, kostenlosen **Trondheim-Sight-Seeing-Parkplatz**:
Auf der >E 6< rollen wir zurück zum **Nidelva**. Kurz vor der **Bakke bru** und auch noch vor der **Bakke Kirke** führt nach links die **Nonnegate** und dann die **Festningsgate** zur **Kristiansten Festning**. Angesichts der Festungsmauern umrunden Sie diese im Uhrzeigersinn, bis Sie direkt vor dem Festungstor auf dem riesigen, ruhigen **Parkplatz** [N63° 25' 36.2" E10° 24' 43.3"] oberhalb der Stadt stehen ("Camping verboten"; marschiert man von hier aus steil hinab, so stößt man direkt auf den Dom!).
Die sternförmige Festungsanlage wurde 1676-1682 von Generalmajor Caspar de Cicignon geplant und gebaut. 1000 Mann Besatzung, 76 Kanonen und 4-6 Meter dicke Mauern machten eine Eroberung zur damaligen Zeit völlig unmöglich. Nur einmal musste der Bau seinen Wert unter Beweis stellen: 1718 belagerten die Schweden Stadt und Festung – und zogen unverrichteter Dinge wieder ab. Im Festungsturm kann man auf heroischen Bildern den Kampf der norwegischen Mannen nacherleben.
Auf der >E 6< verlassen wir TRONDHEIM nach Süden und werden sie, von den (wichtigen) Abstechern mal abgesehen, auch bis zur schwedischen Grenze nicht mehr verlassen. Sie wird uns an den Gebirgsstöcken des **Dovrefjells** und des **Rondane-Massivs**, an Naturschutzgebieten und Nationalparks vorbeiführen. Sie zeigt uns das liebliche **Gudbrandsdal**, begleitet den mächtigen **Lågen**, zieht am riesigen **Mjøsa** entlang – kein anderer Weg durchs Landesinnere könnte mehr bieten.
Allons – bis OSLO sind's noch 540 erlebnisreiche Kilometer!
Am Rand von TRONDHEIM passieren wir **City Syd**, den größten Supermarkt der Stadt, eine Stadt für sich. Zumindest bei "Egon" sollte man hineinschauen. Dort kann man Pizza und Salat essen, so viel man möchte – und zahlt nur eine Portion (Autobahnabfahrt: **Kjøpesentra**).
Die ersten Kilometer der >E 6< sind nicht aufregend, regelmäßig liegen jedoch **Picknickplätze** an schönen Stellen, viele von

ihnen mit Toiletten. Zum Übernachten sind sie wegen des lauten, wenn auch nicht übermäßig starken Verkehrs nicht geeignet.
Der erste See, den wir seit TRONDHEIM sichten, ist der **Buvatn** kurz vor BERKÅK. Er besitzt auch einen schönen **Badeplatz** mit ruhigem, abgelegenem **Waldparkplatz**:

(176) WOMO-Badeplatz: Berkåk/Buvatn

GPS: N62° 50' 21.0" E10° 01' 08.6" **max. WOMOs:** 2.
Ausstg./Lage: Sandstrand 200 m (mit Tisch & Bank, Toilette, Sprungturm)/außerorts.
Zufahrt: Etwas kompliziert! Fährt man am Ortsbeginn von BERKÅK an der ersten Statoil-Tankstelle vorbei und biegt vor der zweiten links, so steht man nach 50 m vor der "Sande Hyttefabrikk A/S". Dort biegt man wieder links, fährt 400 m, biegt rechts, fährt 200 m, biegt links – jetzt sind es noch 600 m bis zum Waldparkplatz vor der Schranke. Von dort sind es (zu Fuß) 200 m bis zum Badeplatz.

4 km südlich BERKÅK liegt rechts der Straße der schon lange geschlossene **Berkåk-Camping** und 7 km weiter düsen die allermeisten Urlauber am Weiler ULSBERG vorbei.

Dabei zweigt hier die Reichsstraße >3< Richtung ELVERUM ab, die beste Gelegenheit, um von Norwegen nach Schweden überzuwechseln!
Fährt man 75 km die >3< bis TYNSET, dort links 20 km auf der >30< bis TOLGA und dort wieder rechts 100 km auf der >26< Richtung DREVSJØ, so steht man im Nu an der schwedischen Grenze kurz vor IDRE – und direkt am nördlichsten Punkt der Touren unseres Buches "Mit dem Wohnmobil nach Süd-Schweden"!

Bei »km10,5« der >E 6< links **Picknickplatz** "Oppdalsporten" mit Toilette und Entsorgung.
Sehenswert wird die Landschaft wieder ab OPPDAL! Am Ortsbeginn, auf der linken Seite, residiert in einer kleinen Holzstuga die **Touristeninformation**, verwaltet Berge von Info-Material. 200 m später biegen wir nach rechts in die >70< Richtung SUNNDALSØRA. Wir sind hier nur 80 km östlich "unseres" **Innerdals**, am Südostrand des **Trollheim-Massivs**.

100 m später verlassen wir die >70< schon wieder (Wegweiser: Gondolbane). Eine elegante Kabinenbahn (die im Winter zu einem Skilift umgebaut wird) führt hinauf zum 1125 m hohen **Hovden**. Links neben der Bahn liegt der Skihang und an seinem Fuße natürlich ein riesiger, leerer **Parkplatz**.

(177) WOMO-Wanderparkplatz: Oppdal/Hovden-Gondelbahn
GPS: N62° 36' 04.5" E9° 41' 03.8"; Gamle Kongeveg. **max. WOMOs:** >5.
Ausstattung/Lage: Tisch & Bank, Gondelbahn zum Hovden/Ortsrand.
Hinweis: Am südlichen Ortsrand schöner Badeplatz [N62° 35' 22.7" E9° 40' 37.0"].

Oben, auf dem **Hovden**, wartet das **Ausflugsrestaurant Toppen** und, so versichert man uns, ein schönes Wandergebiet. Falls Ihnen die Gondelbahn zu langweilig ist, können Sie abwärts auch mit "Robinson" im Tandemdrachen fliegen ...
Wir rollen 2,5 km weiter auf der >70<, dann schickt uns der Wegweiser **Gravfeltet Vang** zu einem neuen **Parkplatz** unterhalb der Straße.

Etwa 750 Grabhügel aus der Wikingerzeit geben dem Areal das Aussehen eines Maulwurfübungsgeländes, das man in dreißig Minuten gemütlich durchschlendern kann. Ausführliche Info-Tafeln (norwegisch und englisch) belehren über das Alter der Gräber, Begräbnisriten, Grabfunde und die besondere Lage von Vang. Bereits im 19. Jahrhundert haben jedoch Antiquitätensucher – oder sollte man eher Grabräuber sagen – die meisten Gräber geplündert.

Wir fahren weiter nach Westen, direkt auf die Schneegipfel Trollheims zu. Von hier aus wirken Sie deutlich flacher, bequemer, wandergemütlicher?
10 km später biegen wir rechts in den **Bomweg** zum **Gjevilvatn** und zur Wandererhütte **Gjevilvasshytta** ein. Nach 13 km (und 40 NOK Maut) stehen wir am **Badeplatz Rauøra**, leider nicht direkt am Strand, sondern auf dem **Parkplatz**.

150 Schritte muss man gehen, dann hat man den wirklich wunderschönen Sandstrand erreicht, das Panorama – spiegelglatter See und Bergkulisse – ist nur noch mit dem Wörthersee zu vergleichen. Versuchsweise stecke ich einen Finger ins "Badewasser", wenn er könnte, er würde schreien! Das objektive Thermometer meldet 12°C, kein Wunder, dass Boote, Kajaks, Kanus und Surfbretter am Strand zu mieten sind; wer würde bei diesen Temperaturen auf die Idee kommen, den Badeplatz zum Baden zu benutzen.
Der Strand jedoch ist wirklich ein Traum aus goldgelbem Sand! Vielleicht genügt es Ihnen, ein Sonnenbad zu nehmen!?

Oder gefällt Ihnen unsere Kreuzfahrt-Wander-Alternative besser?
Sie haben richtig gelesen – auf dem 660 m hohen **Gjevilvatn** verkehrt ein Kreuzfahrtschiff, die **Trollheimen II**, bietet Platz für 55 Personen. Sie hat drei Anlegestellen: **Osen** (am östlichen Beginn des Sees), **Rauøra** (unseren "Badeplatz") und **Vassenden** (an der Westspitze).
12.30 Uhr kommt das Boot bei **Rauøra** vorbei, nimmt Sie mit nach **Vassenden** – und Sie marschieren in drei Stunden, am See entlang, wieder

Gjevilvatn mit "Kreuzfahrtschiff" Trollheimen II

zum WOMO zurück. Oder ist Ihnen mehr an einem wärmeren See gelegen? Nach den Gesetzen, die ich im Erdkundeunterricht lernte, wird es immer kälter, je höher man kommt. Falls das auch für Wassertemperaturen gilt, müsste der **Ångårdsvatn** eigentlich "100 m wärmer sein"!

Wir kehren zur >70< zurück, rollen noch 9 km nach Westen, biegen dann nach rechts, Richtung STORLI, tuckern 14 km ins **Storlidal**. Wenn wir glaubten, am **Gjevilvatn** sei es einsam gewesen, dann belehrt uns der **Ångårdsvatn**, was Verlassenheit bedeutet:
Unmittelbar vor der Brücke über das Bächlein zwischen den beiden Seen (der **Ångårdsvatn** ist der zweite, größere) kann man links, steil hinab (?), auf den Sandstrand fahren (Foto):

Dort [**178:**N62° 39' 53.8" E9° 12' 41.0"] schaut man über den stillen Wasserspiegel bis zu den höchsten Gipfeln von **Trollheim**. Wir glauben sogar, "unseren" **Dalatårn** zu erkennen, sind wir doch nur noch knapp 25 km Luftlinie von ihm entfernt. Wasserfälle speisen den See, diese erhalten ihre Flut aus den Schneefeldern der Hänge. Das Wasser sieht so kalt aus, als sei es gefroren; das Thermometer meldet 9°C! Wir machen in dieser Nacht erstmals auf unserer Norwegenreise die Heizung an!
Hat man die Hälfte des Sees passiert, kann man beim Hof **Bårdsgarden** links zu einem großen **Wiesengelände** am See hinabfahren [**179:** N62° 40' 39.1" E9° 08' 58.5"]. Nach weiteren 2 km endet die Storlidal-Straße – bei STORLI. Vom gebührenpflichtigen **Wanderparkplatz** [**180:** N62° 41' 33.8" E9° 05' 44.4"] aus sind es jeweils 7 Wanderstunden zur **Innerdalshytta** und nach **Kårvatn** am Ende des **Todals**, beide Ziele ließen sich mit einem 5-Stunden-Querweg zu einer 19-Stunden-Dreieckstour verbinden. Ein toller Dreitagesmarsch – wie wär's? Aber auch als Radwandergebiet ist das **Storlidal** ideal (Radwanderkarte im Touristenamt von OPPDAL).

TOUR 17 (170 km / 1-3 Tage)

Oppdal – Åmotsdal – Dovre-Fjell – Kongsvoll – Fokstumyra – Dombås – Rondane (Karte s. Tour 16)

Freie Übernachtung:	Åmotsdal, Dovre-Fjell, Dombås, Rondane.
Campingplätze:	u. a. Engan, Dovre
Ver-/Entsorgung:	>E 6< »km 9,5« südl. Dovre.
Besichtigungen:	Magalaupet, Vårstig, Dovre-Fjell, Fjellhage, Dovregubbens Hall, Anfins bru, Fokstumyra, Kvitskriuprestene.
Wandern:	Åmotsdal, Vårstig, Dovre-Fjell, Fokstumyra.

Wir kehren vom kalten, aber malerischen **Ångårdsvatn** zurück nach OPPDAL, schwenken nach rechts, auf die >E 6<, nach OSLO ein.
8 km südlich von OPPDAL kommt man nach DRIVA. Links der Straße, im **Kro** (norddeutsch **Krug**, schwäbisch **Boiz**), gibt's nicht nur geistvolles für die Kehle sondern auch lehrreiches fürs Auge – ein **Steinsenter** (offen: 10-20 Uhr). Ja, ich weiß, das ist jetzt schon das dritte – aber bei dem Stichwort **Gold** werden Sie sicher hellhörig!?

1991 wurde in der Nähe, im **Åmotsdal**, ein bisher völlig unbekanntes, goldhaltiges Mineral gefunden, das den Namen **Isbrekkenitt** erhielt. Natürlich sollen Sie sich im Steinsenter nicht nur (kostenlos) die Mineralienausstellung angucken, sondern auch (gegen Bares) etwas mitnehmen. Dürfen wir Ihnen kleine Anhänger des norwegischen Symbolsteins **Thulit** empfehlen? Die sind preiswert, sehen hübsch aus und erinnern Sie an **Ultima Thule**, die alte, römische Bezeichnung für Norwegen, das Land am nördlichen Ende der Welt. Außer gucken und kaufen kann man sich auch beraten lassen. Wo der Eingang ins **Åmotsdal** liegt, brauchen Sie nicht zu fragen, dort werden wir Sie gleich hinführen!

Magalaupet

3,4 km weiter südlich zweigen wir von der >E 6< nach rechts Richtung ENGAN und **Magalaupet** ab. 400 m später parken wir rechts der Fahrbahn und marschieren einen Pfad hinab zur **Driva**. Es sind nur wenige Schritte bis zu einer felsigen Engstelle im Fluss, wo sich das Wasser mit wahnsinniger Gewalt hindurchquält, an seinen Flanken alles glattschleift und aushöhlt, was sich ihm in den Weg stellt. Man kann oberhalb, auf den Felsen, herumklettern und in das tobende Inferno hinabstarren. So, als sei alle Kraft erlahmt, gleitet das gleiche Wasser wenige Meter talwärts lautlos und ohne Welle, wie ein dunkelgrüner Spiegel, dahin.

Das Nebensträßchen leitet uns weiter nach Süden; wir passieren die Abzweigung über eine Brücke zu einem **Campingplatz** (sehr schön am Fluss gelegen, Besitzer leitet Moschusochsensafari) und benutzen die nächste Brücke, 2 km später. Sofort nach dem Fluss wenden wir uns wieder links, löhnen 500 m weiter an der **Bomstasjon** des **Åmotsdals**.

Der **Åmotsdalsvei** führt uns durch Kiefernwald oberhalb des Flusses entlang und endet nach 3 km an einem **Parkplatz**.

(181) WOMO-Wanderparkplatz: Åmotsdal

GPS: N62° 28' 27.1" E9° 32' 14.8" **max. WOMOs:** 2-3.

Ausstattung/Lage: keine/außerorts.

Dieser eignet sich prächtig als Ausgangsstation zum Füßevertreten – sei es nur für einen kurzen, beschaulichen Spaziergang entlang des Flusses oder für größere Touren, zum Beispiel ins **Dovre-Fjell** und dort auf den **Snøhetta** (2286 m) oder zum **Mineral hunting** – denken Sie an den **Isbrekkenitt**!

Wir kehren über den Bomveg und den **Driva** zurück zur >E 6< Richtung OSLO.

Rechts und links der Europastraße erheben sich nun Hänge, im unteren Teil bewaldet, weiter oben mit kahlen Schneefeldern. Sie führen hinauf zur Hochebene des **Dovrefjell Nasjonalparks**, die überragt wird vom 2286 m hohen **Snøhetta**. Das unvergleichliche Gebiet ist reich an seltenen Pflanzen und Tieren, man begegnet Rentier, Vielfraß, Eis- und Rotfuchs, Luchs und Elch, auch Adler, Schneehuhn und Falke seien genannt, die Hauptattraktion aber ist eine Moschusherde, die erstmals 1930 von Grönland hierher verpflanzt, im II. Weltkrieg aber ausgerottet wurde. Ein zweiter Versuch wurde 1947 gestartet; aus den 10 Paaren ist inzwischen eine Herde von 50 Tieren geworden, die nur durch Hunger oder Blitzschlag (!) gefährdet sind, Kälte oder Raubtiere können ihnen nichts antun ....

8 km sind wir seit dem **Åmotsdal** auf der >E 6<. Bei »km 20« sollten Sie einen angestrengten Blick rechts hinab zur Bahnlinie werfen. Dort entdecken Sie dann das reich verzierte Bahnhofshäuschen von DRIVSTUA mit Grasdach, allein auf weiter Flur!

Knapp 2 km später, bei »km 17,5« liegt rechts unterhalb der Straße der **Tagespicknickplatz Hesthåggån**, den wir Ihnen besonders empfehlen können. Er hat Toiletten, Fahrwege führen zum Fluss hinab, wo Sie ruhig unter Birken stehen.

Picknickplatz Hesthåggån an der >E 6<

2,5 km nach diesem **Picknickplatz** passieren wir, rechtzeitig angekündigt, ein **Lappenlager**, eine Verkaufsstelle für Felle, Geweihe, Handgewebtes. 300 m später links der Straße ein weiterer **Parkplatz** mit Toilette und ein Hinweisschild für den Beginn des **Vårstigs**, des alten **Königsweges**, der oberhalb der Straße am Gebirgshang verschwindet.

"Lappenlager" an der >E 6<

Dieser Pfad ist seit 1182 bekannt als Pilgerweg. König Fredrik IV. passierte ihn 1704 bereits mit einem zweirädrigen Karren und König Christian rollte 1733 schon vierrädrig durch – welch Fortschritt!

Bei näherer Betrachtung der Holperstrecke hat man keinen Zweifel, dass auch diese Reisen nur Pilgerzwecken gedient haben können. Spaziergänger jedoch genießen auf diesem Wegabschnitt einen herrlichen Blick übers **Drivdal** und das Fjell. Der **Vårstig** ist 6 km lang – vielleicht opfert sich einer der WOMO-Besatzung, fährt das WOMO die >E 6< entlang, während die anderen wandern? Nach genau 6 km findet man wieder rechts der >E 6< einen Picknickplatz, dort, wo der Königsweg in sie einmündet (mit Toilette und Straßenunterführung zum Vårstig). Hier kann man die Wanderer erwarten oder ihnen entgegeneilen!?

Die Felswände rücken nun immer näher zusammen, Teile von ihnen sind weggesprengt, um Platz für die Straße zu schaffen. Kein Wunder, dass Pilger und Könige durchs Gebirge zogen, hier unten war früher kein Durchkommen!

3,0 km nach dem zweiten Vårstig-Parkplatz und noch 400 m vor dem **Kongsvoll Kro** zweigen wir rechts ab zum Bahnhof von KONGSVOLL (kein Hinweisschild!). Hier ist ein spezieller (kleiner, gebührenpflichtiger) **Parkplatz** für Dovrefjell-Wanderer eingerichtet worden [**182:** N62° 18' 24.3" E9° 36' 23.1"].

Warnung: Übernachten Sie im Dovrefjell keinesfalls im Zelt! Ein Moschusochse bringt es auf ein Gewicht von 300 kg und hält überhaupt nichts von Touristen. In der **Kongsvoll Kro** erhalten Sie den Schlüssel für die **Reinheim-Hütte** im Fjell (5 Std.), dort können Sie sich beruhigt zum Schlaf betten! **Tipp:** Bergausrüstung notwendig, im Juni/Juli noch Schnee!
Allein trauen Sie sich dort überhaupt nicht hin? Vom 20.6.-2.8. startet hier jeden Tag um 10 Uhr eine 4-6-stündige Moschusochsensafari mit Führer.
Hinweis: Im **Kongsvoll Kro** sollten Sie unbedingt einkehren! Nein, nicht um Ihren Alkoholspiegel zu erhöhen, sondern um sich im Erdgeschoss die ausgezeichnete Ausstellung über den **Vårstig** und natürlich das **Dovrefjell** anzuschauen (offen: 13-17 Uhr).
Was es da nicht alles zu sehen und zu erfahren gibt!
Ausführlich wird über den Bestand an Moschusochsen, an Rentieren, über die gesamte Tier- und Pflanzenwelt des Nationalparks berichtet und alles, so weit es immer geht, mit Originalmaterial belegt.

Parken sollten Sie am besten 100 m rechts der Gaststätte. Dort entdecken Sie auch gleich den liebevoll angelegten **Fjellgarten (Foto)**, einen Steingarten der norwegischen Gebirge, den **Fjellhage**. Eigentlich war der **Fjellhage** eine Idee des Bahnhofsvorstehers von KONGSVOLL, der beim 20-Minuten-Stopp der Züge seinen Gästen etwas bieten wollte. Die Züge haben's nun eilig – Sie hoffentlich nicht! Denn der **Fjellhage** zeigt und nennt all' die Blümle (und noch viele mehr), denen wir auf unseren Wanderungen schon so oft begegnet sind. Hier können Sie alle mit Namen begrüßen – auch auf Deutsch.
Gegenüber des Botanischen Gebirgsgartens führt ebenfalls eine Brücke über den Fluss ins Fjell Richtung Reinheim-Hütte, aber wer wird schon hier, an der Straße, sein WOMO tagelang stehen lassen?

Wenn Sie kein Interesse an Wanderungen und an der Botanik haben, aber aussichtsreich picknicken wollen, dann finden Sie 2,6 km und 3,6 km nach dem **Kongsvoll Kro** ausgezeichnete Gelegenheiten dazu. Diese **Picknickplätze** rechts und links der Straße bieten die beste Sicht über die baumlose, wellige Steppe des **Dovrefjell**. Dort führt zum letzten Mal ein markierter Wanderweg ins Fjell und zur Reinheim-Hütte.

Weitere **Picknickplätze** folgen, dann überqueren wir die Grenze zur **Fylke Oppland** und haben gleichzeitig, in 1026 m Höhe, die Wasserscheide überschritten – nun geht es abwärts!
Einen Stopp sollten Sie bei der **Dovregubbens Hall** einlegen, einem Holzbau aus dem Jahre 1938 mit herrlich geschnitzten Holzornamenten, man beachte nur die Fensterrahmen (Gaststätte, Souvenirbuden)!
Kurz vorher, rechts der Straße,

Anfins bru

halb zwischen Weiden und Birkengebüsch versteckt, liegt **Anfins bru**, eine gar nicht kleine Natursteinbrücke. Es geht die Mär, ein einziger Kriegsgefangener habe sie erbaut, um sich damit seine Freiheit zu erkaufen bzw. zu erarbeiten.

Falls Ihnen der Trubel dort nicht zusagt – nach wenigen Metern begleitet uns der **Vålåsjø** mit einem **Picknickplatz** an seinem Beginn, zwei **Picknickplätzen** in der Mitte und einem vierten, mit Info-Tafel und Toilette, an seinem Ende.

Waltraud blättert in ihren Unterlagen und während ich die Scheibenwischer in Gang setze, um die ersten Regentropfen zu verteilen, verkündet sie rechthaberisch: „Die Gegend hier ist mit 310 mm/Jahr die niederschlagsärmste Norwegens, BERGEN hat 1958 mm/Jahr!"

Hochmoor, eintönig nur für den flüchtigen Betrachter, zieht sich beidseits der >E 6< bis zu den Bergen. Ein wegen seiner reichen Vogelwelt besonders schützenswerter Teil davon, **Fokstumyra**, das **Fokstua Moor**, wurde 1969 zum Naturschutzgebiet erklärt. Der nur 7,5 qkm große Streifen, zu 70 % Sumpf und Wasser, zieht sich rechts der >E 6< hin, ist also leicht zu erreichen. Ein markierter 6-km-Fußweg durchstreift den aussichtsreichsten Teil des Areals, in dem über 60 Vogelarten brüten; darunter so seltene wie Kampfläufer, Kornweihe, Kleiner Brachvogel, Kiebitz und vielleicht auch wieder die Doppelschnepfe.

6 km sind wir schon neben dem NSG entlanggefahren, dann können wir endlich nach rechts zu dem Hotel/Gaststätte **Fokstugu** abbiegen. Dort residiert auch der Vogelwart, bei dem wir uns die Genehmigung zum Besuch und ein Merkblatt (in Deutsch) abholen. Dann rollen wir noch 500 m hinab bis zur Bahnlinie, die das NSG durchzieht. Davor links können wir geschickt **parken** [N62° 7' 5.3" E9° 16' 44.8"; 954 m] und beginnen den mit einem Vogelsymbol markierten Rundweg.

Trotz der Versicherung des **Fokstua gård**, der Weg sei trocken und trotz der nur 310 mm/Jahr besteht unsere Ausrüstung aus Fernrohr, Fotoausrüstung, Gummistiefeln und Goretex-Jacke ....

Wir hatten uns das Ganze als beschaulichen Spaziergang vorgestellt, marschierten erwartungsvoll los, den Blick stets konzentriert auf Sumpflöcher und Seeflächen gerichtet, von denen jederzeit die seltenen Vögel aufsteigen mussten, achteten nicht auf die Vorboten, die die Regengötter ihren "Liebesgaben" vorauszuschicken pflegen. An der entferntesten Stelle vom WOMO, mitten in der Einsamkeit, fing ein Regenguss an, wie ihn sich ein Landwirt nach langer Trockenheit nur wünschen kann. Die Regenjacken taten ihre Pflicht, ließen die Flut an sich abperlen – über die Hosen in die Gummistiefel hinein. Die engstehenden Büsche taten ein übriges, streiften ihre Wasserlast an uns ab – so nass waren wir schon lange nicht mehr!

Ach ja – Vögel haben wir kaum gesehen. Aber wenn **Sie** den Fukstumyra-Rundweg machen werden, der mit Beobachtungspausen knappe zwei Stunden dauert, wird das ganz anders sein! Der Weg wird trocken sein, alle seltenen Vögel werden um Sie herumfliegen und die Sonne wird scheinen – denn die 310 mm/Jahr hat dann sicher schon ein anderer abbekommen!

Die **Kirche** von DOMBÅS scheint auf den ersten Blick eine Stabkirche mit Holzschindeln zu sein. Erst beim näheren Hinschauen entdeckt man, dass sie aus dem Gestein des Dovrefjell besteht und eine ganz moderne, eigenwillige Konstruktion ist.

Sie haben die Kirche entdeckt, die Statoil- und die Shelltankstelle?

Dann fahren Sie vor der Shelltankstelle rechts und kurven bis zum großen Parkplatz hinter der Kirche beim Friedhof. Hier haben auch wir schon ruhig und ungestört übernachtet.

(183) WOMO-Stellplatz: Dombås/Friedhof

GPS: N62° 04' 30.2" E9° 07' 25.0"
max. WOMOs: 3-4.
Ausstattung/Lage: keine/im Ort.
Hinweis: Ein weiterer Parkplatz liegt beim Idrettsplass [N62° 04' 37.3" E9° 07' 14.5"].

Zwischen DOMBÅS und OTTA hat die >E 6< für uns nur die Aufgabe, das **Dovrefjell** mit dem **Rondane-Massiv** zu verbinden. Wir sichten am Fluss einige schön gelegene **Picknickplätze**, manche auch mit Toiletten.

Die schönsten: 16 km südlich DOMBAS, Höhe DOVRE, **Picknickplatz** mit Toilette, der nächste 2,5 km später. Dann links eine Statoil-Tankstelle mit Entsorgung (unterhalb der Straße **Picknickplatz** mit Kinderspielplatz und Grillstelle). Im Bereich der Kommune SEL (18 km südlich DOVRE) **Picknickplatz** rechts (sehr ruhig, durch Felsen abgeschirmt von der Straße) mit Toilette.

Das **Uladal** ist unser Einstieg in das **Rondane-Massiv**. Die 600 Millionen Jahre alten Berge sind durch Hebungen und Faltungen aus einem toten Meer entstanden. Erosion und Eiszeit haben den Bergen freundlich-runde Formen verpasst, sie zu einem grandiosen, aber trotzdem leicht zugänglichen Wandergebiet gemacht.

Man kann es auch so sagen: Während **Jotunheimen** mit dem 2469 m hohen **Galdhøpiggen** die "Heimat der Riesen" ist, könnte man **Rondane** mit dem (immerhin) 2178 m hohen

Rondslottet den Namen **Jenteheimen** geben = "Heimat der Mädchen".
Der größte Teil des Gebirges ist Nationalpark, der erste Norwegens, fast 600 qkm groß, jeglicher Autoverkehr ist darin untersagt. Wir haben für Sie drei günstige **Plätze** ausgesucht – für kleine Wanderungen, große Touren oder Mußestunden auf der Campingliege!
Bei der Ortschaft SELSVERKET folgen wir nach links dem Wegweiser **Kvitskriuprestene**, 100 m hinter der auffälligen **Kirche**. Die Straße macht sich sofort mit Serpentinen ans Geschäft und gabelt sich wenig später. Links geht es zur **Peer Gynt-Hytta**, wir fahren rechts (Wegweiser: "Mysusæterveien 7 km, Kvitskriuprestene 2 km"), müssen an der **Bomstasjon** 25 NOK bezahlen und uns selbst den Schlagbaum öffnen.

Das Tal des **Ula-Flusses** war ein Alptraum der Bewohner von SELSVERKET. Jedes Frühjahr schüttete der kleine Fluss 250 LKW-Ladungen Geröll ins Tal, 1789 zerstörte eine Riesenflut nicht nur den ganzen Ort, sondern verdrängte mit seinen Schuttmassen den Lauf des **Lågen** zur anderen Talseite, die Gegend versumpfte. 1978 entstand Norwegens erste "Materialsammeltalsperre", der **Uladamm**, 100 neue Bauernhöfe konnten im Tal angelegt werden.
Die Menge des zu Tale stürmenden Gesteins kommt nicht von ungefähr! Ist das **Rondanegebirge** doch nicht nur massiver Fels, sondern auch Moränenschutt aus der Eiszeit. Einem ganz besonderen Beweis dafür sind wir auf der Spur, den **Kvitskriuprestene**, den **weißen Priestern**. Regnet es nämlich in einem Gebiet recht wenig, vorzugsweise in Form kurzer Schauer, dann kann solche Moränensubstanz unregelmäßig ausgewaschen werden. Große Steine schützen dabei die darunterstehende Masse, der Zwischenraum fließt weg, schlanke Pyramiden mit "Steinhüten" entstehen. Außer im **Uladal** findet man solches erst wieder in den Alpen.

Neben uns schäumt die "wüste" **Ula** in ihrem Schotterbett zu Tale, an der (selten benutzen) Fahrstraße eine ganze Reihe von idyllischen **Rast- und Übernachtungsplätzen**.
Wer nun glaubt, weil er Eintritt bezahlt hat, bekommt er die weißen Priester frei WOMO-Fenster geliefert, der sieht sich enttäuscht. Unser suchendes Auge gleitet immer weiter am Hang empor und entdeckt sie schließlich knapp unterhalb der Hangkante – eine Kletterpartie steht uns ins Haus!

(184) WOMO-Wanderparkplatz: Uladal/Kvitskriuprestene
GPS: N61° 48' 35.9" E9° 36' 10.7" **max. WOMOs:** 2-3. **Ausstg./Lage:** keine/außerorts.

Aber bereits nach sechs (zehn) Minuten stehen wir, leicht

Uladal: Kvitskriuprestene

schnaufend, am Sicherheitszaun vor den weißen Konglomeratsäulen mit den schwarzen Steinhüten. Es ist nur ein kleines Wunder, das wir bestaunen, aber ein Wunder doch, eines von vielen in diesem tollen Urlaubsland! Die letzten Strahlen der Abendsonne spenden einen goldenen Schimmer. Sind es die wehenden Schatten der Bäume – oder geht eine leichte Bewegung durch die Priesterschar, so als wollten sie zu einer Prozession aufbrechen?
Wir finden das **Uladal** viel zu romantisch, um es gleich wieder zu verlassen, genießen den Abend und lassen uns in den Schlaf rauschen.

KARTE TOUR 18
20 km
N
Kvam
Vinstra
Harpefoss
Hundorp
Ringebu
Schlucht
Gålå
188
Lågen
GUDBRANDSDAL
Fåvang
E6
S
Peer-Gynt-vei
Tretten
P
Wegmuseum/Freizeitpark
Lilleputthammer
Hunderfossen
Felsritzungen
Fåberg
S
E
Autogas
Lillehammer
Stadtbild/Maihaugen/Olympiapark
S
213
E6
189
Moelv
P
P
Eisenbahnmuseum/
Hedmarksmuseum
190
Hamar
191
Stange
Mjøsa
Gata
B
P
Harasjø
E6
24
S
E16
Randsfjord
P
B
Ørbekk,
Höhe max. 3 m
24
Storsjø
E6
nach
Kongsvinger,
Karlstad (S)
Gardermoen
Autogas
E16
Tyrifjord
05
Autogas
OSLO

TOUR 18 (200 km / 2-4 Tage)

Rondane – Otta – Hunderfossen – Lillehammer – Hamar (– Oslo)

Freie Übernachtung: Mysusæter, Furusjø, Harpefoss, Moelv, Hamar (Hedmarksmuseum, Jachthafen).
Besichtigungen: Harpefoss, Ringebu-Stabkirche, Hunderfossen: Wegmuseum, Freizeitpark, Lillehammer: Stadtbild, Hamar: Eisenbahnmuseum, Hedmarksmuseum, Dom.
Baden: Hamar, nördlich des Campingplatzes am Mjøsa-See.
Wandern: Rondane-Massiv, Harpefoss (Himbeersuche!).

Natürlich kann man auch kostenlos ins **Rondane-Massiv** einsteigen! Man verlässt die >E 6< am südlichen Ortsrand von OTTA, fährt links die Staatsstraße Richtung **Mysusæter** hinauf (vielleicht werden Sie diesen Weg wählen, wenn Sie die nächsten Zeilen lesen!?).
Wir rollen am nächsten Morgen weiter in die **Uladal-Schlucht** hinein, unterhalb der **Kvitskriuprestene** vorbei, überqueren kurz darauf den Ula-Fluss, ziehen steil bergauf. Die Steigung ist so steil (?), dass ich dem Vorderradantrieb ein Extra-Lob ausspreche, weil er nicht durchdreht. Dann jedoch geht's wieder fast eben weiter, aussichtsreiche Wiesenplätze auch hier für beschaulichen Blick und ungestörte **Nachtruhe** ohne Ula-Rauschen.
Eine Schranke markiert das Ende unserer Mautstraße, wir münden in die oben genannte, kostenlose Teerstraße aus OTTA ein und erreichen nach weiteren 800 m den riesengroßen **Parkplatz** (30 NOK/Tag; WC, WW) von MYSUSÆTER.
Vom Mysusæter-Parkplatz führen zwei Privatstraßen weiter ins Gelände. Nach links geht's Richtung **Spranget/Rondvassbu** (Bomveg: 4,2 km, 15 NOK). Diese Berghütte/Hotel/Gaststätte liegt bereits mitten im Nationalpark, ist beliebtes Ziel für kleine Wanderungen und Zwischenstation für anspruchsvollere Touren. Auf halber Strecke, mitten auf der windigen Hochebene, beginnt das Naturschutzgebiet, markiert durch Schranke und großen **Parkplatz** (10 NOK).

(185) WOMO-Wanderparkplatz: Rondane/Spranget
GPS: N61° 50' 07.2" E9° 43' 53.5"; 1087 m.
max. WOMOs: >10.
Ausstattung/Lage: Wanderweg, Tafel mit Abfahrtzeiten des Rondevatn-Bootes/außerorts.

Bis zur **Rondvassbu-Hütte** sind wir stramme 1 1/4 Stunden gewandert (und haben die Fahrradbesitzer beneidet); von dort aus können wir zwei Touren empfehlen:
a) Rondslottet (2178 m): Aufstieg 4-5 Std., Abstieg 3-4 Std.
T-Markierungen führen steil den Hang hinauf; im Kartal Rondholet weiter aufwärts. Rastplatz auf dem Sattel. Aufstieg zum ersten Aussichtsgipfel Vinjeronden (2044 m), Abstieg über dessen Nordflanke und und steiler Endspurt zum Rondslottet.
b) Verlesmeden (2015 m): Aufstieg 3 Std., Abstieg zum Nordende des Rondvatn 2 Std. (zurück mit Boot).
Von der Rondvasbu nach Westen den Store Ula überqueren, am Canyon Jutulhogget vorbei und in der gerölligen Senke Rondhalsen z. T. recht steil aufwärts zum Aussichtsgipfel.
Zurück bis zur Verzweigung im Rondhalsen-Tal, dort links hinab zur Nordspitze des Rondvatn (Bootsanlegestelle Nordvika). Mit dem Boot zurück zur Rondvasbu.

Der andere Privatweg führt von MYSUSÆTER nach rechts (Wegweiser: **Furusjø**). Nach 200 m zahlen wir 20 NOK Maut und dürfen dafür 3 km bis zum **Parkplatz** am **Furusjø** rollen: Vor unserer WOMO-Tür haben wir eine Wiesenfläche, dahinter Zwergbirken und Fichten. Das Wasser glitzert in der Sonne, es ist fast windstill – ein Tag zum Faulenzen.

(186) WOMO-Wanderparkplatz: Rondane/Furusjø
GPS: N61° 47' 20.6" E9° 43' 15.6"; 865 m. **max. WOMOs:** 2.
Ausstg./Lage: Mülleimer, Bademöglichkeit, Wanderweg; Camping verboten/außerorts.

Nach dem Mittagessen packt uns bei so viel Idylle dann doch die Wanderwut. Unsere 1:100.000-Wanderkarte Rondane, die uns über 13 € gekostet hat, soll sich wenigstens ein bisschen rentieren. Um "unseren" See herum zeigt sie mehr oder minder dünne rote Strichelchen, wir werden schon was finden!
Links herum, also im Uhrzeigersinn! Wir stapfen in unseren Gummistiefeln los, haben außer Karte, Kompass und Fotoausrüstung je einen großen Behälter dabei, den wir mit Heidelbeeren zu füllen gedenken. Ein Landvor-

sprung wird abgeschnitten (Laufbohlen liegen über den moorigen Flächen), dann überqueren wir das **Glitra-Flüsschen**.
Weiter folgen wir dem Wegweiser **Rondablikk**, einer Hütte, die südlich des Sees liegt und sporadisch auftretenden, roten Farbklecksen. Aber die Orientierung ist ohnehin nicht schwer: Kommt man zu weit nach rechts – schwappen die Wellen!
Bis zur Ostspitze des Sees verläuft der Weg nun direkt am Ufer entlang. Nach der Brücke über das **Frya-Flüsschen** wenden wir uns nach rechts, suchen uns ein Durchkommen zwischen Ferienhütten und Ufer, freuen uns, nach längerer Pause wieder Farbkleckse zu sehen – diesmal sind sie jedoch blau. Hier, auf der Südseite des Sees, ist der Blick auf die höchsten Berge Rondanes am vollständigsten und schönsten!
Wir peilen mit unseren Kompass die Landenge zwischen dem **Furusjø** und dem Appendix **Vålåsjø** an, den wir nicht auch noch umrunden wollen – und finden sie wirklich auf Anhieb!
Dahinter dehnt sich lichter Wald aus, das Unterholz besteht fast nur aus kniehohen Heidelbeerbüschen – wir sammeln und sammeln, bis wir in der Dämmerung die Beeren nicht mehr von den Blättern unterscheiden können. Kurz darauf sind wir auf der Fahrstraße westlich des Sees, auf der wir zurück zu unserem WOMO trotten (Gesamtzeit mit Heidelbeersuche 4,5 Std.).

Am nächsten Morgen rollen wir nach **Mysusæter** zurück, benutzen dann die kostenlose Teerstraße hinab nach OTTA. Natürlich bemühen wir uns, die "weißen Priester" auch von hier aus zu entdecken. Wir finden sie und auch eine Parkmöglichkeit bei »km 8« und »km 9,5«; von dort aus kann man sie in Ruhe, wenn auch aus der Ferne, begucken.
Dann spähen wir bereits ins breite Tal des **Lågen**, an dessen Ufer OTTA liegt. Wie im Slalom schwingen wir uns zum Fluss hinab, biegen an der >E 6< zunächst rechts und verlassen sie 800 m später wieder ins Zentrum von OTTA. Gleich hinter der **Lågen-Brücke**, am Kreisverkehr, findet man einen riesengroßen **Parkplatz** mit Einkaufsmöglichkeiten. Sucht man nur einen ruhigen **Übernachtungsplatz**, sollte man vor dem Parkplatz weiter nach rechts bis zur **Ottahallen** fahren [**187:** N61° 46' 39.8" E9° 32' 23.7"], **Wasserhahn** am Kulturhaus davor.
Die >E 6< verführt zum Rasen. Wesentlich behäbiger bewegt sich der **Lågen** nach Süden, zeitweise scheint er gar still zu stehen, türkisgrün wie ein Fjord schimmert seine Oberfläche. Dann tauchen plötzlich Schaumkronen auf, die breite Bahn drängt sich zusammen, und ausgerechnet im wildesten Trubel versuchen sechs "Wikinger", ein Schlauchboot durch die Wogen zu steuern – "Rafting", ein nasses Vergnügen!
Leider liegt zwischen dem **Lågen-Fluss** und der >E 6< die Bahnlinie, so dass es mit schönen Picknickplätzen Fehlanzeige ist. Folglich rollen wir weiter im Verkehrsstrom, Maximalgeschwindigkeit 70-90 km/h, mehr ist ohnehin nicht erlaubt.
Eine malerische Alternative zur >E 6< wäre der **Peer-Gynt-Vei**, der ab VINSTRA bzw. HARPEFOSS parallel zur >E 6< durchs

Gebirge zieht und in FÅBERG, 5 km vor LILLEHAMMER, wieder in sie einmündet (wir beschreiben ihn und seine Stellplätze ausführlich in unserem Nord-Norwegen-Buch).

Wir haben aber auch ohne großen Umweg für Sie ein Idyll gefunden!

Bei HARPEFOSS, der Name deutet es schon an, zwängte sich früher der **Lågen** durch eine bizarre Schlucht (Foto). Die Schlucht ist immer noch da, der Fluss strömt jedoch zum größten Teil durch Rohre im Berg, um Strom zu produzieren. Wir verlassen die >E 6< Richtung GÅLÅ/HARPEFOSS, überqueren die Bahnlinie und parken nicht hinter der Flussbrücke, denn da stehen meist schon viele andere. Wir rollen 100 m weiter, biegen vor einem Parkplatz/Fußballplatz nach links und kurven die Straße hinab zum Fluss. Dort liegt neben dem zweiten Fußballplatz ein großer, ruhiger **Picknickplatz** direkt am Fluss (Camping verboten).

(188) WOMO-Picknickplatz: Harpefoss/Friluftsområde Klokkarstranda

GPS: N61° 34' 15.5" E9° 51' 34.3"
max. WOMOs: 3-4.
Ausstattung/Lage: Toilette, Warmwasser (meist verschlossen), Mülleimer, Tisch & Bank 100 m, Bolzplatz, Wanderweg/außerorts.

Ein kleiner Spaziergang flussaufwärts (Hinweisschilder: "Kleivin" und "Haltbrua") führt in einen hochromantischen und gleichzeitig äußerst fruchtbaren Märchenwald (je nach Jahreszeit Himbeeren, Johannisbeeren, Heidelbeeren, Walderdbeeren – und Pilze). Der Pfad endet bei der Brücke über die **Harpefoss-Schlucht**, die ich mir nun ohne Parkprobleme (allein) bestaunen kann, denn Waltraud hockt im Märchenwald zwischen den Himbeeren. „Wer soll den die vielen Beeren essen?“ frage ich etwas dümmlich. „Ich backe heute Abend Kuchen – in der Bratpfanne!“
Wenn man dumm fragt, bekommt man dumme Antworten ....

Weiter geht's auf der >E 6< nach Süden. HUNDORP hat eine sehenswerte Kirche, die **Sœr-Fron-Kyrkje** mit achteckigem Grundriss, einem gestaffelten Dach sowie einem zweistöckigen Turm mit Laterne.
Südlich von HUNDORP verbreitert sich das Tal immer weiter, hier fängt das eigentliche **Gudbrandsdal** an, das fruchtbare, breite Tal mit den großen Bauernhöfen, deren Anblick Wohlhabenheit widerspiegelt.
Südlich von RINGEBU schaut vorwitzig der rotbraune Turm der **Stabkirche** von einem Hügel auf die Straße hinab. Die Kirche aus dem 13. Jahrhundert, äußerlich ohne sichtbaren Schmuck, ist innen sehr schön ausgestattet. Hier wechselt auch die Bahnlinie die Uferseite, so dass unsere >E 6< direkt am Wasser entlang führt – aber die schönen Stellen neben der Straße sind alle von **Campingplätzen** besetzt.
Erst 4 bzw. 8 km südlich von TRETTEN liegen rechts der Straße schöne **Picknickplätze** oberhalb des Flusses, der zweite auch mit Toiletten.
Fünf Attraktionen erwarten uns bei HUNDERFOSSEN!

Dort liegt direkt links der Straße **Lilleputthammer**, eine Miniaturstadt, die LILLEHAMMER um die Jahrhundertwende darstellt.
Nach rechts überqueren wir den **Lågen**. Als nächste Atttraktion erreicht man, 1800 m hinter der Brücke, das **Norwegische Wegmuseum** (dessen große Parkplatz ist durchaus übernachtungsgeeignet). Dort erfährt man in einer hochinteressanten Ausstellung, welche Anstrengungen gerade Norwegen machen musste, um seinen Einwohnern (im wahrsten Sinne des Wortes) den Weg ins Automobilzeitalter zu ebnen. Wer dort die Straßenkarte von 1980 mit der von heute vergleicht, begreift erst recht, welcher Arbeitsaufwand geleistet werden musste, um auch uns hier einen bequemen Sightseeing-Urlaub zu ermöglichen. Die verwendeten Werkzeuge, Maschinen, Geräte, historisch oder neu, werden ausgestellt, der Wege-,

Hunderfossen; Norwegisches Wegmuseum, Schneefräse

Brücken- und Tunnelbau wird anschaulich gemacht und in einer Diaschau entfalten sich all diese Ereignisse noch einprägsamer vor unseren Augen (offen: 10-18 Uhr, Eintritt frei!).
300 m weiter nach Süden geht's links zum **Hunderfossen Familienpark**. Für einen recht happigen Eintritt kann man von 10-20 Uhr all das erleben, was ein **Freizeitpark** heutzutage bietet, hervorheben sollte man vielleicht die Märchengrotte und den größten Berggeist der Welt (sowohl das Wegmuseum als auch der Familienpark haben riesige Parkplätze – mit einer Schranke am Eingang, die sich um 21 Uhr schließt, denn ein **Campingplatz** beim Freizeitpark wartet auf zahlende Gäste!).
Weiter geht's nach Süden. Nach 700 m kommt man an der **Olympiabob- und Rodelbahn** vorbei (offen: 11-18 Uhr).

Hunderfossen; Felsritzungen am Ufer des Lågen

4,6 km weiter südlich liegt rechts, oberhalb der Straße, der kleine **Schotterparkplatz** für die Wanderer zu den Felszeichnungen. Wir folgen zu Fuß dem Wegweiser: Bergab auf einem geschotterten Fahrweg und dann einem Pfad durch den Wald, bis hinab zum **Lågen-Fluss** (15 min.). Dort ist gerade Hochwasser, so dass wir nur aus fünf Meter Entfernung zu den **Steinritzungen** hinüberspähen können, wohlgenährten Nilpferden gleich, die aber sicher Rentiere oder Elche darstellen sollen, da Nilpferde in Norwegen eher selten sind.

Noch 2 km sind es auf der Straße, parallel zur >E 6<, jedoch auf der anderen Flussseite, bis FÅBERG. Hier überqueren wir noch nicht den **Lågen**, sondern ziehen weiter nach Süden, um dann, an einem Kreisverkehr, rechts auf die >255< abzubiegen. Sie führt uns nach 1200 m Richtung GAUSDAL zur Kirche von FÅBERG, links der Straße. Am rechten Ende des **Parkplatzes** vor der Kirche [N61° 9' 38.8" E10° 22' 16.7"], ungefähr 10 Schritte entfernt, findet man einen ungewöhnlichen, nadelförmigen, 4 m hohen Stein. Die Sage berichtet, ein Troll habe ihn auf die Kirche schmeißen wollen, aber in seiner Dummheit natürlich die Entfernung nicht richtig geschätzt. Des Lesens Kundige werden Runen auf dem etwa tausend Jahre alten Stein entdecken: „Diesen Stein errichtete Roar für Olve, seinen Vater." Wir überqueren nun den **Lågen**, reihen uns für 3 km wieder in der Verkehrsfluss auf der >E 6< ein, verlassen sie dann Richtung LILLEHAMMER.

Die Stadt der Winterolympiade 1994 hat eine kleine, aber feine Fußgängerzone, die man mit seinem Besuch beehren sollte, die **Storgatan**. Diese verläuft links, oberhalb der Durchgangsstraße >213<. Man parkt am besten am Bahnhof, rechts der >213< und wandert das kurze Stück hinauf. Nach 17 Uhr kann man, wie üblich, parken wo man möchte! Falls Sie uns nach dem schönsten Gebäude von LILLEHAMMER fragen – das ist das Gebäude der **Norges Bank**. Es trohnt in der Mitte des **Stortorg**, völlig zugewachsen mit wildem Wein und mit einem quadratischen Turm gekrönt, als wäre es das Rathaus persönlich ....
Wir fahren auf der >213< zum Südrand von LILLEHAMMER, kommen an der Stadtkirche vorbei – backsteinern mit rotem, spitzem Kupferdach. Ab der nächsten Kreuzung folgen wir im Zickzack den Wegweisern zum **Freiluftmuseum Maihaugen** [N61° 6' 48.5" E10° 28' 37.4"] (offen: 9-18 (22) Uhr, Parkgebühr 7-17 Uhr 40 NOK). Wir können mit Recht behaupten: **Maihaugen** ist eines der größten und gepflegtesten Freiluftmuseen Norwegens; hier ist einiges geboten: Da werden täglich um 12 Uhr die Schweine und Hühner gefüttert, der Töpfer ist von 10.30-17 Uhr bei der Arbeit, in der Stabkirche ist mittwochs, 19 Uhr, ein Gottesdienst.
Ein Bauernhof wird täglich bewirtschaftet, als sei die Entwicklung der Landwirtschaft vor einhundert Jahren stehen geblieben, die Almwirtschaft zur Jahrhundertwende wird vorgeführt und der Silberschmied darf auch nicht fehlen; alle Vorführungen finden natürlich in oder neben historischen Gebäuden und in traditioneller Kleidung statt – sehenswert!
Die **Olympia-Skischanze** [N61° 07' 26.4" E10° 29' 14.3"] sollten Sie im Schnelldurchgang besichtigen, denn rund um die Uhr verlangt man fürs Parken 10 NOK/Std. Kostenlose Park- und Übernachtungsmöglichkeiten haben wir beim Sportplatz und an den Wanderparkparkplätzen oberhalb der Skischanze entdeckt.

Wir verlassen LILLEHAMMER auf der >213< nach Süden, kehren also bis MOELV nicht auf die >E 6< zurück! Diese Parallelstraße ist gut ausgebaut und hat viel weniger Verkehr als die Europastraße.
Unmittelbar vor dem Ortsschild von MOELV geht rechts ein Schotterweg zu der großen **Steinsetzung "Tolvsteinringen"** aus der Eisenzeit. Zwölf gewaltige Felsklötze sind zu einem Kreis angeordnet, wohl ein Richterring, eine Thingstätte.
Wer in MOELV sein Haupt zur Ruhe betten möchte, der fährt am Ortsende Richtung **Idrettsparken** und dann nochmals rechts (Wegweiser: **Idrettshallen**). Dort, vor den **Sporthallen**, steht man völlig ruhig (und kostenlos!), nachdem die letzten Basketballer abgezogen sind.

(189) WOMO-Stellplatz: Moelv/Idrettshallen
GPS: N60° 55' 43.3" E10° 41' 39.0"
max. WOMOs: 2-3.
Ausstattung/Lage: Mülleimer/Ortsrand.

Wir münden wieder in die >E 6< ein; schnell vergehen die 30 km bis zur Ausfahrt HAMAR (unterwegs ein **Picknickplatz** mit Toilette).

Die Hauptstadt der Provinz **Hedmark** liegt auf einer Halbinsel im riesigen **Mjøsa-See** und die touristischen Glanzpunkte liegen an seinem Ufer.

Wir nähern uns dem Zentrum auf der >222<, folgen den Wegweisern "Museene" und kommen am rechten, dem nördlichen Ende vom **Strandveg** an. Nun brauchen wir nur noch der Reihe nach die Attraktionen abzufahren:

Los geht's mit dem **Eisenbahnmuseum**, dem **Jernbanemuseet** (offen: 10-16 Uhr). Man kommt sich hier vor wie im "richtigen Leben", je nach Ausstellung jedoch um Jahrzehnte oder gar ein Jahrhundert zurückversetzt. Da stehen nicht nur Lokomotiven oder Waggons 'rum! Eine ganze Bahnstation ist aufgebaut, Züge setzen sich in Bewegung – ein Augenschmaus für jeden Eisenbahn-Fan! Nach Norden geht's weiter zu **Badeparkplätzen** (mit WC) hinter dem schönen Sandstrand des **Mjøsa-Sees**.

Am **Strandveg** nach Süden begleiten uns bereits die historischen Holzhäuser im Freigelände des **Hedmarkmuseums**, an dessen riesigem **Parkplatz** [**190:** N60° 47' 35.9" E11° 02' 27.3"] (nachts kostenlos und ruhig) wir nach 700 m ankommen. Die Museumsgebäude haben nur von 10-18 Uhr geöffnet, das Freigelände ist rund um die Uhr zugänglich. Trotzdem erwartet uns eine Enttäuschung: Die pittoreske Ruine des mittelalterlichen **Domes**, einziger Überrest der alten Handelsniederlassung **Hamarkaupangen**, ist vollständig von einem schützenden Glaszelt umgeben (Foto).

Wir haben nun fast das Ende vom **Strandveg** erreicht, rollen um die Kurve und weiter am Ufer entlang. Der Weg führt an einem roten Granitblock vorbei, der die Hochwasserstände des **Mjøsa-Sees** seit 1789 anzeigt – damals hätte mein Kopf gerade noch aus dem Wasser geragt, wenn ich auf dem WOMO Zuflucht gesucht hätte!

Dann erreichen wir den Anlegekai des **Skibladners**. Dies ist ein Dampfer, ein Raddampfer, der älteste Raddampfer der Welt, der noch in Betrieb ist, er verkehrt täglich im Linienverkehr: Lillehammer - Gjøvik - Hammar - Eidsvoll (Abfahrt: 11 Uhr, Rückkehr: 17.10/18.30 Uhr).
Weiter geht's am Ufer entlang, bis man schließlich, rechts auf eine kleine Halbinsel abbiegend, zum **Jachthafen** kommt (max. 3,10 m Höhe). An dessen Ende kann man ruhig und doch aussichtsreich stehen, **übernachten** – und an jedem Steg Wasser fassen!

(191) WOMO-Stellplatz: Hamar/Jachthafen Tjuvholmen
GPS: N60° 47' 16.7" E11° 04' 10.1"
max. WOMOs: >5.
Ausstattung/Lage: Entsorgung, Toiletten, Duschen, Wasserhähne/Ortsrand.

Ich werde nach dem Abendessen, völlig unüblich, aus dem WOMO geschickt: „Schau' dir mal für ein paar Minuten die Schiffchen an!" „?"
Nach meiner Rückkehr steht die Bratpfanne auf dem Gas, zugedeckt; Waltraud lächelt wie die Sphinx: „Finger weg!"
Nach und nach verbreitet sich Kuchengeruch im WOMO, ich fasse es nicht! Geheimnisvolles Hantieren am Herd, ich muss die Augen schließen – und bekomme den ersten, selbstgebackenen Himbeer-Bisquitteig-Bratpfannenkuchen in der WOMO-Geschichte geboten – ein Genuss!
Das Rezept – und viele weitere Überraschungen – findet man im **Allgemeinen Wohnmobil Kochbuch**!
Am nächsten Morgen unterqueren wir die Bahnlinie, gelangen am Bahnhof vorbei auf die >222<, die uns nach Südosten, über STANGE, zur >E 6< Richtung OSLO zurückführt. Dabei erhaschen wir noch einen Blick auf das größte Wikingerschiff aller Zeiten, die neue **Hamar-Olympiahalle**, dann hat uns die Europastraße wieder.

Ja, liebe Freunde, es wird Zeit, dass wir für dieses Jahr voneinander Abschied nehmen. Norwegen hat uns viele Superlative gezeigt, die höchsten Wasserfälle, die größten Gletscher, die tiefsten Schluchten, die längsten Fjorde, wir waren stets überwältigt.
Nun haben wir nur noch einen kleinen, einen geradezu winzigen Wunsch – und den können wir uns leicht erfüllen:
Wir werden jetzt nach Südosten davondüsen, Richtung schwedische Grenze und uns einen schnuckeligen, warmen Badesee suchen. Finden Sie nicht auch, dass wir ein paar Tage Erholung verdient haben?

Tipps und Tricks – alphabetisch geordnet

ADRESSEN

Kurz vor der Grenze holen wir Pässe und Grüne Karte aus dem Geheimfach. Was tun, wenn der Pass beim Geldholen auf der Bank liegenblieb? Was tun, wenn die Polizei bei einem Verkehrsunfall den Pass einzieht und man sich ungerecht behandelt fühlt? Was tun, wenn das ganze Geld oder sogar das Auto geklaut wurde? Was tun, wenn man einfach nicht mehr weiter weiß?

Tipps:

>> *Jeder größere Ort hat seinen Verkehrsverein ("Reiselivslag" oder "Reiselivsforeningen"). Dort erhält man nicht nur Prospektmaterial und Stadtpläne, sondern von den stets fremdsprachenkundigen (meist englisch, manchmal deutsch) Angestellten auch Rat und Hilfe.*

>> *Die Konsulate tun in solchen Fällen wirklich alles, manchmal sogar mehr und vor allen Dingen erfolgreicheres, als man sich vorstellen kann:*

Deutsche Botschaft:	*N-0285 OSLO, Oscars gate 45 Tel. 0047 - 22 55 20 10, Fax: 22 44 76 72*
Österreichische Botschaft:	*N-0244 OSLO, Thomas Heftyesgt. 19-22 Tel. 0047 - 22 55 23 48, Fax: 22 55 43 61*
Schweizer Botschaft:	*N-0268 OSLO, Bygdøy Allé 78 Tel. 0047 - 22 43 05 90; Fax: 22 44 63 50*
Norwegische Botschaft:	*10787 Berlin, Rauchstraße 1 Tel. 030 - 50 50 50 Fax 030 - 50 50 55; emb.berlin@mfa.no*

>> *Sie möchten sich zu Hause noch genauer über Ihr Urlaubsziel informieren:*
Norwegisches Fremdenverkehrsamt,
Postfach 76 08 20, 22058 Hamburg, Neuer Wall 41, 20354 Hamburg
Tel. 040 / 22 71 08 10 bzw. 01805 00 15 48, Fax 040 / 22 71 08 15
www.visitnorway.com; germany@ntr.no

>> *Reichhaltiges Informationsmaterial verteilen auch die Automobilclubs.*

ÄRZTLICHE HILFE

Krank im Urlaub? Das ist so ziemlich das letzte, was man sich wünscht. Manchmal ist es jedoch nur das kleine Unwohlsein, das den Tag vermiest oder es ist ein Medikament ausgegangen. Was tun?

Tipps:

>> *Alle norwegischen Ärzte sprechen französisch, englisch oder deutsch. Auskunft erteilt Ihnen das Touristenbüro, im Telefonbuch suchen Sie "legevakt". Dieser ärztliche Notdienst vermittelt Sie weiter. Sie können auch direkt zur nächsten Poliklinik fahren. Im Notfall wenden Sie sich an die Polizei, sie spielt in Norwegen "Mädchen für alles".*

>> *1992 trat ein Sozialabkommen zwischen Norwegen und Deutschland in Kraft. Bisher musste man Arzt und Medikamente bar zahlen.*

>> *Genauere Auskunft über dieses Sozialhilfeabkommen sowie über die Mitnahme von nötigen Papieren erteilt die AOK. Privatpatienten sei angeraten, außer einer ausführlichen Rechnung die Umtauschquittung einer Bank bei der Krankenkasse einzureichen. So kann bequem von Norwegischen Kronen in Euro umgerechnet werden.*

>> *Das Arzneimittelgesetz wird in Norwegen sehr streng gehandhabt! Ohne Rezept gibt's in der Apotheke (apotek) kaum etwas.*

>> *Medizinische Reisetipps im Internet: www.fit-for-travel.de*

>> *ADAC-Arzt: 0049-89-22 22 22.*

AUTOHILFSDIENSTE

Irgendwann passiert es jedem einmal: Das Auto gibt keinen Mucks mehr von sich.

Tipps:

>> *Obwohl Norwegen dünn besiedelt ist, sind Sie bei einer Panne nie allein. Dafür sorgen u. a. die Straßenwachtfahrzeuge des Automobilclubs NAF. Alarmzentrale des NAF: 810 00 505 (Ortstarif), Falken: 800 33 880 (gebührenfrei), Viking: 800 32 900 (gebührenfrei).*

>> *Einheitlich Notrufnummern gibt es auch in Norwegen: Feuerwehr: 110, Polizei: 112, Krankenwagen: 113, Telefonauskunft: 180.*

>> *An vielen Hauptstraßen stehen wie bei uns Notruf-Telefone.*

>> *Anschrift des Norwegischen Automobilclubs:*
Norges Automobil-Forbund, N-0105 Oslo, Storgatan 2,
Tel.: 0047-22341400, Fax: 0047-22428830.

>> *Trotzdem sollten Sie sich vor dem Urlaub von Ihrer Autowerkstatt ein internationales Kundendienstverzeichnis besorgen lassen. Sie können ja Glück im Unglück haben und in der Nähe einer Reparaturwerkstätte Ihrer Automarke sein.*

>> *Die ADAC-Notrufzentrale in München ist rund um die Uhr besetzt:*
Tel. 0049-89-22 22 22.

BERGWANDERN/WILDNISWANDERN

Norwegen besteht zum größten Teil aus – Wildnis. Diese ist jedoch seit Jahrzehnten vom norwegischen Wanderverein (DNT) für Interessenten zugänglich gemacht worden – tausende von Kilometern Wanderwege wurden von ihm markiert, Gletschertouren werden organisiert, Berghütten gebaut und unterhalten.

Tipps:

>> *Zu jeder Fjell-Tour gehören vernünftiges Schuhwerk, regendichter Anorak (oder Regencape), Rucksack mit Feldflasche, Proviant, Wanderkarte und Kompass.*

>> *Beim vernünftigen Schuhwerk streiten sich die Fachleute: Gummi- oder Bergstiefel? Wir werden uns in diesen Streit nicht einmischen, lassen Sie Ihre Füße entscheiden!*

>> *Die Wanderwege sind mit Hinweisschildern und Farbklecksen markiert, an den Winterwanderwegen und Loipen stehen lange Stangen mit roten Kreuzen an der Spitze.*

>> *Abseits der Haupttrampelpfade begegnen Sie kaum einem Menschen. Gehen Sie deshalb nie allein auf Tour. Wenn Sie sich verirren oder verletzen, findet Sie so bald niemand!*

>> *Gebirge haben nie beständiges Wetter. Brechen Sie eine längere Tour lieber ab, wenn das Wetter umzuschlagen beginnt. Regen, ja sogar Schneefall oder Hagelschauer, aber auch dichter Nebel können zu wahrhaft ungemütlichen, mit Kindern zu unverantwortlichen Situationen führen.*

>> *Jede Wandertour, sei sie ein Gipfelsturm oder eine mehr gemütliche Rundwanderung, belohnt Sie mit atemberaubenden Blicken auf eine grandiose Landschaft.*

>> *Für die erforderlichen Wanderkarten siehe "Kartenmaterial", eine erste Übersicht bieten auch die Autokarten, denn auf ihnen sind die wichtigsten Wanderwege rot markiert.*

>> *Weitergehende Fragen beantwortet Ihnen gerne die:*
Den Norske Turistforeningen (DNT), Storgaten 3, N-0101 Oslo,

Tel.: 0047-22 82 28 22, Fax: 0047-22 82 28 01.
DNT-Vertretung in Deutschland: Tel.: 0251-32 46 08, Fax: 0251-32 68 46.

>> *Wir haben bei unseren Touren nicht nur Fjellwanderungen ausprobiert! Auch Wanderungen im Flachland, durch Naturschutzgebiete und Urwälder sind unvergessliche Erlebnisse.*

DEVISEN

Bargeld in einheimischer Währung oder der des Urlaubslandes, Euroschecks, Reiseschecks oder, oder? Vor jeder Reise das gleiche Problem?

Tipps:

>> *Für die An- und Rückfahrt durch Deutschland muss genügend Bargeld vorhanden sein, um Treibstoff sowie eventuelle Gaststätten- und Übernachtungskosten bezahlen zu können. Ein Blick auf Ihre Karte oder die Entfernungstabelle zeigt Ihnen, wie viele Euro Sie dafür brauchen.*

>> *Ob Sie Ihre Norwegischen Kronen in Deutschland oder in Norwegen einkaufen, gegen Bargeld, Reiseschecks oder ec-Karte, spielt kaum eine Rolle, was den Umtauschkurs anbetrifft. Überall wird man Sie jedoch mit Gebühren traktieren (wenn man per Euroscheck-Karte und Geheimzahl am Automaten Geld abholt, zahlt man unabhängig von der Höhe der Abhebung ca. 3 Euro).*

>> *Wir haben die besten Erfahrungen mit unserer Visa-Karte gemacht! Man kann damit nicht nur in den allermeisten Geschäften (mit PIN) bezahlen, sondern auch an den vielen vollautomatisierten Tankstellen (ohne Personal) zu jeder Tages- und Nachtzeit tanken.*
Hinweis: *Unbedingt die entspr. Telefonnummer für die Kartensperre notieren (bei Verlust oder Diebstahl), z. B. hier:* ____________________

EINREISE/AUSREISE

Für Urlauber aus Deutschland, Österreich oder der Schweiz gilt folgendes: Personalausweis (oder Reisepass), Führerschein, Kraftfahrzeugschein, Grüne Versicherungskarte (obwohl nicht vorgeschrieben) und Nationalitätenkennzeichen nicht vergessen.

Tipps:

>> *Reisebedarf für den persönlichen Gebrauch kann zollfrei eingeführt werden, als Reiseproviant darf jede Person ab 12 Jahren 10 kg mitschleppen, davon max. 3 kg Fleisch und Fleischprodukte. Die Einfuhr von Pflanzen, Eiern und Kartoffeln ist verboten.*

>> *Bei unserer letzten Norwegenreise verließen wir als erste die Fähre und stellten uns neben die Zollstation: Von ca. 500 Fahrzeugen wurden 2 kontrolliert; beim Grenzübertritt Schweden - Norwegen bekommt man überhaupt keinen Zoll zu sehen.*

>> *Besonders ärgerlich sollen die norwegischen Zollbehörden bei Alkoholschmuggel reagieren, denn dieser wird nur in staatlichen Läden (Vinmonopolet) und dort zu Wucherpreisen verkauft. Erlaubt sind bei Personen über 18 Jahren 2 Liter Wein und 2 Liter Bier, bei Personen über 20 Jahren statt der 2 Liter Wein auch 1 Liter Wein und 1 Liter Schnaps.*

>> *Die Mitnahme von CB-Sprechfunkgeräten ist erlaubt, wenn diese der CEPT-Norm entsprechen, ebenso die von Ihrem Handy.*

>> *Die hohen Preise in Norwegen beruhen nicht zuletzt auf dem Mehrwertsteuersatz von bis zu 25 %. Durch das Taxfree-System wird Ausländern, die (unbenutzte) Waren ausführen, diese Mehrwertsteuer (abzüglich einer Gebühr) bei der Ausreise zurückerstattet. An fast jedem Geschäft hängen die blau-gelben Taxfree-Fähnchen, dort erhalten Sie auch Informationsbroschüren.*

FÄHREN

Norwegen ist im wesentlichen durch Fähren mit dem Rest Europas verbunden. Deshalb ist der Fährverkehr perfektioniert. Aber auch im Land brauchen Sie für unsere Touren mehr als 10 Fjordfähren!

Tipps:

>> *Die meisten Fährverbindungen können Sie selbst buchen, ohne Gebühr und Reisebüro, per Postkarte, Telefonanruf, Fax, e-Mail oder Internet.*

>> *Lassen Sie sich nicht einreden, vor Ort bekäme man seine Tickets billiger. Zur Hauptsaisonzeit könnte das zu einer unfreiwilligen Übernachtung im ungemütlichen Hafengelände führen.*

>> *Sie haben Bedenken, ob Sie auch pünktlich an der Fähre sind (Unfall, Krankheit)? Dafür gibt es Reiseausfallversicherungen.*

>> *Kommen Sie frühzeitig (2 Std. vor Abfahrt) zum Fährhafen. Wer als erster auf das Schiff rollt, verlässt es meist auch als erster.*

>> *Haben Sie auf der Fähre Ihr WOMO verlassen, können Sie während der Überfahrt nicht hinein (Verbote). Machen Sie sich schon vorher eine Liste, was Sie an Deck alles brauchen (Ausweise, Geld, Verpflegung, Kinderspielzeug, Lektüre, Badeklamotten für Schwimmbad oder Sauna) und packen Sie alles vor an Bord gehen in eine Tasche.*

>> *Schließen Sie das WOMO gut ab, schalten Sie die Alarmanlage ein, für Wertsachen haben Sie hoffentlich gute Verstecke oder einen angeschraubten Tresor.*

>> *Laut Vorschrift ist der Betrieb von Gasanlagen auf Fähren verboten, das gilt auch für Kühlschränke! Leider sind nie genügend 220-V-Steckdosen vorhanden, um den Absorber auf Stromversorgung umschalten zu können oder es ist verboten. Folglich kümmern sich nicht alle um das Verbot ...*

>> *Fjordfähren werden auch immer teurer. Rechnen Sie mit 12 € für WOMOs bis 6 m Länge (incl. 2 Personen), längere stets das 2-4fache! Senioren fahren für die Hälfte, leider keine Oldtimer!*

FAHRZEUG

Wenn das Auto nicht mehr läuft, "läuft" gar nichts mehr im Urlaub. Nur das beruhigende Gefühl, alles getan zu haben, damit Motor, Zündanlage, Reifen und Fahrgestell mehrere tausend Kilometer ohne Murren durchhalten, kann stressfreie Urlaubstage garantieren.

Tipps:

>> *Kundendienst vor dem Urlaub nicht vergessen.*

>> *Ersatzteile mitnehmen:*
  * *Reserve-Birnenset komplett?*
  * *Ersatz-Sicherungen*

>> *Pannenausrüstung komplett?*
  * *Reservekanister 20 Liter, voll?*
  * *1-2 Liter Öl*
  * *Reserverad mit Profil, Luftdruck o. k.?*
  * *Ersatzschlauch (auch bei schlauchlosen Reifen!)*
  * *Abschleppstange, ausprobiert?*
  * *passender Wagenheber, ausprobiert?*
  * *Klappspaten*
  * *Warndreieck/Warnblinkleuchte*
  * *Luftpumpe*
  * *Erste-Hilfe-Koffer komplett?*
  * *Werkzeugkoffer komplett?*
  * *Verzeichnis der Auslandskundendienststätten meiner Automarke, neu!*

>> *Scheibenwaschanlage gefüllt, "Scheibenkratzer" mit Gummilippe und Schaumstoffwulst (Insekten!), Ersatzscheibenwischer vorhanden?*

>> *Feuerlöscher o. k.?*

FOTOGRAFIEREN/VIDEO

Zweifelsohne verstärken die mitgebrachten optischen oder akustischen Urlaubserinnerungen die Vorfreude auf die nächste Reise. **Für jegliches Film- und Videomaterial gilt: Reichlich von zu Hause mitbringen!** Die Preise in den Urlaubsländern sind stets höher, von der Auswahl ganz zu schweigen.

Tipps:

>> *Kaufen Sie rechtzeitig Fotomaterial, nutzen Sie Sonderangebote im Frühjahr. Im Kühlschrank halten die Filme jahrelang, ohne zu altern.*

>> *Ihre Digitalkamera ist neu? Dann bedenken Sie: Die mitgelieferte Speicherkarte ist ein (schlechter) Witz. Sie brauchen pro Bild etwa 0,5 MB!*

>> *Nicht nur die Natur und Ihre Lieben sind fotografierenswert. Für Aufnahmen in Bergwerken und Höhlen brauchen Sie ein kräftiges Blitzgerät, ein Stativ wäre auch nicht schlecht!*

>> *Denken Sie an einen Vorrat der benötigten Batterien (am besten aufladbare NiMH oder Li-Ionen-Akkus) für Blitzgerät und Kamera.*

>> *Ein 12-V-Ladegerät für die Batterien der Digitalkamera, Videokamera usw. sollte immer an Bord sein (oder ein Wechselrichter).*

>> *Schauen Sie öfter nach dem Objektiv. Seeseitiger Wind bläst Salzwasserspritzer auf die Linse. Vorsichtig mit einem angefeuchteten Läppchen abtupfen, dann trockenwischen.*

FLORA/FAUNA

In Norwegen haben Sie dauernd Kontakt zur Natur, genießen Sie diese Freiheit, die Ihnen aber auch besondere Pflichten auferlegt.

Tipps:

>> *Der überwiegende Teil Norwegens ist Wildnis, dabei dominiert tundraartige, baumlose Steppe – Fjell und Vidda genannt.*

>> *Im Wald überwiegen Nadelbäume (70 %): Tannen, Fichten und Kiefern. In den Wäldern dürfen Sie Beeren sammeln (Heidelbeeren, Moltebeeren, Preiselbeeren, Brombeeren), Pilze suchen und Blumen pflücken, sofern sie nicht unter Naturschutz stehen.*

>> *Für Ihr Lagerfeuer dürfen Sie Äste auflesen, falls Sie zwischen dem 16. September und dem 14. April im Lande weilen. Im Sommer ist offenes Feuer streng verboten.*

>> *Im Fjell, der norwegischen Gebirgsregion, ist die Flora alpin. Hier bestimmen Moose, Flechten, Wacholder und Zwergbirken, in den sumpfigen Senken Wollgras und Sauergräser das Bild, dazwischen blühen im Sommer die fleischfarbenen Doldentrauben der Alpenazaleen und die weißen Glöckchen der Preiselbeeren.*

>> *Die Tierwelt hält sich versteckt, außer den auch bei uns vorkommenden Hirschen, Rehen, Füchsen und wilden Kaninchen stößt man nur durch Zufall auf einen aufgescheuchten Elch. Wesentlich gefährlicher wäre er bei einer nächtlichen Kollision, denn der mächtige Schaufler bringt bis zu 800 kg auf die Waage.*

>> *In Norwegen gibt es eine große Zahl quasi wildlebender Rentierherden. Je weiter man in den Norden kommt, desto "normaler" werden Begegnungen mit ihnen. Allerdings ist es die Ausnahme, dass sie den Fotografen bis auf Tuchfühlung an sich herankommen lassen.*

>> *Im Øvre Pasvik Nationalpark wurden wieder Braunbären angesiedelt. Da sie nicht gejagt werden, entwickelten sie eine u. U. gefährliche Zutraulichkeit. Man sollte sich singend durch den Wald bewegen, um einen verschlafenen Petz nicht erst im letzten Moment aufzuschrecken.*

>> *Gerne und ohne Gefahren lassen sich die Seevögel in den großen Brutkolonien beobachten. Wr wandern mit Ihnen zu einer ganzen Reihe von Vogelfelsen.*

FREIES CAMPING

Der Begriff des freien Campings ist in Norwegen mit dem Begriff des "Allemansrätten", dem **Jedermannsrecht** verknüpft. Dieses Gewohnheitsrecht, das noch nicht gesetzlich fixiert ist, regelt doch seit Menschengedenken die Rechte und Pflichten aller Menschen in Skandinavien, und damit auch der Touristen, gegenüber der Natur. Natürlich ist es nicht direkt für WOMO-Urlauber verfasst worden! Da diese in immer größerer Zahl nach Norwegen kommen, sollten sie sich bei längerem Aufenthalt an einem Ort einen Campingplatz suchen.

Die wesentlichen Punkte des Jedermannsrechts lauten:

Es ist überall erlaubt, eine Nacht zu zelten, sofern das Grundstück nicht landwirtschaftlich genutzt wird oder in der Nähe eines Wohnhauses liegt. Je näher (Hör- oder Sichtweite) Sie anderen Personen kommen, um so größer ist der Grund, um Erlaubnis zu fragen.

Es ist verboten, mit Motorfahrzeugen außerhalb der dafür bestimmten Straßen und Plätze zu fahren, Sie dürfen jedoch neben der Straße parken, wenn Sie niemanden behindern.

Sie dürfen überall baden sowie Wasser aus Quellen und Seen entnehmen. Sie müssen Ihren Unrat in die Abfallbehälter werfen oder wieder mitnehmen.

Es ist verboten, Chemikaltoiletten in der Natur auszuleeren.

Sie dürfen kostenlos an allen Küsten und in den Fjorden angeln, für andere Gewässer brauchen Sie (ab 16 Jahren) eine staatliche Angellizenz (gibt's bei allen Postämtern für ca. 12 Euro) und einen örtlichen Angelschein (gibt's in Sportgeschäften, Kiosken, Touristenbüros, Hotels, auf Campingplätzen).

Sie dürfen wilde Blumen und Beeren pflücken und Pilze sammeln.

Tipps:

Nach unseren Erfahrungen interpretieren wir das Gewohnheitsrecht für Wohnmobilisten folgendermaßen:

>> *Das Parken von Wohnmobilen und das Übernachten ist für einzelne Tage gestattet.*

>> *Auf Rastplätzen an Hauptstraßen ist das Übernachten verboten. Wegen des Verkehrslärms würden wir Ihnen diese Plätze ohnehin nicht empfehlen.*

>> *Für die einmalige Übernachtung bieten sich an:*

- *Wanderparkplätze,*
- *Parkplätze bei Sehenswürdigkeiten (markiert mit dem Blumenkohlsymbol),*
- *Parkplätze der Supermärkte (außerhalb von Ortschaften),*
- *Badeparkplätze (sind auf den Autokarten mit einem roten "B" markiert),*
- *Parkplätze von Boots- und Jachthäfen,*
- *Parkplätze von Sportplätzen (Idrettsplass).*

>> *Befindet sich Ihr ausgewähltes Plätzchen in der Nähe eines Grundstückes, so fragen Sie, falls jemand zu finden ist, um Erlaubnis. Näher als 150 m sollten Sie keinem Haus kommen. Viele Norweger pochen geradezu verbissen auf ihre "privatområde", ihre Privatsphäre, die oft so weit wie ihr Auge reicht.*

>> *Wir haben in ganz Norwegen keinen Badeplatz gefunden, wo nicht mindestens Klo und Mülleimer aufgestellt waren. Es gibt also keinerlei Entschuldigung für "griechische Verhältnisse", will heißen, Kackhaufen hinter den Büschen und Plastikmüllbeutel an den Straßenrändern.*

>> *Manches Toilettenhäuschen enthält nur einen Plastikeimer mit Sitz und Deckel, viele sind jedoch richtige Plumpsklosetts mit Absaugestutzen für die Kanalreinigung. Hier kann man auch seine Campingtoilette entleeren.*

>> *Lassen Sie sich vom Norwegischen Fremdenverkehrsamt (siehe "Adressen") die kostenlose "Norsk Campingkart" schicken. Auf dieser Karte sind*

neben den Campingplätzen alle Entsorgungsstationen verzeichnet.
>> *Im Verlauf unserer Touren haben wir von jedem aufgesuchten Platz Zufahrt, Lage und Ausrüstung beschrieben.*

Campingplätze in Norwegen:
>> *Unterhaltene Campingplätze gibt es in Norwegen überreichlich (über 1.400), sie sind leider nicht mehr so preiswert wie noch vor wenigen Jahren. Für einen Stellplatz (incl. aller Personen) reicht die Preisspanne von etwa 10-20 Euro/Tag, Strom, falls vorhanden, extra.*
>> *Die meisten Campingplätze sind durch ein rotes Zeltsymbol auf den o. a. Straßenkarten gekennzeichnet, je mehr das Zelt mit roter Farbe ausgefüllt ist, desto höher sind Ausstattung und Preis.*
Den Norwegischen Campingführer bekommen Sie kostenlos vom Norwegischen Fremdenverkehrsamt oder übers Internet: www.camping.no

GAS

Außer der Zweitbatterie die einzige Energiequelle beim Freien Camping. Bei einer vierköpfigen Familie muss man mit einem Gasverbrauch von 3-5 kg pro Woche rechnen. Einen ordentlichen Happen davon "frisst", je nach Wetterlage, der Kühlschrank oder die Heizung (wenn Sie morgens nicht fröstelnd in die Hosen steigen wollen).

Tipps:
>> *Sie haben eine graue Camping-Europa-Umtauschflasche? In Norwegen tauscht sie Ihnen niemand um! Die in Norwegen an den meisten Tankstellen vorrätigen Propangasflaschen werden nur gegen gleiche getauscht. Die Anschlüsse passen nicht! Was tun?*
>> ***1. Möglichkeit:*** *Sie decken sich zu Hause mit einem ausreichenden Vorrat an Gas ein. Dies ist mit Abstand die preiswerteste Möglichkeit. Sie können Gasflaschen auch bei Ihrem Flaschner leihen.*
>> ***2. Möglichkeit:*** *Sie kaufen sich eine Tankflasche (z. B. www.wynen.de). Diese können Sie an jeder Autogastankstelle (GPL) füllen und nachfüllen. Alle Stellen an unseren Touren haben wir auf den Karten eingetragen.*
>> ***3. Füllstellenauswahl*** *für deutsche Gasflaschen an unseren Touren:*
** LPG Ålesund, Blindheimskrysset, Ålesund*
** LPG Drammen, Kjerraten 15 [N 59° 44' 16.7" E10° 13' 44.8"]*
** LPG Kongsberg, Flöterveien 2 [N 59° 41' 02.7" E9° 38' 04.7"]*
** LPG Kristiansand, Setesdalsveien 207 [N58° 10' 53.4" E7° 55' 51.3"]*
** LPG Gass Otta, Touristcenter [N61° 47' 39.2" E9° 33' 07.8"]*
** LPG Trondheim, Bratsbergveien 25 [N63° 23' 55.9" E10° 24' 17.5"]*
>> *Für die Füllung einer 11-kg-Flasche müssen Sie mit knapp 30 € rechnen!*

GETRÄNKE

Über die Versorgung mit Kaffee, Tee oder Fruchtsäften brauchen wir nicht zu sprechen, da geht es in Norwegen mitteleuropäisch zu. Wer jedoch Bier, Wein oder gar Schnaps zu seinen Getränken zählt, der wird hier (vielleicht) zum Abstinenzler.

Tipps:
>> *Wegwerfflaschen gibt es in Norwegen kaum noch, für alles zahlt man Pfand, alles wird gegen Bares zurückgenommen.*
>> *Cola und Limo in der 1 1/2-L-Flasche erhält man für etwa 2 Euro. Zum Anmischen (1 : 4) gibt es "Husholdningssaft", eine Art Sirup, die 2-L-Flasche für 2,50 Euro.*
>> *Bier ist nicht gleich Bier! In "normalen" Läden erhalten Sie Dünnbier (z. B. Grans Lettøl) noch für 1,50 Euro/Liter. Für "Normales" Bier müssen Sie 5,00 - 7,00 Euro berappen.*

>> *Die Abende in Norwegen können recht frisch werden. Falls Sie den (vom Zoll) gestatteten Liter Cognac vergessen haben, werden Sie in Norwegen dafür etwa 30 Euro berappen müssen.*

>> *Aber Sie müssen ja auch gar keinen Alkohol trinken!*
Norwegen ist ein Land der Milchtrinker (wen wundert's?). Ein Produkt, das uns so vertraut ist, dass man sein Fehlen im Urlaub um so schmerzlicher bemerkt, findet man in Norwegen nirgends: H-Milch! Steht doch "H-Milch" auf der Tüte, so bedeutet es "Hel-Melk" = Vollmilch!

>> *Vor allem Kleinkindermütter sollten sich folglich reichlich eindecken oder auf ihren Kühlschrank vertrauen. Dort hält Frischmilch etwa drei Tage.*

>> *Frische Vollmilch .... = H-Melk 3% .... 1,70 Euro/L*

>> *Entrahmte Frischmilch .... = Lett-Melk 1,5% .... 1,50 Euro/L*

>> *Dickmilch .... = Kultur-Melk .... 2,00 Euro/L*

>> *Kefir .... = Kefír .... 2,50 Euro/L*

HAUSTIERE

Zusätzlich zum EU-Heimtierpass: Antikörpertiter (frühestens 120, längstens 365 Tage nach der letzten Tollwutimpfung bzw. regelmäßige Auffrischung), Impfung gegen Staupe und Leptospirose.
Entwurmung gegen Zwergbandwurm, innerhalb von 10 Tagen vor der Einfuhr und innerhalb der ersten 7 Tage nach der Einfuhr durch einen beliebigen Tierarzt in Norwegen (Tierarzt = dyrlege).
Eigenerklärung, dass der Hund sich in den letzten 6 Monaten nur in der EU oder der EFTA aufgehalten hat.

INSEKTENPLAGE

Stechmückenschwärme gibt es nicht nur in Finnland, sondern überall dort, wo stillstehendes Süßwasser ihre Entwicklung gestattet – und Seen gibt es in Norwegen tausende! Aber Sie können auch von Holzböcken geplagt werden – mit höherem Gesundheitsrisiko!

Tipps:

>> *Während Mückenstiche schmerzhafte, aber relativ schnell vergehende Schwellungen hervorrufen, sind die Bisse der Holzböcke (Zecke, Ixodes ricinus) gefährlicher, denn dabei können Krankheiten übertragen werden:*
a) FSME (Frühsommermeningoencephalitis), eine Viruserkrankung, die zu Gehirnentzündungen führt (eine Schutzimpfung ist möglich). Verbreitung in Skandinavien: Nur Südost-Schweden, ca. 0,1-5 % der Zecken.
b) Borreliose (Lyme-Krankheit), hervorgerufen durch das Bakterium Borrelia burgdorferi, führt zu schwerwiegenden Gelenkerkrankungen (ca. 20 % der Zecken sind infiziert, eine Schutzimpfung gibt es nicht, die Krankheit kann jedoch mit Antibiotika geheilt werden. Verbreitung in Skandinavien: Ganz Südskandinavien, ca. 5-30 % der Zecken sind infiziert.

>> *Zecken sitzen auf den Ästen von Büschen sowie Grashalmen und lassen sich von Spaziergängern, Beerensuchern usw. abstreifen! Tragen Sie bei jedem Waldspaziergang langärmlige Hemden, lange, helle Hosen und suchen Sie sich anschließend gegenseitig nach Zecken ab.*

>> *Schmieren oder sprühen Sie sich in entsprechenden Gebieten mit Autan ein. Besonders gut wirken die Mittel, wenn sie als Spray auch auf die Kleidung aufgetragen werden können (nur im Notfall, Fleckengefahr)!*

>> *Für den geruhsamen Nachtschlaf: Sprühen Sie eine Stunde vor dem Zubettgehen das WOMO mit Insektenspray aus. Gegen Mücken im Wageninneren hilft auch keine Moskitogaze!*

>> *Sie sind nur zu zweit? Ab 25 Euro bekommen Sie in Kaufhäusern und Campingläden Moskitonetze, unter denen Sie sich wie im Himmelbett fühlen.*

KARTENMATERIAL

Während wir uns in südlichen Urlaubsländern häufig von der Intuition, dem Sonnenstand oder den hilfreichen Eingeborenen leiten lassen mussten, gibt es für Norwegen sehr gutes Kartenmaterial:
Standardwerk: CAPPELEN KART im Maßstab 1 : 325.000, je ca. 10 Euro. Diese Karten werden inzwischen auch in Deutschland von Kümmerley + Frey vertrieben, sind erhältlich in Kaufhäusern und Buchhandlungen oder über das Internationale Landkartenhaus in Stuttgart.
Für unsere Norwegentouren brauchten wir alle fünf Blätter:
Blatt 1: Süd-Norwegen, Blatt 2: Mittel-Norwegen I, Blatt 3: Mittel-Norwegen II, Blatt 4: Mittel-Norwegen III, Blatt 5: Nord-Norwegen.
Kümmerley + Frey hat sich nicht die Mühe gemacht, die norwegischen Bezeichnungen auf den Karten zu übersetzen. Wir haben es für Sie getan:

å	Bach
ås	Höhenzug
bompenger	Maut
botn	Talmulde
bre	Gletscher
bru	Brücke
bukt	Bucht
by	Ort
bygd	loses Dorf
dal	Tal
egg	Kamm
eid	Landenge
elv	Fluss
ferist	Viehrost
fjell	Berg
fonn	Gletscher
foss	Wasserfall
gård	Gehöft
haug	Hügel
hav	Meer
helleristning	Felszeichnung
holm	kleine Insel
høgd	Höhe, Spitze
hus	Haus, Festung
hytte	Hütte
krysset	Kreuzung
litle	klein
M(møte)	Ausweichstelle
myr	Moor
nes	Landzunge
nibba, nut	Gipfel
omkjørelse	Umleitung
os	Mündung
øvre	oberes
øy	Insel
pigg	Gipfel
rasfare	Steinschlag
røys	Steinhügel
rygg	Kamm
seter	Alm
sjø	See, Meer
skar	Pass
skog	Wald
sluser	Schleusen
stor	groß
strupen	Pass
støl	Alm
tangen	Landzunge
tind, tindan	Gipfel
tjørn	See
topp	Gipfel
utsikt	Aussicht
vaer	Fischerdorf
våg	Bucht
vatn	See
veg, vei	Straße, Weg
vesle	klein
vidda	Ödland
vik	Bucht
ytre	äußere

Als Übersichtskarte ist gut geeignet die Norwegen-Karte von Freytag & Berndt im Maßstab 1:600.000 (gibt's beim WOMO-Verlag).

KLIMA/KLEIDUNG

Norwegen ist ein Land für den Aktivurlaub. Vom Angeln über Bergwandern, Bootfahren, Schwimmen, Tauchen und Windsurfen spannt sich ein weiter Bogen. Dabei ist das Wort "Anzugsordnung" dem Norweger fremd. Für den Touristen bedeutet das ganz einfach: Ziehe an, was Dir gefällt – und was vor allem zum Wetter passt.

Tipps:

>> *Keine Urlaubsgegend machte uns solche Probleme mit den Klamotten wie Skandinavien! Wir müssen für mieses Wetter gewappnet sein, wollen bei Sonnenschein aber auch Luftiges anziehen.*

>> *Zunächst einmal brauchen Sie derbe, warme Kleidung für Regentage und Gebirgswanderungen: Cordhosen, Baumwollhemden, Pullover, warme Anoraks, Regencapes, Gummistiefel.*

>> *Scheint die Sonne, dann fühlen Sie sich wie an der Riviera, Schutz gegen Sonnenbrand ist dringend angeraten, Badehose oder -anzug (mit oder ohne Oberteil) sind dann die Standardausrüstung.*

>> *Falls Sie in Norwegen nicht aufs Baden verzichten wollen, dann sollten Sie gut abgehärtet sein. Nur in der Østfold und in der Hedmark (zwischen Oslo und Schweden) überschreitet die Wassertemperatur in kleinen, flachen Seen ab und zu die 20°C-Schallmauer:*

Badetemperatur	***Mai***	***Juni***	***Juli***	***Aug.***	***Sept.***
Nordseeküste	*9°*	*14°*	*16°*	*17°*	*14°*
Skagerrakküste	*8°*	*14°*	*16°*	*17°*	*14°*
Fjorde	*8-10°*	*13-15°*	*14-16°*	*14-18°*	*13-15°*
Seen	*5-9°*	*10-14°*	*10-16°*	*10-16°*	*5-13°*
Seen im Süden	*8-12°*	*10-17°*	*17-19°*	*18-20°*	*9-16°*

Lufttemperatur (durchschnittliche Höchstwerte):

	Mai	***Juni***	***Juli***	***Aug.***	***Sept.***
Oslo	*13,7°*	*18,7°*	*22,3°*	*19,9°*	*14,3°*
Trondheim	*11,4°*	*15,9°*	*20,0°*	*18,3°*	*13,2°*
Bodø	*6,2°*	*9,9°*	*13,6°*	*12,7°*	*9,4°*
Tromsø	*4,1°*	*8,8°*	*12,4°*	*11,0°*	*7,2°*
Vardø	*2,6°*	*6,2°*	*9,1°*	*9,7°*	*6,8°*

LEBENSMITTEL (siehe auch "Getränke")

Norwegen ist teuer! Daran führt kein Weg vorbei. Einige Preisbeispiele sollen Ihnen das veranschaulichen:

500 g Butter .... 3,00 Euro	1 kg Brot .... 1,00-4,00 Euro
1/2 kg Kaffee ..... 3,00-5,00 Euro	1 kg Tomaten .... 2,50-4,00 Euro
1 kg Äpfel .... 2,50-3,00 Euro	1 Eisbergsalat .... 3,00 Euro
1 kg Schnitzel .... 6-13 Euro	1 kg Wurst .... 6-15 Euro
1 kg Fisch .... 8-12 Euro	1 kg Käse .... 8-18 Euro

Tipps:

>> *Probieren Sie vor dem Urlaub verschiedene Dosengerichte aus. Manche schmecken wirklich gut – es sind aber selten die preiswertesten. Deutsche Fertiggerichte sind aber noch viel preiswerter als norwegische Frischware.*

>> *Selbst ist der Mann (Frau)! Eigene Konserven sind immer noch die besten: Gulasch, Fleischbällchen usw. wie gewohnt zubereiten, in saubere Gläser füllen, zuschrauben und ca. 10 Minuten im Dampftopf sterilisieren. Diese und viele andere Tipps finden Sie im* ***Allgemeinen Wohnmobil Kochbuch****.*

>> *Essen gehen in Norwegen? Das ist großer Luxus. Selbst für ein bescheidenes Mahl, vergleichbar etwa Schnitzel mit pommes und Salat, müssen Sie mit 15-25 Euro rechnen, (teure) Getränke extra gerechnet!*

>> *Auswege sind das Schnellrestaurant (Hamburger 3-5 Euro) oder die Pizzeria (ab 6 Euro).*

LITERATUR

Ein wichtiges Buch über Norwegen haben Sie schon, mit unserem WOMO-Führer werden Sie nicht verloren gehen, gute Karten haben wir Ihnen auch bereits empfohlen. Wir hatten eine ganze Reihe von Büchern studiert, viele auch dabei, einige möchten wir Ihnen empfehlen.

Tipps:

Frank-Peter Herbst: Skandinavien - der Norden, Reise Know-How
Armin Tima: Norwegen, Michael Müller Verlag
Marianne Mehling: Knaurs Kulturführer: Norwegen
Ewald Gläßer: Norwegen, DuMont Landschaftsführer
Lang/Halling/Singer: Nördliches Skandinavien-Reiseführer Natur, BLV
Grey-Wilson: Pareys Bergblumenbuch, Parey-Verlag
Andrew C. Campbell: Der Kosmos-Strandführer
Kauderwelsch Spechführer: Norwegisch, Schwedisch, Finnisch (bei WOMO)
Norw. Fremdenverkehrsamt, Neuer Wall 41, 20354 Hamburg
Tel. 040 - 22 71 08 10 bzw. 01805 00 15 48, Fax 040 - 22 71 08 15: Prospekte, Karten, Adressen.

MEDIKAMENTE

Natürlich können wir hier keine ärztliche Voraussage machen, was Ihnen im Urlaub alles passieren kann, aber nach der Statistik wollen wir einige Wahrscheinlichkeiten abwägen.

Tipps:

>> *Schauen Sie nochmals nach, ist Ihr Erste-Hilfe-Koffer noch gut gefüllt (Mullbinden, Heftpflaster, Schere, Pinzette, Fieberthermometer)?*
>> *Mittel gegen Durchfall sind ein "Muss" in fremden Ländern, fragen Sie Ihren Arzt. Kohletabletten sind "härteren Sachen" zunächst vorzuziehen.*
>> *Aufregung und langes Sitzen bei der Anfahrt kann aber auch zu Verstopfung führen - führen Sie mit den richtigen Mitteln ab!*
>> *Wie steht es mit Reisekrankheit? Fahren Sie zum ersten Mal mit einem WOMO, könnte Ihnen vielleicht das Schwanken oder die ungewohnte Sitzstellung aufstoßen. Sorgen Sie vor!*
>> *Wasser hat keine Balken – und mancher wird schon beim Anblick eines Schiffes seekrank. Dagegen gibt es Tabletten, die sehr sicher wirken sollen, z. B. Nautisan.*
>> *Kinder sind ein Fall für sich! Nehmen Sie auf jeden Fall die Medikamente mit, die Sie sowieso das Jahr über brauchen.*
>> *Soventol hilft gegen Insektenstiche und lindert auch Sonnenbrand.*
>> *Zwei Elastik-Binden für verstauchte Füße und Salbe gegen Prellungen (z. B. Mobilat) sollten nicht nur bei der Bergtour dabei sein.*
>> *Zwar kein Medikament, aber manchmal die letzte Rettung (statt eines Schlafmittels): Ohropax gegen Straßenlärm.*
>> *Last not least: Das Merfen-Orange für die kleine Schürfwunde und gegen den großen Schmerz, ein Wund-Desinfektionsmittel, das nicht brennt, aber wegen der schönen Farbe bei Kindern besonders beliebt ist.*

ÖFFNUNGSZEITEN

Noch kürzer als in Deutschland! Die meisten Läden sind durchgehend von 9-17 Uhr geöffnet, donnerstags bis 18 Uhr, samstags bis 13 Uhr. Von Gemeinde zu Gemeinde schwanken diese Angaben etwas.
Banken: Mo-Fr 8.30-15 Uhr, Do 8.30-17 Uhr, viele Automaten rund um die Uhr.
Post: Mo-Fr 8-16.30, Sa 8-13 Uhr.
Letzte Rettung sind viele Tankstellen. Bei manchen hat man das Gefühl, sie verkaufen Benzin nur deshalb, um rund um die Uhr ihr angeschlossenes Kaufhaus offen halten zu können. Verzagen Sie also nicht, wenn Ihnen sonntags das Brot ausgeht – gehen Sie einfach Brot tanken!

PACKLISTE

Brieftasche/Handtasche/Geheimfach
Pässe, Personal-, Kinderausweis (gültig!)
Führerscheine, Fährticktes
Grüne Karte (gültig, obwohl nicht Vorschrift)
KFZ-Schein
Bargeld/Brustbeutel
Devisen/Umrechnungstabellen
Visa-Karte/EC-Karte
Reiseschecks
Impfbücher
Auslandskrankenscheine
Zusatzversicherungen
Schutzbrief
Fotokopien aller dieser Papiere , noch besser: Auf USB-Stick am Schlüsselbund

____

Wohnmobilhaushalt
Wecker (Fähre!)
Einkaufstasche (groß)
Kaffee-, Teekanne
Filtertüten/Filter
Geschirr/Gläser
Vesperbrettchen/Bestecke
Brotmesser/Kartoffelschäler
Schöpflöffel/Schneebesen
Töpfe/Dampftopf
Pfannen/Sieb
Topflappen
Butterdose/Plastikdöschen mit Deckel
Flaschentrage
Thermoskanne
Eierbehälter
Küchenpapier/Alufolie
Nähzeug/Schere
Klebstoff/Klebeband
Wäscheleine/Klammern
Waschpulver
Plastikschüssel
Abtreter
Schuhputzzeug
Kabeltrommel
Verbindungskabel CEE-Schuko
Stecker (Ausland)
Doppelstecker
Gasflaschen (voll?)
Handfeger/Kehrschaufel
Putzlappen
Klappspaten
Hammer/Nägel/Axt
Zündhölzer/Feuerzeug
Gasanzünder
Taschenlampen
Kerzen
Petroleumlampe/Petroleum
Ersatzbirnen 12 V/220 V
Ersatzsicherungen für jedes Gerät
Ersatzwasserpumpe
5 m passender Wasserschlauch
Feuerlöscher
Insektenspray/Insektenlampe
Moskitogaze für Fenster und Tür oder:
Moskitonetz
Toilette/Klo-Papier
Toilettenchemikalien (oder besser nicht?)
Dosen-, Flaschenöffner, Korkenzieher
Spülmittel/Bürste
Scheuerpulver
Geschirrtücher
Leim/5 m Schnur
5 m Schwachstromkabel zweiadrig
Müllbeutel
Wasserentkeimungsmittel
Wasserschlauch mit Passstück für verschiedene Wasserhähne/Trichter
oder: WOMO®-Zapfschlauch

____

____

Reiseapotheke
Mittel gegen Reisekrankheit
Soventol (lindert Insektenstiche usw.)
Husten-, Schnupfenmittel
Fieberzäpfchen
Kohle-Kompretten
Mittel gegen Durchfall
Mittel gegen Kopfschmerzen
Mittel gegen Verstopfung
Nasen-, Ohrentropfen
Halsschmerztabletten
Wundsalbe/Brandsalbe
Wunddesinfektionsmittel (Merfen-Orange)
Sprühpflaster
Elastikbinden
Salbe gegen Prellungen
Fieberthermometer
Pinzette/Zeckenzange/Autan o.ä.
Auto-Verbandskasten o. k.?
Persönliche Medikamente

____

____

Auto
Allgemeines Wohnmobil-Handbuch
WOMO®-Knackerschreck (siehe Buchende)
Bedienungsanleitungen
Bordbuch/Wörterbücher
Reiseführer/Campingführer
Straßenkarten/Autoatlas
Auffahrkeile/Stützböcke
Wasserwaage
D-Schild
Kundendienst gemacht?
Ersatzteilset von der Werkstatt?
Pannenausrüstung komplett?
Reservekanister voll?
1-2 Liter Reserveöl (HD 20/W 50)
Reserverad Luftdruck o. k.?
Abschleppstange, ausprobiert?
Passender Wagenheber, ausprobiert?
Luftpumpe
Warndreieck
Arbeitshandschuhe
Werkzeugkoffer komplett?
Kundendienststellenverzeichnis, neu?

____

____

____

Kleidung
Unterwäsche
Socken/Strümpfe
Hemden/Blusen
Schuhe/Sandalen
Hausschuhe
T-Shirts/Shorts
Hosen/Jeans
Kleider/Röcke
Pullover/Jacken/Stola
Anoraks/Windjacken/"Friesennerz"
Regencapes/Wolldecken
Sonnenhüte/Kopftücher
Nachthemden/Schlafanzüge
Bikinis/Badehosen
Gummistiefel/Wanderstiefel
Sonnenbrille/Ersatzbrille

Campingartikel
Stühle/Tisch/Liegestühle
Liegematten/Hängematte
Sonnensegel/Stangen/Häringe/Leinen
Grill/Grillzange
WOMO®-Pfannenknecht (siehe Buchende)
Holzkohle
(von 15.4.-15.9. ist offenes Feuer verboten)

Unterhaltung
KW-Radio/Fernseher/Sat-Antenne
Schreibzeug/Adressbuch
Handarbeitszeug
Kinderspielzeug
Malutensilien
Bücher/Spiele
Kassettenrecorder/Kassetten
CD-Player/CDs/MP3-Player
Taucherbrillen
Wasserball/Fußball/Wurfringe
Frisby/Indiaca usw.
Schlauchboot/Pumpe/Ruder
Luftmatratzen
Sandspielzeug
Schwimmflügel/Schwimmreif
Surfbrett/Zubehör
Fotoapparat/Filme/Speicherkarten
Videokamera/Kassetten
Ersatzbatterien/Ladegerät für 12 V
Rucksäcke
Kartentasche/Wanderkarten
GPS-Gerät
Fernglas
Kompass
Iso-Matten/Zelte/Schlafsäcke
Feldflaschen/Taschenmesser/Angelzeug
SOS-Kettchen (vor allem für Kinder)

Lebensmittel
Getränke (Limo, Bier, Wein, Schnaps, **aber Zollvorschriften beachten!**)
Allgemeines Wohnmobil Kochbuch
H-Milch/Dosenmilch/Coffeemate
Milchpulver/Limopulver/Zitronenteepulver
Wurstdosen
H-Käse
Fleisch-, Gemüsekonserven
Fertiggerichte/Beutelsuppen
Tee/Kaffee/Kaba
Müsli
Butter/Margarine
Brot/Vollkornbrot/Dosenbrot
Reis/Nudeln/Grieß
Kartoffelbrei/Mehl
Babykost
Puddingpulver
Schokolade/Bonbons/Kaugummi
Marmelade/Nutella
Bratfett/Öl/Essig
Mayonnaise, Senf
Zwiebeln
Gewürze
Ketchup/Maggi/Salz
Zucker/Süßstoff
keine Kartoffeln (Einfuhr verboten!)
keine Eier (Einfuhr verboten!)
Zwieback/Salzstangen

Toilettenartikel
Bettdecken/Kopfkissen/Spannlaken
Hand-, Badetücher, Waschlappen
Geschirrtücher
Tempo-Taschentücher
Kämme/Bürsten
Haarfestiger/Lockenwickler/Haarspangen
12 V-, Akku- oder Nassrasierer
Nageletui/Hygieneartikel
Empfängnisverhütungsmittel
Windeln/Creme/Babycreme
Seife/Rei in der Tube
Sonnencreme, -öl
Fettstift (Labello)
Zahnbürsten/Zahnpasta
Badethermometer

Nicht vergessen!
Post/Zeitung abbestellen
Offene Rechnungen bezahlen
Haustier abgeben
Blumen versorgen
Mülleimer leeren
Kühlschrank abstellen?
Antennen herausziehen
Wasch-, Spülmaschine, Bügeleisen aus?
Wasser, Gas, Heizung, Boiler abgestellt?
Rolläden schließen

Haustür verschließen!
Nachbarn/Verwandte benachrichtigen:
Reiseroute, Autokennzeichen mitteilen.
Reserveschlüssel abgeben.

REDEWENDUNGEN / VERSTÄNDIGUNG

Wir wollen und können den unter "Literatur" angegebenen Sprachführer nicht ersetzen, aber ein **Dutzend** wichtiger Begriffe sollten Sie eigentlich auswendig können:

Guten Morgen	God morgen	(Gu mohren)
Guten Tag	God dag	(Gu dahg)
Guten Abend	God kveld	(Gu kväll)
Hallo	Morn/hei	(Morn/häj)
Auf Wiedersehen	På gjensyn	(Po jennsyn)
Tschüss	Ha det	(hah de)
Ich möchte bitte	Jeg vil gjerne	(Jäj will järne)
Ja bitte/nein danke	Ja, tack/Nei, tack	(Ja tack/näj tack)
Verzeihung	Unnskyld	(Ünnschyll)
Wir wollen nach	Vi skal til	(Wi skall till)
Nach rechts/links	Till høyre/venstre	(Till höjre/vänstre)
geradeaus	Rett fram	(Rätt framm)
Was kostet es ?	Hva koster det ?	(Wa koster de ?)
Ich hätte gerne	Jeg skall ha	(Jäj skall ha)
Können wir hier campen?	Kan vi campa her ?	
Wo ist der nächste Badeplatz?	Hvor er nærmeste badplass?	

Tipps:

>> *Viele Gaststätten haben mehrsprachige Speisekarten. Englischkenntnisse kann man bei der Bedienung voraussetzen.*

>> *Seit dem letzten Krieg sind die Deutschkenntnisse der Norweger stark zurückgegangen, ältere Menschen verstehen mehr deutsch, als sie sprechen (wollen).*

>> *Uns ist die Aussprache des Norwegischen nicht leicht gefallen. Immerhin konnten wir an unsere (bescheidenen) Schwedischkenntnisse anknüpfen, denn dänisch, schwedisch und norwegisch ähneln sich mehr als deutsche Dialekte.*

RUNDFUNK / FERNSEHEN / INTERNET

Mancher behauptet ja, er könne im Urlaub völlig abschalten. Dazu gehören jedoch Ruhe und Zufriedenheit. Ich bin nur ruhig, wenn ich weiß, dass zu Hause in Deutschland alles seinen gewohnten Gang geht. Aktuelle Nachrichten sind für mich unverzichtbar.

Tipps:

>> *Deutsche Sender können Sie im südlichsten Norwegen, günstige tektonische Bedingungen vorausgesetzt, nur (in miserabler Qualität) auf Mittelwelle empfangen. Es sei denn, Sie legen sich eine Satellitenschüssel zu. Dann können Sie sogar Ihren Heimatsender auf UKW und in Top-Qualität hören.*

>> *Möchten Sie auch im Urlaub nicht auf Informationen aus der Heimat verzichten, empfehlen wir einen Kurzwellenempfänger! Selbst mit preiswerten Geräten kann man zumindest die "Deutsche Welle" auf dem 49-m-Band empfangen. Verfolgen Sie aber in der Presse die Entwicklung des DRM (Digital Radio Mondial), der digitalen Kurzwelle – denn bald kann man auch weltweit Kurzwelle in Super-Qualität empfangen.*

Einige wichtige Frequenzen analog:

Deutsche Welle:	*49-m-Band:*	*6075 kHz*
	31-m-Band:	*9545 kHz*
	19-m-Band:	*15275 kHz*

... und digital:
Deutsche Welle digital: ...... 3995, 6130, 7265, 9655, 9685, 12080 kHz
RTL digital: .... 6095 kHz
BR-B5 aktuell digital: .... 6085 kHz

>> *Auch in Norwegen hat das Internetzeitalter Einzug gehalten. In allen größeren (und auffällig vielen kleinen Ortschaften, z.B. in Bibliotheken) gibt es bereits Internetzugang. Dort können Sie für wenige Cent:*
a) In deutschen Zeitungen blättern, z.B. www.faz.net
b) Deutsche Fernsehsender angucken, z.B. www.zdf-online.de
c) Urlaubsgrüße per eMail senden.

TELEFON

Telefonhäuschen gibt es in Norwegen in großer Zahl, mal grün, mal Alu natur oder mit Königswappen, meist weinrot. Versuchen Sie aber nicht, vom Postamt aus zu telefonieren! Die Post und das norwegische Telegrafenamt sind zwei völlig getrennte Einrichtungen.

Tipps:

>> *Von Norwegen nach Deutschland wählt man 0049, nach Österreich 0043 in die Schweiz 0041. Die Landesvorwahl (von D, A, CH) nach Norwegen ist 0047. Nach der Landesvorwahl fällt die Null der Ortsnetzkennzahl weg.*

>> *Zum Telefonieren braucht man 1-, 5-, 10 - oder 20-NOK-Stücke – oder man deckt sich am Kiosk mit einer "Telefonkort" ein, denn die Zahl der Kartentelefone nimmt auch in Norwegen schnell zu.*

>> *Für ein 3-Minuten-Gespräch müssen Sie Münzen im Wert von knapp 4 Euro bereithalten.*

>> *Aber wer braucht heutzutage noch eine Telefonzelle?*
Das Handy ist auch in Norwegen allgegenwärtig und die Netzabdeckung ist fast 100 %ig.

>> ***Wichtige Telefonnummern in Norwegen:***
Deutsche Botschaft, Oslo: Tel. 0047 - 22 55 20 10
Österreichische Botschaft, Oslo: Tel. 0047 - 22 55 23 48
Schweizer Botschaft, Oslo: Tel. 0047 - 22 43 05 90
Abschleppdienste:
NAF: 810 00 505, Falken: 800 33 880, Viking: 800 32 900
Feuerwehr: 110, Polizei: 112, Krankenwagen: 113.

TOILETTE

Einer der Gründe dafür, dass das Freie Camping in so vielen Ländern verboten wird, ist mit Sicherheit die Verunstaltung und Verseuchung der Landschaft mit Fäkalien.
Die Benutzung einer Campingtoilette ist deshalb ein absolutes "Muss" für jeden engagierten Camper.

Tipps:

>> ***Norwegen ist das sauberste Urlaubsland, das wir kennen!***
Das liegt nicht zuletzt an den aufwendigen Bemühungen, es den Touristen so schwer wie möglich zu machen, sich schlecht zu benehmen: An fast jedem Park- oder Badeplatz befindet sich eine Toilette.

>> *Campingtoiletten sind nicht der Weisheit letzter Schluss, bekämpfte man doch die zu erwartenden Düfte selten mit umweltverträglichen Mitteln. Wie verhält sich der umweltbewusste Toilettengänger in Norwegen?*
1. Möglichst nur die aufgestellten Toiletten benutzen.
2. Keine giftigen Toilettenchemikalien einsetzen; wir verwenden nur

Schmierseife – und es geht auch!

3. *Campingtoiletten an einer der vielen Entsorgungsstellen, auf Campingplätzen oder an Parkplätzen in **große** Trockenklos entleeren.*
4. *Wer den Inhalt seiner Campingtoilette hinters Gebüsch gießt, den soll der Blitz beim Schei... treffen.*

\>> *Abwasser im Wohnmobil enthält keine umweltschädlichen Stoffe. Trotzdem sollte man es in der Regel an einer Entsorgungsstation ausleeren (nur im Notfall tut es auch ein Wiesenstück oder Ödland.*

TREIBSTOFFE

Norwegen war ein Land für Dieselfahrer. Inzwischen wurde der "Dieselbonus" abgeschafft – und den Minister für Tourismus plagen deshalb Sorgen! Soll man den steuerfreien Diesel (Afgiftsfri) für die Touristen freigeben?

Treibstoffpreise		
Normalbenzin	95 Oktan	ab 1,70 Euro/l
Superbenzin	98 Oktan	ab 1,74 Euro/l
Diesel		ab 1,50 Euro/l
Autogas (Adapter vorhanden)		ab 0,75 Euro/l
Propangas (Flasche füllen)		ab 25 Euro/11 kg

Tipps:

\>> *In Norwegen herrscht Wettbewerb an den Tankstellen, Vergleichen lohnt sich! Dabei muss man nach den Preisschildern manchmal suchen, oft sind sie nur klein am Kassengebäude angebracht.*

\>> *Auch in Norwegen gilt: Wo Konkurrenz herrscht (in den größeren Städten), sind die Preise niedriger als bei der Tankstelle im hintersten Fjordwinkel; Selbstbedienung (per Geld- oder Visa-Kartenautomat) ist am billigsten.*

\>> *Dieselfahrer sollten die "Afgiftsfri-Szene" genau beobachten: An jeder Tankstelle gibt es Zapfhähne mit gefärbtem, steuerfreiem (afgiftsfri) Diesel. Dieser ist 1/3 billiger, darf aber z. Zt. nur von Landwirten, Bootsbesitzern und Touristenbussen getankt werden (Missbrauch wird bestraft!).*

\>> *In der Finnmark ist der Verkehr gering – aber auch die Tankstellendichte.* ***Man sollte den Tank nie mehr als halb leer fahren!***

TRINK-, WASCH-, SPÜLWASSER

Beim Abwasser hatten wir die Formel aufgestellt:

10 Liter x Personenzahl = Volumen des Abwassertanks

Als Trinkwasservorrat muss man pro Person und Tag mindestens 15 bis 20 Liter rechnen.

Tipps:

\>> *In den südlichen Ländern haben wir für Sie nach Trinkwasserbrunnen gesucht. Solche "überkommenen" Einrichtungen gibt es in Norwegen nicht.*

\>> *Die Trinkwasserversorgung ist jedoch trotzdem kein Problem: Alle Tankstellen haben saubere Zapfhähne (vann = Wasser), wir haben oft erst um Erlaubnis gefragt, nie wurden wir abgewiesen.*

\>> *Manche Camper genieren sich, Tankstellen anzufahren, wenn sie keinen Treibstoff brauchen. Auch für jene haben wir Rat: Friedhöfe haben immer einen Wasserhahn.*

\>> *Jachthäfen sind ebenfalls eine gute Anlaufstation für die "Jachtbesitzer der Landstraße".*

\>> *Der verwöhnte Wassertankbesitzer fragt sich: „Wie kriege ich das frische in den eingebauten Behälter?" Für ihn haben wir den WOMO-Zapfschlauch konstruiert. Es handelt sich um 3 - 5 Meter Gartenschlauch, an dessen Beginn man ein Stück Fahrradschlauch der Größe 1 3/8 x 1 5/8 Zoll anflanscht, das über jeden Wasserhahn passt. Am anderen Ende befestigt man einen Karabinerhaken, den man in eine Öse am Einfüllstutzen des Wassertanks hängt, wenn man keinen zweiten Mann zum Halten hat.*

>> *Mehr aus Gewohnheit haben wir auch in Norwegen unser Trinkwasser mit Entkeimungsmitteln behandelt – jedoch in erster Linie, um eine Nachverkeimung im Tank zu verhindern.*

>> *Eigentlich ist Wasser kein Thema für ein Norwegenbuch. Oft haben wir unseren Wasserbedarf einfach aus einem Gebirgsbach geschöpft oder den Kanister unter den nächstbesten Wasserfall gehalten. Sauberes Wasser wird man wohl kaum auf der Welt finden.*
Eine Bitte noch: *Steigen Sie zum Haarewaschen nicht in den Badesee, sondern holen Sie sich eine Schüssel Wasser heraus – Fische vertragen kein Haarwaschmittel (auch wenn sie Schuppen haben).*

VERKEHR

Dem WOMO-Fahrer kann es nur darum gehen, sein großes und schweres Gefährt unbehelligt bis zum Urlaubsziel und zurück zu transportieren. Dabei kann ihm allerhand passieren.

Tipps:

>> *Geschwindigkeitsbegrenzungen nötigen gemütlichen WOMO-Urlaubern meist nur ein müdes Lächeln ab (Überschreitungen um je 5 km/h kosten Strafe in ebenfalls 50-Euro-Schritten):*

Autobahnen/Schnellstraßen	*90 /100 km/h*	*über 3,5 to 80 km/h*
Straßen außerorts	*80/90 km/h*	*über 3,5 to 80 km/h*
innerorts	*50 km/h*	
Beruhigte Wohngebiete	*30 km/h*	

>> *Viele "Starenkästen" an der »E 6«. Sie werden (meist) vorher mit "Automatisk trafikk kontroll" angekündigt.*

>> *Promillegrenze 0,5.*

>> *Es besteht Anschnallpflicht auf Vordersitzen, auf Rücksitzen wenn vorhanden, Kinder haben hinten zu sitzen.*

>> *Abblendlicht ist auch am Tage einzuschalten, Nebelschlussleuchten darf man nicht benutzen.*

>> *Gelbe Linien am Straßenrand bedeuten Halteverbot.*

>> *ACHTUNG WILDWECHSEL! Vor allem in der (langen) Dämmerung und in Waldpassagen – im Norden auch Rentierherden auf den Straßen. Überall jedoch Schafe, Ziegen und Kühe – nicht nur in der Dämmerung!*

>> ***Straßenverhältnisse:***
Kurz gesagt: Die Verkehrsdichte ist sehr gering, die Straßen sind gut, aber meist schmal, manchmal nur Einbahnstraßen-schmal. Besonders an den Fjordflanken und natürlich im Gebirge muss man äußerst langsam und vorsichtig fahren. Selten zeigt der Tacho mehr als 50 km/h an!
Ampeln und Straßenkreuzungen sind selten – Norweger sind Kreisverkehr-Fans. Nur zur Erinnerung – der Kreisverkehr hat immer Vorfahrt!
Auf der Suche nach schönen Plätzchen befuhren wir selbst entlegenste Nebenstrecken. Sie sind häufig geschottert, jedoch meist gut eingeebnet,

Schlaglöcher sind selten. Bei Regenwetter wird hier das WOMO weidlich eingesaut.

>> ***Unverständliche Verkehrsschilder:***

[.... Kartensymbol für Mautstraße
I[.... Symbol für gesperrte Straße
bompenger .... Straßenmaut
bomveg .... Mautstraße
fartsdempere .... Geschwindigkeitsbremsen
ferist .... Viehrost
friluftområde .... Freizeitgebiet
gardstun .... Gehöft (langsam fahren)
gatekjøkken .... Straßenimbiss, Kiosk
idrettsplass .... Sportplatz
kjør sakte .... Langsam fahren
lekke barn .... Spielende Kinder
løs grus .... Loser Schotter
M(øteplass) .... Ausweichstelle
omkjøring .... Umleitung
privatområde .... Privates Gebiet
rom ledig .... Zimmer frei
snuplass .... Wendeplatz
vegarbeitsområde .... Straßenarbeiten

>> *Mautgebühr wird fällig bei der Fahrt durch die Städte Oslo, Bergen und Trondheim, bei der Benutzung neuer Brücken, Tunnel und Straßenabschnitte – und natürlich bei der Fahrt auf den vielen Privatstraßen in einsame Gebirgsgegenden. Zwischen 8 NOK und 150 NOK wurden wir dabei jeweils los!*

>> *Jede Fjordüberquerung kostet für WOMO und Beifahrer runde 120 NOK.*

>> *Bei Tankstellen sind oft kostenlose Stadtpläne (bycard) vorrätig!*

ZAUBEREI – OUTDOOR-NAVIGATION MIT GPS

Das GPS (Global Positioning System) ist ein vom US-Verteidigungsministerium entwickeltes Satellitensystem zur weltweiten Standortbestimmung. Bereits ab 150 € bekommt man ein handy-kleines Gerät, mit dem man auch bei Nacht und Nebel jederzeit feststellen kann, wo man sich befindet – und wird zu dem Platz geleitet, von dem man die Koordinaten hat (aber nur, wenn im Gerät auch das Kartenmaterial des jeweiligen Landes gespeichert ist).
In dem vorliegenden Reiseführer sind für alle Übernachtungsplätze die Koordinaten im Format Grad / Minuten / Sekunden (hddd°mm'ss.s") angegeben.
Hinweis: Die obige Schreibweise der Koordinaten ist die am meisten verbreitete. Falls Ihr Gerät voreingestellt die Schreibweise Grad mit Dezimalen (hddd.ddddd°) oder Grad / Minuten mit Dezimalen (hddd°mm.mmm') anzeigt, finden Sie mit Sicherheit eine Umstellmöglichkeit auf das obige Format.
Besitzer von GPS-Geräten bei denen man Koordinaten eingeben kann, z.B. der Fa. Garmin, TomTom oder Falk, tippen sinnvollerweise die angegebenen Koordinaten der WOMO-Stellplätze vor dem Urlaub in das Gerät ein. Wer es noch bequemer haben möchte, erwirbt beim WOMO-Verlag die "GPS-CD zum Buch" – und die GPS-Daten werden in Sekundenschnelle vom Computer aufs GPS-Gerät überspielt.
Natürlich kann man auch "vor Ort" nur die Koordinaten des Platzes eingeben, den man als nächstes anfahren möchte.
ACHTUNG! Viele unsere Plätze liegen an Nebensträßchen und Schotterpisten, die kein Navi kennt. Aber die Zufahrt ist ja auch im Text beschrieben ....

Zum Schluss:

IN EIGENER SACHE – ODER DER SACHE ALLER!?

Urlaub mit dem Wohnmobil ist etwas ganz besonderes. Man kann die Freiheit genießen, ist ungebunden, dennoch immer zu Hause, lebt mitten in der Natur – **wo man für sein Verhalten völlig selbst verantwortlich ist!**

Seit mehr als 25 Jahren geben wir Ihnen mit unseren Reiseführern eine Anleitung für diese Art Urlaub mit auf den Weg. Außer den umfangreich recherchierten Touren haben wir viele Tipps allgemeiner Art zusammengestellt, unter ihnen auch solche, die einem WOMO-Urlauber eigentlich selbstverständlich sein sollten. Weil wir als Wohnmobiler die Natur in ihrer ganzen Schönheit und Vielfalt hautnah erleben dürfen, haben wir auch besondere Pflichten ihr gegenüber, die wir nicht auf andere abwälzen können.

Jährlich erhalten wir viele Zuschriften, Grüße von Lesern, die mit unseren Reiseführern einen schönen Urlaub verbracht haben und sich herzlich bei uns bedanken. Wir erhalten Hinweise über Veränderungen an den beschriebenen Touren, die von uns bei der Aktualisierung der Reiseführer Berücksichtigung finden.

Aber: Wir erhalten auch Zuschriften über das Verhalten von Wohnmobilurlaubern, die sich **egoistisch, rücksichts- und verantwortungslos** der Natur und ihren Mitmenschen – nachfolgenden Urlaubern und Einheimischen – gegenüber verhalten.
In diesen Briefen geht es um die Themen Müllbeseitigung, Abwasser- und Toilettenentsorgung. Es soll immer noch Wohnmobilurlauber geben, die ihre Campingtoilette nicht benutzen, dafür lieber den nächsten Busch mit Häufchen und Toilettenpapier "schmücken", die den Abwassertank nicht als Tank benutzen, sondern das Abwasser unter das WOMO trielen lassen, die ihren Müll neben dem Wohnmobil liegenlassen und davondüsen, alles frei nach dem Motto: **„Nach mir die Sintflut!“**

Liebe Leser!

Wir möchten Sie im Namen der gesamten WOMO-Familie bitten: Helfen Sie aktiv mit, diese Schweinereien zu unterbinden! Jeder Wohnmobilurlauber trägt eine große Verantwortung, und sein Verhalten muss dieser Verantwortung gerecht werden. Bestimmt hat mancher, dem Sie auf Ihrer Tour begegnen und der sich unwürdig verhält, das gleiche Büchlein in der Hand wie Sie. Er weiß zumindest jetzt, worum es geht. Sprechen Sie ihn an und weisen Sie ihn auf sein Fehlverhalten hin.
Der nächste freut sich, wenn er den Stellplatz sauber vorfindet, denn auch er hat sich seinen Urlaub verdient!
Vor allem aber: Wir erhöhen damit die Chance, dass uns unsere über alles geliebte Wohnmobil-Freiheit noch lange erhalten bleibt.

Helfen Sie mit, den Ruf der Sippe zu retten! Verhindern Sie, dass einzelne ihn noch weiter in den Schmutz ziehen!
Wir danken Ihnen im Namen aller WOMO-Freunde –
Ihr WOMO-Verlag

STICHWORTVERZEICHNIS

Info-Blatt für das WOMO-Buch: Süd-Norwegen '09

(ausgefüllt erhalte ich 10% Info-Honorar auf Buchbestellungen direkt beim Verlag)

Lokalität: Seite: Datum:
(Stellplatz, Campingplatz, Wandertour, Gaststätte, usw.)

unverändert gesperrt/geschlossen folgende Änderungen:

Lokalität: Seite: Datum:
(Stellplatz, Campingplatz, Wandertour, Gaststätte, usw.)

unverändert gesperrt/geschlossen folgende Änderungen:

Lokalität: Seite: Datum:
(Stellplatz, Campingplatz, Wandertour, Gaststätte, usw.)

unverändert gesperrt/geschlossen folgende Änderungen:

Lokalität: Seite: Datum:
(Stellplatz, Campingplatz, Wandertour, Gaststätte, usw.)

unverändert gesperrt/geschlossen folgende Änderungen:

Lokalität: Seite: Datum:
(Stellplatz, Campingplatz, Wandertour, Gaststätte, usw.)

unverändert gesperrt/geschlossen folgende Änderungen:

Lokalität: Seite: Datum:
(Stellplatz, Campingplatz, Wandertour, Gaststätte, usw.)

unverändert gesperrt/geschlossen folgende Änderungen:

Meine sonstigen Tipps und Verbesserungsvorschläge:

Info-Blatt für das WOMO-Buch: Süd-Norwegen '09

Ausgefüllt erhalte ich 10% Info-Honorar auf Buchbestellungen direkt beim Verlag.

Lokalität: Seite: Datum:
(Stellplatz, Campingplatz, Wandertour, Gaststätte, usw.)
unverändert gesperrt/geschlossen folgende Änderungen:

Lokalität: Seite: Datum:
(Stellplatz, Campingplatz, Wandertour, Gaststätte, usw.)
unverändert gesperrt/geschlossen folgende Änderungen:

Lokalität: Seite: Datum:
(Stellplatz, Campingplatz, Wandertour, Gaststätte, usw.)
unverändert gesperrt/geschlossen folgende Änderungen:

Lokalität: Seite: Datum:
(Stellplatz, Campingplatz, Wandertour, Gaststätte, usw.)
unverändert gesperrt/geschlossen folgende Änderungen:

Lokalität: Seite: Datum:
(Stellplatz, Campingplatz, Wandertour, Gaststätte, usw.)
unverändert gesperrt/geschlossen folgende Änderungen:

Lokalität: Seite: Datum:
(Stellplatz, Campingplatz, Wandertour, Gaststätte, usw.)
unverändert gesperrt/geschlossen folgende Änderungen:

Meine Adresse und Tel.-Nummer:

Nur komplett ausgefüllte und zeitnah eingesandte Infoblätter können berücksichtigt werden.

Wir bestellen zur sofortigen Lieferung: (Alle Preise in € [D]. Preisänderungen vorbehalten)

- ❑ Wohnmobil Handbuch .... 19,90 €
- ❑ Wohnmobil Kochbuch .... 12,90 €
- ❑ Multimedia im Wohnmobil .... 9,90 €
- ❑ Heitere WOMO-Geschichten ...... 6,90 €
- ❑ Gordische Lüge – WOMO-Krimi . 9,90 €
- ❑ WOMO-Aufkleber "WOMO-fan" .. 2,90 €
- ❑ WOMO-Pfannenknecht .... 49,90 €
- ❑ WOMO-Knackerschreck .... 44,90 €
- Fahrzeugmarke:____________

WOMO-Reiseführer: Mit dem WOMO ins/durch/nach....

- ❑ Allgäu .... 17,90 €
- ❑ Auvergne .... 17,90 €
- ❑ Baltikum (Est-/Lettland/Litauen) 18,90 €
- ❑ Bayern (Nord-Ost) .... 19,90 €
- ❑ Belgien & Luxemburg .... 17,90 €
- ❑ Bretagne .... 17,90 €
- ❑ Burgund .... 17,90 €
- ❑ Dänemark .... 17,90 €
- ❑ Elsaß .... 18,90 €
- ❑ Finnland .... 18,90 €
- ❑ Franz. Atlantikküste (Nordhälfte) ... 17,90 €
- ❑ Franz. Atlantikküste (Südhälfte) ..... 17,90 €
- ❑ Griechenland .... 19,90 €
- ❑ Hunsrück/Mosel/Eifel .... 19,90 €
- ❑ Irland .... 18,90 €
- ❑ Island .... 17,90 €
- ❑ Korsika .... 17,90 €
- ❑ Kreta .... 14,90 €
- ❑ Kroatien (Dalmatien) .... 17,90 €
- ❑ Languedoc/Roussillon .... 17,90 €
- ❑ Loire-Tal/Paris .... 17,90 €
- ❑ Marokko .... 18,90 €
- ❑ Normandie .... 17,90 €
- ❑ Norwegen (Nord) .... 19,90 €
- ❑ Norwegen (Süd) .... 17,90 €
- ❑ Österreich (Ost) .... 19,90 €
- ❑ Österreich (West) .... 17,90 €
- ❑ Peloponnes .... 17,90 €
- ❑ Pfalz .... 17,90 €
- ❑ Piemont/Ligurien .... 19,90 €
- ❑ Polen (Norden/Masuren) .... 17,90 €
- ❑ Polen (Süden/Schlesien) .... 17,90 €
- ❑ Portugal .... 17,90 €
- ❑ Provence & Côte d'Azur (Osthälfte) . 18,90 €
- ❑ Provence & Côte d'Azur (Westhälfte) 17,90 €
- ❑ Pyrenäen .... 17,90 €
- ❑ Sardinien .... 17,90 €
- ❑ Schottland .... 17,90 €
- ❑ Schwabenländle .... 17,90 €
- ❑ Schwarzwald .... 17,90 €
- ❑ Schweiz (Ost) .... 17,90 €
- ❑ Schweiz (West) .... 17,90 €
- ❑
- ❑ Schweden (Nord) .... 17,90 €
- ❑ Schweden (Süd) .... 17,90 €
- ❑ Sizilien .... 17,90 €
- ❑ Slowenien .... 17,90 €
- ❑ Spanien (Nord/Atlantik) .... 17,90 €
- ❑ Spanien (Ost/Katalonien) .... 17,90 €
- ❑ Spanien (Südost/Murcia) .... 17,90 €
- ❑ Spanien (Süd/Andalusien) .... 17,90 €
- ❑ Süd-Italien (Osthälfte) .... 17,90 €
- ❑ Süd-Italien (Westhälfte) .... 17,90 €
- ❑ Süd-Tirol .... 17,90 €
- ❑ Thüringen .... 19,90 €
- ❑ Toskana & Elba .... 19,90 €
- ❑ Trentino/Gardasee .... 17,90 €
- ❑ Tunesien .... 17,90 €
- ❑ Tschechien .... 18,90 €
- ❑ Türkei (West) .... 18,90 €
- ❑ Umbrien & Marken mit Adria .... 17,90 €
- ❑ Ungarn .... 17,90 €

.... und jährlich werden's mehr!

Absender:

Datum Unterschrift

SN'09

WOMO®-VERLAG
Versandabteilung
Wiesenweg 4-6

98634 Mittelsdorf/Rhön

DIE REISE- UND ERLEBNISFÜHRER

* Bequeme Touren durchs ganze Urlaubsland.
* Viele Plätzchen für freie Übernachtungen mit GPS.
* Genaue Hinweise auf viele Trinkwasserstellen.
* Die schönsten Badeplätze, die nicht jeder kennt.
* Bergtouren und Spaziergänge für groß und klein.
* Die besten Anreiserouten, Fähren, usw.
* 300 Tipps und Tricks – für Ausrüstung, Reisevorbereitung und Urlaub.
* Ausgefeilte Profipackliste.
* Spezialkarten mit supergenauen Einträge der freien Stellplätze, Trinkwasserstellen und Entsorgung.

DAS KOCHBUCH

* Einrichtung der WOMO-Küche.
* Lebensmittel-Grundausstattung.
* Konserven selbst gemacht.
* Backen in der Bratpfanne – Kuchen, Pizza, Brote.
* Viele, viele WOMO-Rezepte für zwei Gasflammen – einfach, schnell und lecker!
* Einkochen im Urlaub.
* Spezialrezepte für den Dampftopf.
* Der WOMO-Pfannenknecht.

DAS HANDBUCH

* Beratung bei Kauf und Miete.
* Gas-, Wasser-, Elektroinstallation.
* Einrichten des Wohnmobils.
* Tipps & Tricks fürs Wochenende.
* 3200 freie deutsche Stellplätze.
* 700 deutsche Entsorgungsstationen.
* Urlaubsvorbereitung, Profipackliste.
* .Stellplatz-Infos für ganz Europa.
* Wohnmobil und Wintersport.
* Der WOMO-Urlaubspartner-Service.
* Gastankstellen in ganz Europa.

Unsere Bücher erhalten Sie in jeder Buchhandlung oder auf Rechnung direkt vom Verlag. Hier gibt's auch die aktuellen Infos über unsere ständigen Neuerscheinungen. (Versandkosten 1,20 €, ab 10 € portofrei / Ausland 4 €, Preisänderungen vorbehalten).

24 Std.-Bestell-Telefon: 036946-20691*Fax: 036946-20692
Internet: www.womo.de * eMail: verlag@womo.de**